D1865743

1000 Fragen
zum 20. Jahrhundert

1000 Fragen
zum 20. Jahrhundert

Chronik
VERLAG

Redaktion:	INTERPILLMEDIA GMBH, Hamburg Petra Niebuhr-Timpe
Layout, Satz:	Dirk Bischoff; Jo. Pelle Küker-Bünermann
Bildredaktion:	Anka Hartenstein
Datentechnik:	Ute Dieckmann, Nionex GmbH, Gütersloh
Produktion:	Olaf Braun
Herstellung:	Martin Kramer
Einbandgestaltung:	INIT, Büro für Gestaltung, Bielefeld
Druck und Bindung:	GGP Media GmbH, Pößneck

Das Werk und seine Teile sind urheberrechtlich geschützt. Jede Nutzung in anderen als den gesetzlich zugelassenen Fällen bedarf der vorherigen schriftlichen Einwilligung des Verlages. Hinweis zu §52a UrhG: Weder das Werk noch seine Teile dürfen ohne eine solche Einwilligung eingescannt und in ein Netzwerk eingestellt werden. Dies gilt auch für Intranets von Schulen und sonstigen Bildungseinrichtungen.

© 2006 Wissen Media Verlag GmbH, Gütersloh / München
Printed in Germany
ISBN 3-577-14370-3

Vorwort

Das 20. Jahrhundert war wie kein anderes zuvor von bahnbrechenden Erfindungen, großartigen rechtlichen, sozialen und medizinischen Errungenschaften, aber auch dramatischen Entwicklungen geprägt.
Viele Dinge und Ereignisse haben unseren Alltag begleitet – nicht nur Hochpolitisches und kulturell Wertvolles, sondern oft auch Kurioses und Überraschendes.

Dieser Band nimmt Sie mit auf eine unterhaltsame Reise durch das 20. Jahrhundert. Stellen Sie Ihr Wissen unter Beweis!
Eine bunte Mischung aus 1000 kniffligen Fragen mit je drei Antwortoptionen sorgt für einen abwechslungsreichen Zeitvertreib.

Zusätzliche Kurzbiografien und Stichtag-Infos mit zahlreichen Abbildungen rufen die wichtigsten Ereignisse und Personen des Jahrhunderts in Erinnerung.

Viel Spaß bei diesem kurzweiligen Quiz-Marathon!

METROPOLITAIN

Stichtag: 10. Dezember 1901

Erste Nobelpreise verliehen

Am fünften Todestag ihres Stifters werden erstmals die mit 150800 schwedischen Kronen dotierten Nobelpreise verliehen. Die Friedensnobelpreise erhalten Henri Dunant, der Gründer des Roten Kreuzes, und Frédéric Passy, der Initiator der Internationalen Friedensliga.

Die wissenschaftlichen Preise gehen an die Deutschen Wilhelm Conrad Röntgen (Physik) und Emil von Behring (Medizin) und an den Niederländer Jacobus Henricus van't Hoff (Chemie). Den Literaturnobelpreis erhält der weithin unbekannte französische Dichter René François Armand Sully Prudhomme. Anders als die Auswahl im naturwissenschaftlichen Bereich wird die Vergabe der Preise für Literatur und Frieden heftig diskutiert. So protestieren 42 schwedische Schriftsteller bei dem Preiskomittee gegen die Auswahl des Literaturnobelpreisträgers. Anstelle Prudhommes hätten sie lieber den Russen Lew N. Tolstoi gesehen. Für den Friedensnobelpreis hatten viele die Pazifistin Bertha von Suttner favorisiert.

Vom Erbe Nobels flossen mehr als 300 Mio. Kronen als Grundkapital in die Stiftung. In seinem Testament legte Nobel fest, dass die Zinsen seines Vermögens „jährlich an diejenigen verteilt werden sollen, die im Laufe des vergangenen Jahres der Menschheit die größten Dienste erwiesen haben." Während die Verleihung der sonstigen Auszeichnungen von verschiedenen akademischen Gremien in Stockholm vorgenommen wird, verfügte Nobel, dass die Friedensnobelpreise in Norwegen überreicht werden.

Seit 1969 gibt es auch einen Preis für Wirtschaftswissenschaften. 1980 initiierte der Journalist Jakob von Uexküll den alternativen Nobelpreis für herausragende Leistungen zur Lösung drängender Probleme der Menschheit.

1. **Endlich: Zum ersten Mal nach dem Krieg wird 1948 eine deutsche Fußball-Meisterschaft ausgetragen. Wer wird erster Nachkriegsmeister?**

- **A** 1. FC Nürnberg
- **B** Karlsruher SC
- **C** Hertha BSC

2. **Die gekaufte Republik: 1985 kommt ein Skandal ans Tageslicht, der Politiker und Manager durch ungesetzliche Parteispenden zu Komplicen macht. Welcher Name steht im Mittelpunkt?**

- **A** Flock
- **B** Flack
- **C** Flick

3. **Eine moralische Instanz für den Frieden in der Welt: In welcher Stadt wird 1945 die Charta der Vereinten Nationen verabschiedet?**

- **A** In San Francisco
- **B** In New York
- **C** In Washington

4. **Er präsentiert eine der längsten Sendereihen des deutschen Fernsehens: Wessen Markenzeichen wird ab 1955 der Ausspruch „Welches Schweinderl hätten S' denn gern?"**

- **A** Heinz Maegerlein
- **B** Robert Lembke
- **C** Hans-Joachim Kulenkampff

5. **Schon 1964 ist der Mini-Rock auf dem Markt, aber erst die 68er verschaffen ihm den Durchbruch zum Ende der 60er Jahre. Wer gilt als die Erfinderin?**

- **A** Mary Stewart
- **B** Mary Quant
- **C** Mary Hopkin

6. **Tschernobyl macht es möglich: Erstmals wird am 6. Juni 1986 ein Bundesumweltminister in sein Amt eingesetzt. Wer ist der erste?**

- **A** Klaus Töpfer
- **B** Walter Wallmann
- **C** Joschka Fischer

7. Ihr Name steht für exquisite Qualität: Welchen Beinamen verschafft sich die Kunsthandwerkerin Käthe Kruse bis 1968 durch ihre Arbeit?

- **A** Rabenmutter
- **B** Mutter der Kompanie
- **C** Puppenmutter

8. Der französische Filmpionier Georges Méliès präsentiert 1902 in Paris den ersten „Spielfilm" der Filmgeschichte. Dessen Titel?

- **A** „Die Reise zum Merkur"
- **B** „Die Reise zum Mars"
- **C** „Die Reise zum Mond"

9. Irrtum: Der Konstrukteur Felix Wankel ist überzeugt, dass seinem Motor die Zukunft gehört, als der 1959 seine erste Erprobung im NSU Prinz III erfährt. Wie nennt Wankel verächtlich den Otto-Motor?

- **A** Schüttelhuber
- **B** Schüttelbüttel
- **C** Rüttelschwede

10. Wem wird am 10. Dezember 1972 als erstem deutschen Autor der Nachkriegszeit der Nobelpreis für Literatur verliehen?

- **A** Günter Grass
- **B** Siegfried Lenz
- **C** Heinrich Böll

11. Im September 1954 wird der Weltkindertag von der UNICEF ins Leben gerufen. In wie vielen Staaten wird er zwischenzeitlich begangen?

- **A** In fast 100
- **B** In mehr als 145
- **C** In knapp unter 200

12. Portugal im Umbruch: Ein Staatsstreich bewirkt im April 1974 den Sturz der Diktatur. Unter welchem Namen geht er in die Geschichte ein?

- **A** Tulpenrevolution
- **B** Nelkenrevotuion
- **C** Rosenrevolution

13. **Die Union vor der Zerreißprobe: In Wildbad Kreuth beschließt die CSU, die gemeinsame Fraktion mit der CDU zu verlassen. Wann ist das?**

- **A** November 1974
- **B** November 1975
- **C** November 1976

14. **Sonne pur: Mallorca zählt seit Jahrzehnten zu den beliebtesten Urlaubszielen der Deutschen. Wie wird die Insel scherzhaft genannt?**

- **A** Ballermann
- **B** Spanisch-Sylt
- **C** 17. Bundesland

15. **Weltweit gefeiert: 1928 gründet sich in Berlin eine deutsche Vokalgruppe, die mit jazzinspirierter Gesangsmanier und falsettierenden Stimmen ihresgleichen sucht. Wie nennt sie sich?**

- **A** Harmonian Comedies
- **B** Comedy & Harmony
- **C** Comedian Harmonists

16. **Seine Verbundenheit mit Ostpreußen drückt Günter Grass durch die drei Romane „Die Blechtrommel“, „Katz und Maus“ und „Hundejahre“ aus. Wie werden die Werke genannt?**

- **A** Danziger Trilogie
- **B** Königsberger Trilogie
- **C** Ostpreußen-Trilogie

17. **Lang lebe der Sicherheitsgurt! Wann tritt bei uns die Anschnallpflicht für PKW-Fahrer in Kraft?**

- **A** Am 1. Januar 1975
- **B** Am 1. Juli 1979
- **C** Am 1. August 1984

18. **Eine schauerliche Gestalt wird 1903 in England hingerichtet: Severin Klosowski. Doch es ist nicht sicher, ob er jener legendäre gesuchte Massenmörder ist. Wie ist dessen inzwischen weltbekannter volkstümlicher Name?**

- **A** Der Totmacher
- **B** Die Bestie von London
- **C** Jack The Ripper

Biografie: Brüder Wright

Orville Wright (*19.8.1871 Dayton, Ohio; †30.1.1948) und Wilbur Wright (*16.4.1867 Melville, Indiana; †30.5.1912 Dayton, Ohio).

Aufgrund ihrer systematischen Studien gelten die Brüder Wilbur und Orville Wright als die eigentlichen Pioniere des Motorflugs. Obwohl ohne besondere Schulausbildung, eigneten sie sich gleichermaßen theoretische und praktische Kenntnisse über verschiedenste Sachgebiete an, die sie in der Praxis erprobten.

Schon 1889 bauten sie sich eine Druckerpresse und gaben damit eine sehr erfolgreiche Stadtteilzeitung heraus. 1892 eröffneten sie ein Fahrradgeschäft und begannen mit der Fabrikation der Wright-Special-Fahrräder.

Berichte von den Flügen des Deutschen Otto Lilienthal weckten ihr Interesse an der Fliegerei. Sie informierten sich umfassend, beobachteten den Vogelflug und starteten erste Flugversuche mit Drachen.

1899 schließlich bauten sie ihren ersten Flugapparat, einen Doppeldecker-Gleitapparat. Auf einem Versuchsgelände in Kill Devil Hills bei Kitty Hawk, das sie eigens für diesen Zweck erworben hatten, testeten sie die verschiedenen Fluggeräte, wie z.B. Gleitermodelle, die sie mit Steuer-Höhenrudern vervollständigten und schließlich das erste Motorflugzeug, dem sie später den Namen Flyer I gaben. 1904 gelangen ihnen die ersten Kurvenflüge, mit Flyer III 1905 sogar längere Streckenflüge bis 45 km.

19. **Er wird zum Liebling der Deutschen: Mit welchem Zirkus gastiert der Clown Oleg Popow 1959 das erste Mal bei uns?**

- **A** Zirkus Roncalli
- **B** Zirkus Krone
- **C** Moskauer Staatszirkus

---

20. **Im Geiste des großen Theodor Heuss: Wer ist von 1954 bis 1957 einer der großen FDP-Parteivorsitzenden?**

- **A** Reinhold Maier
- **B** Erich Mende
- **C** Thomas Dehler

---

21. **Zar Nikolaus II. eröffnet am 10. Mai 1906 das erste gewählte Parlament Russlands. Wie wird es genannt?**

- **A** Reichstag
- **B** Reichsrat
- **C** Reichsduma

---

22. **Heinz Sielmann ist ein Tierbeobachter von Weltruf. Wie heißt die Fernsehreihe, die er bis 1991 über 130-mal in der ARD präsentiert?**

- **A** Expeditionen ins Tierreich
- **B** Sensationen des Tierreichs
- **C** Visionen im Tierreich

---

23. **Ende der Apartheid: Nach über 27 Jahren in südafrikanischer Gefangenschaft wird Nelson Mandela 1990 freigelassen. Was wird er 1994?**

- **A** UNO-Generalsekretär
- **B** Außenminister
- **C** Staatspräsident

---

24. **„Das machen nur die Beine von Dolores“ – die Schlager der frühen 50er spielen als Ausdruck des Fernwehs immer irgendwo im Süden. Wer singt sich mit diesem Hit an die Spitze?**

- **A** Gerhard Wendland
- **B** Willy Schneider
- **C** René Carol

---

25. Für seinen Song „Buenos Dias, Argentina" mit der deutschen Fußball-Nationalelf zur WM 1978 erhält er seine erste Platin-Platte. Wer?

- **A** Peter Maffay
- **B** Udo Jürgens
- **C** Udo Lindenberg

26. Am 14. Oktober 1964 ist es soweit: Sowjetführer Nikita Chruschtschow muss abtreten. Wer wird danach der starke Mann in der KPdSU?

- **A** Leonid Breshnew
- **B** Jurij Andropow
- **C** Konstantin Tschernenko

27. Welcher Staat verwaltet Palästina, bevor der Staat Israel 1948 gegründet wird?

- **A** Iran
- **B** Großbritannien
- **C** Ägypten

28. Terror mitten in Europa: Schon in den 60er Jahren führen Bombenanschläge zu Spannungen zwischen Österreich und Italien. Worum geht es?

- **A** Südtirol
- **B** Poebene
- **C** Triest

29. Mit einer Platte für seine Mutter fängt alles an. Durch „Love Me Tender", „Tutti Frutti" und einer Reihe weiterer Hits wird eine Weltkarriere daraus. Wer ist gemeint?

- **A** Bill Haley
- **B** Buddy Holly
- **C** Elvis Presley

30. Am 29. Mai 1953 gelingt Edmund Hillary die erste bestätigte Besteigung des Mount Everest. Wie heißt der ihn begleitende Sherpa?

- **A** Dorway Menzing
- **B** Norway Nanking
- **C** Tenzing Norgay

Stichtag: 1. Juli 1903

Erster Start zur „Tour der Leiden“

Mit dem Start zur ersten Tour de France wird eine Radrundfahrt aus der Taufe gehoben, die sich bald zum schwersten und bedeutendsten Rennen der Welt entwickelt. Die Premierenfahrt entscheidet der 32-jährige Franzose Maurice Garin für sich. Sein Vorsprung vor dem Zweitplatzierten beträgt knapp drei Stunden.

Die Tour verdankt ihre Gründung dem Konkurrenzstreit zweier Journalisten. Pierre Giffard betreut den „Petit-Journal“-Ableger „Le Vélo“, der frühere Rennfahrer und „La Bicyclette“- Mitarbeiter Henri Desgrange ist Chefredakteur des von dem Reifenfabrikanten Adolphe Clement 1900 gegründeten Fachblatts „L’Auto-Vélo“. Die beiden sind wegen der Dreyfus-Affäre, die Frankreich gesellschaftspolitisch in zwei Lager gespalten hat, auch persönlich verfeindet.

Bereits 1902 organisieren sowohl Giffard als auch Desgrange als verkaufsfördernde Maßnahme für ihre Zeitungen je ein Bordeaux-Paris-Rennen. Desgrange kann seine Auflage jedoch kaum steigern – bis er am 19. Januar 1903 annonciert: „Die Tour de France! Die größte Radprüfung der Welt. Ein Rennen über einen ganzen Monat: Paris – Lyon – Marseille – Toulouse – Bordeaux – Nantes – Paris. 10000 Francs Siegprämie.“

Nach weiteren Aufrufen melden sich schließlich 60 Sportler, die am 1. Juli am Standort Villeneuve-St. Georges die Strapazen des ungewöhnlichen Radrennens auf sich nehmen. Die mit Ersatzreifen und Pannenmaterial bestückten Räder wiegen mehr als 16 kg. Die Fahrer müssen die insgesamt knapp 2500 km lange Strecke in sechs Abschnitten – unterbrochen von mehrtägigen Ruhepausen – bewältigen.

31. **1994 hat der Spuk ein Ende: Unter welchem Namen hat der damals verhaftete deutsche Kaufhaus-Erpresser die Polizei zuvor lange Zeit genarrt?**

A Goofy
B Donald
C Dagobert

32. **Wie hoch war die monatliche Kraftfahrzeugsteuer des Lloyd 300 von Borgward bei dessen Einführung am 22. Juni 1950?**

A DM 6,00
B DM 35,00
C DM 48,35

33. **Erster Mann im Staate: Wer ist im Jahre 1970 deutscher Bundespräsident?**

A Walter Scheel
B Heinrich Lübke
C Gustav Heinemann

34. **Keine Insel mehr: Endlich, nach 7 Jahren Bauzeit, ist Großbritannien auch per Zug zu erreichen: Der Euro-Tunnel bringt die Briten Europa näher. Wann wird er eröffnet?**

A Im März 1992
B Im April 1993
C Im Mai 1994

35. **Tiere verkommen zur Ware – Hauptsache ist der Profit: Durch Verfüttern von Kadaverresten entsteht 1985 die Tierkrankheit BSE. Wofür stehen diese Buchstaben?**

A Rindergrippe
B Rinderschnupfen
C Rinderwahnsinn

36. **Ein europäisches Luftfahrtprojekt nimmt Gestalt an: Welches von Deutschland, Italien und Großbritannien gebautes Flugzeug geht 1977 in Serie?**

A Airbus
B Tornado
C Messerschmidt

37. **Atlantik und Pazifik sind nur einen „Steinwurf" voneinander entfernt: Im Jahre 1914 wird der Panama-Kanal eröffnet. Wie lang ist er?**

A Etwa 55 km
B Etwa 81 km
C Etwa 104 km

---

38. **Sie gilt als unsinkbar – und dennoch wird ihr ein Eisberg zum Schicksal: Wann sinkt die Titanic?**

A 13. April 1910
B 14. April 1911
C 15. April 1912

---

39. **Wer prägt bei einer Rede im Jahre 1946 den Begriff des „Eisernen Vorhangs"?**

A Harry Truman
B Winston Churchill
C Konrad Adenauer

---

40. **Ehrung für die Besten: Der Muttertag geht auf das Jahr 1907 zurück. Wo wird er erstmals begangen?**

A Philadelphia
B München
C Oberammergau

---

41. **Eine Idee des Dichters Hugo von Hofmannsthal, des Komponisten Richard Strauss und des Regisseurs Max Reinhardt wird 1920 zum kulturellen Höhepunkt des Jahres. Was gründen sie?**

A Berliner Filmfestspiele
B Bayreuther Festspiele
C Salzburger Festspiele

---

42. **Der Ruhrpott freut sich: In Dortmund wird 1952 das größte Sport- und Veranstaltungszentrum Europas eingeweiht. Sein Name?**

A Westfalenhallen
B Borussia-Arena
C Dortmund Congress Center

Stichtag: 18. April 1906

Erdbeben verwüstet San Francisco

Ein furchtbares Erdbeben trifft die blühende Metropole am Golden Gate.

Der Erdstoß dauert 40 Sekunden und hat die Stärke 8,3 auf der Richterskala. Ein zweiter Stoß dauert 25 Sekunden. In einer Länge von 400 km, von Fort Bragg in Nordkalifornien bis San Juan Bautista im Süden, reißt die als San-Andreas-Graben bezeichnete Verwerfungszone ruckartig auf.

Die viktorianischen Holzhäuser der Außenbezirke und die neuen Hochhäuser mit hren flexiblen Stahlgerippen im Zentrum überstehen die Erdstöße relativ gut. Verheerend sind jedoch die Zerstörungen an den Backsteinbauten, die wie Sandburgen in sich zusammenfallen. In diesen Häusern sterben die meisten der 498 Menschen, die während des Bebens ums Leben kommen.

Nach den Beben geben sich die Menschen der trügerischen Gewissheit hin, das Naturereignis insgesamt noch glücklich überstanden zu haben. Doch die eigentliche Katastrophe steht noch bevor. An verschiedenen Stellen der Stadt steigen dünne Rauchsäulen empor. Kurzschlüsse und geborstene Gasleitungen haben harmlos scheinende Brände verursacht. Als jedoch die Feuerwehr die Ventile an den Hydranten öffnet, bleiben die Schläuche trocken. Die Errichtung von Notpumpstationen war von den Stadtvätern abgelehnt worden. Die Brände können sich so zu einem wütenden Feuersturm entwickeln. Dreieinhalb Tage brennt San Francisco. Danach ist die Stadt fast völlig zerstört.

43. Auf ins All! Mit der ersten deutschen Science-Fiction-Serie „Raumpatrouille“ startet die ARD am 17. September 1966 die fantastischen Abenteuer welches Raumschiffes?

- **A** Orion
- **B** Wega
- **C** Centurion

44. Am 4. Oktober 1951 hat das Film-Musical „Ein Amerikaner in Paris“ von Vincente Minnelli Premiere. Zu wessen Musik tanzen Gene Kelly und Leslie Caron darin?

- **A** Irving Berlin
- **B** Richard Rodgers
- **C** George Gershwin

45. Strahlendes Weiß: 1907 führt die Firma Henkel das erste selbsttätige Waschmittel der Welt ein. Wie heißt es?

- **A** Persil
- **B** Ariel
- **C** Sunil

46. Globalisierung mit Tücken: Vorstandschef Schrempp vereinbart für die Daimler-Benz AG 1998 den Zusammenschluss mit einem US-Autogiganten? Dessen Name?

- **A** Ford
- **B** Chrysler
- **C** General Motors

47. In der kalifornischen Mojave-Wüste gelingt dem US-Militärpilot Charles Yeager mit seinem Raketenflugzeug Bell X-1 der erste Überschallflug. Wann ist das?

- **A** 1947
- **B** 1957
- **C** 1967

48. Ein Stück Heimat in dunklen Kriegstagen: Das Lied „Lilli Marleen“, 1939 aufgenommen, wird durch die Ausstrahlung des Soldatensenders Belgrad ab 1941 zur inoffiziellen Hymne der Soldaten. Wer singt?

- **A** Marlene Dietrich
- **B** Zarah Leander
- **C** Lale Andersen

49. **Monumental: Der fast vierstündige Streifen „Cleopatra“ mit Liz Taylor ist 1963 der bis dahin teuerste Monumentalfilm der Welt. Mit wie vielen „Oscars“ wird er ausgezeichnet?**

A Drei
B Vier
C Fünf

50. **Ade, James Bond! In der Literaturverfilmung „Der Name der Rose“ von 1986 spielt Sean Connery den Franziskanerpater William von Baskerville. Wessen Feder entstammt der gleichnamige Roman?**

A Noah Gordon
B Umberto Eco
C Ken Follett

51. **Er gilt lange Zeit als reichster Mann der Welt: Reeder Aristoteles Onassis. Ebenso überraschend wie spektakulär ist seine Eheschließung im Jahre 1968. Wen heiratet er?**

A Melina Mercouri
B Jacqueline Kennedy
C Maria Callas

52. **Steffi Graf gewinnt 1988 nicht nur den Grand Slam, sondern auch die Olympia-Goldmedaille in Seoul. Wie wird dieser herausragende Erfolg daraufhin genannt?**

A Triple Gold
B Golden Star
C Golden Slam

53. **Appell ans Gewissen der Industrieländer: Mit ihrer ersten Aktion tritt am 6. November 1971 eine Umweltorganisation an die Öffentlichkeit, die heute Weltgeltung hat. Welche?**

A Attac
B Greenpeace
C WWF

54. **Mit der Losung „Gleichberechtigung, Entwicklung, Frieden“ beginnt am 1. Januar 1975 ein von der UNO proklamiertes Jahr. Wem gilt es?**

A Allen Menschen
B Der Frau
C Dem Kind

55. Dem ersten Dauerbrenner des deutschen Fernsehens gibt anfangs niemand eine Chance: Wann startet die Serie „Lindenstraße“?

A Dezember 1985
B März 1986
C Juni 1987

56. Der einfache Bürger hat kaum Chancen, an solch ein Auto zu kommen: VW vereinbart im Dezember 1977, zehntausend Wagen in die DDR zu liefern. Welches Modell wird bestellt?

A Käfer
B Golf
C Polo

57. Im Zuge der Beatwelle in der Musik der 60er werden auch die Rolling Stones zu Weltstars. Wie heißt ihr Frontmann?

A Brian Wilson
B John Lennon
C Mick Jagger

58. Im Jahre 1927 gründet Gustav Schickedanz in Fürth ein Versandhaus, das bald darauf zu den größten der Welt gehört. Welches?

A Quelle
B Otto-Versand
C Neckermann

59. Die Hauptperson in Günter Grass' 1959 erschienenem und 1979 verfilmtem Roman „Die Blechtrommel“ heißt...

A ... Franz
B ... Max
C ... Oskar

60. Schön bunt: Technicolor ist das Zauberwort, das im Film „Becky Sharp“ erstmals natürliche Farben auf die Leinwand bringt. Wann wird er uraufgeführt?

A 12. September 1931
B 3. Juni 1935
C 8. Mai 1939

Stichtag: 16. Oktober 1906

Der Bluff von Köpenick

Die ganze Welt lacht über den arbeitslosen Schuster, der als „Hauptmann von Köpenick" den wilhelminischen Kadavergehorsam offenlegt. Die Geschichte dient als Vorlage für Romane, Theaterstücke und Filme.

Wilhelm Voigt, ein kürzlich entlassener Zuchthäusler, verhaftet am 16. Oktober in einer bei einem Trödler erworbenen Hauptmannsuniform den Bürgermeister von Köpenick und zieht die Stadtkasse mit 4002 Mark ein. Dazu hält er zehn zufällig vorbeikommende Gardesoldaten an und übernimmt mit herrischem Auftreten „im Namen seiner Majestät des Kaisers" das Kommando.

Der falsche Hauptmann handelt aus Verzweiflung. Er will mit dem Geld ein Land verlassen, dessen Behörden einem ehemaligen Straffälligen den Aufbau einer Existenz verweigern. Am 26. Oktober wird der Schuster verhaftet und zu vier Jahren Gefängnis verurteilt. Der düpierte Bürgermeister Langerhans gibt später zu Protokoll, er habe als Leutnant der Reserve nicht gewagt, dem vermeintlichen Hauptmann zu widersprechen.

Die Geschichte des „Hauptmanns von Köpenick" wurde mehrmals verfilmt, u.a. mit Heinz Rühmann, Rudolf Platte und Harald Juhnke. Als Vorlage diente das berühmte Theaterstück von Carl Zuckmayer.

61. **Am 2. Dezember 1908 wird in Peking Pu Yi zum letzten Kaiser Chinas gekrönt. Wie alt ist er zum Zeitpunkt der Krönung?**

A Zwei Jahre
B Zehn Jahre
C Neunzehn Jahre

62. **US-Krimi-Serien auf dem Vormarsch! Mit „77 Sunset Strip" wird Edward Byrnes ab 11. Januar 1960 mit Kieksstimme zum Publikumsliebling. Sein Rollenname?**

A Lookie
B Kookie
C Bookie

63. **„Geben Sie dem Mann am Klavier noch 'n Bier!" fordert der Pianist Paul Kuhn in den 50ern. Wie heißt sein zweiter Bier-Hit rund zehn Jahre später?**

A „In München steht ein Hofbräuhaus"
B „Es gibt kein Bier auf Hawaii"
C „Bier her oder ich fall um"

64. **1946 finden in Cannes an der Côte d'Azur die ersten Filmfestspiele statt. Wie heißt die begehrte Siegertrophäe der Festspiele?**

A Bambi
B Oscar
C Goldene Palme

65. **Große Stimme: Für welchen großartigen Sänger schrieb Franz Lehár die Tenorpartien in seiner Operette „Der Zarewitsch"?**

A Mario Lanza
B Beniamino Gigli
C Richard Tauber

66. **Im Jahre 1961 tritt das so genannte 312-Mark-Gesetz in Kraft. Zu was sollte es Arbeitern und Angestellten durch Steuervergünstigungen verhelfen?**

A Gesundheitsvorsorge
B Weiterbildung
C Vermögensbildung

67. **Schluss mit lustig: Autofahrern, die es mit dem Trinken nicht so genau nehmen, droht nun das Blasen in ein Röhrchen zwecks Alkoholtest. Ab wann?**

- **A** April 1957
- **B** Mai 1958
- **C** Juni 1959

68. **1985 erscheint „Otto – Der Film", mit über zehn Millionen Besuchern der bis dahin erfolgreichste deutsche Kinofilm aller Zeiten. Von welchem Otto ist darin die Rede?**

- **A** Otto Lilienthal
- **B** Otto Waalkes
- **C** Otto Hahn

69. **Ein neuer Pelé? Der südamerikanische Star-Spieler Diego Maradona führt sein Land 1986 in Mexiko zur Fußball-Weltmeisterschaft. Woher stammt er?**

- **A** Aus Argentinien
- **B** Aus Chile
- **C** Aus Brasilien

70. **Am 1. Mai 1960 wird die U 2 des US-Piloten Gary Powers über Swerdlowsk von den Sowjets abgeschossen. Gegen wen wird der Amerikaner 1962 ausgetauscht?**

- **A** John Walker
- **B** Wilhelm Canaris
- **C** Rudolf Abel

71. **Der von Robert Gallo entdeckte HTLV-III-Virus schafft die Voraussetzung für die Suche nach einem Mittel gegen eine tückische Immunschwäche. Welche?**

- **A** AIDS
- **B** Polio
- **C** SARS

72. **Großes Kino am Lido: 1932 finden erstmals die Filmfestspiele in Venedig statt. Womit wird der beste Film ausgezeichnet?**

- **A** Mit einem Tiger
- **B** Mit einem Löwen
- **C** Mit einem Bambi

73. **Internationaler geht's nicht: Eine Österreicherin erklimmt mit dem deutschen Lied „Seemann“ auch die amerikanische Hitparade – so geschehen 1960/61. Wer ist die Sängerin?**

A Inge Brück
B Marianne Rosenberg
C Lolita

74. **Konstruktives Misstrauensvotum gegen Helmut Schmidt: Am 1. Oktober 1982 wird Helmut Kohl Bundeskanzler. Wer bleibt weiterhin Außenminister?**

A Hans-Dietrich Genscher
B Klaus Kinkel
C Walter Scheel

75. **Der erste „Ankermann“ im deutschen Fernsehen: 1985 wechselt Hanns Joachim Friedrichs vom ZDF zur ARD. Welche Sendung prägt er dort maßgeblich?**

A Weltspiegel
B Tagesthemen
C Tagesschau

76. **Weltmeister! Wer schießt am 4. Juli 1954 das entscheidende Tor zum 3:2 der deutschen Fußball-Nationalelf über Ungarn?**

A Fritz Walter
B Helmut Rahn
C Jupp Posipal

77. **Überraschungsfilm: „Theo gegen den Rest der Welt“ läuft 1980 in den Kinos und ist heute längst ein Kultfilm. Wer verkörpert Theo?**

A Heiner Lauterbach
B Marius Müller-Westernhagen
C Uwe Ochsenknecht

78. **Kultureller Höhepunkt in New York: Am 16. September 1966 wird die Metropolitan Opera, kurz Met, eröffnet. Wie viele Plätze hat das Opernhaus?**

A 1050
B 2130
C 3800

Stichtag: 6. April 1909

Peary am Nordpol

Mit der Eroberung des Nordpols geht der Forscher Robert E. Peary (1856–1920) in die Geschichte ein. Als erster Mensch erreicht der US-amerikanische Polarforscher die unmittelbare Nähe des Nordpols.

Peary, der sich in den letzten Jahren mit mehreren spektakulären Arktis-Expeditionen auf sein bisher größtes Abenteuer vorbereitet hatte, trat seine Entdeckungsreise im Juli 1908 an. Mit dem Schiff „Roosevelt" fuhr er gemeinsam mit seiner Mannschaft zur rd. 670 km vom Pol entfernt gelegenen Nordspitze der Ellesmere-Insel. Begleitet wurde der 53-Jährige von dem Kapitän Robert Bartlett, dem Arzt J. W. Goodsell, seinem Sekretär Ross Marvin, den jungen Forschern George Borup und Donald MacMillan sowie seinem Helfer Matthew Henson. Für tatkräftige Unterstützung sorgten 17 Eskimos, die insgesamt 133 Schlittenhunde mit sich führten.

Die letzte Phase der Expedition, an der neben Peary nur noch Henson und vier Eskimos teilnahmen, wurde von einer stabilen Witterung begünstigt. Peary und seine Begleiter kamen gut voran und schafften eine Strecke von bis zu 40 km am Tag. Am 6. April gegen 10 Uhr vormittags war es endlich soweit: Die Männer trafen entkräftet, aber wohlbehalten an der Position 89° 57' nördlicher Breite ein und befanden sich damit in unmittelbarer Nähe des Pols. Das Ziel nahe vor Augen ließen sie sich nun Zeit. Erst nach einer langen Rast nahmen sie die letzten Meter in Angriff und führten Messungen durch.

In seinem Tagebuch vermerkt Peary: „... Endlich der Pol ... Mein Traum und Ziel seit 20 Jahren ..."

79. Die erste Formel-1-WM startet am 13. Mai 1950, erster Weltmeister wird Giuseppe Farina. Wo startet das Spektakel?

- **A** In Monte Carlo
- **B** Am Nürburgring
- **C** In Silverstone

80. Der Kaukasus kommt nicht zur Ruhe: Zwischen Aserbaidschan und Armenien ist seit Ende der 80er Jahre eine Region umstritten. Deren Name?

- **A** Berg-Karachi
- **B** Berg-Karawane
- **C** Berg-Karabach

81. 1913 gründet Albert Schweitzer sein Tropenhospital Lambaréné. Folgerichtig erhält der Arzt aus dem Elsass für sein Lebenswerk den Friedensnobelpreis. Wann?

- **A** 1947
- **B** 1950
- **C** 1952

82. Matt in ein paar Zügen: Wer beendet im September 1972 die 24-jährige russische Vorherrschaft auf dem Schachthron?

- **A** Bobby Fischer
- **B** Francois Philidor
- **C** Anatoli Karpow

83. Kampf gegen die Nazis: Wie heißt die von den Geschwistern Scholl unterstützte studentische Widerstandsgruppe gegen Hitler-Deutschland in den frühen 40er Jahren?

- **A** Weißer Ring
- **B** Weiße Nelke
- **C** Weiße Rose

84. Die Schauspielerin Lilian Harvey ist weiblicher Teil des deutschen Film-Liebespaares der 30er, z. B. in „Die Drei von der Tankstelle“ und „Der Kongress tanzt“. Wer ist ihr Partner?

- **A** Willy Fritsch
- **B** Heinz Rühmann
- **C** Hans Albers

85. Im April 1949 wird vor dem Hintergrund des sich verschärfenden Ost-West-Konfliktes der NATO-Pakt abgeschlossen. Wie viele europäische Staaten sind dabei?

- **A** Neun
- **B** Zehn
- **C** Elf

86. Am 18. August 1949 wird die Deutsche Presseagentur (dpa) gegründet. Wer sind ihre Gesellschafter?

- **A** BBC und Stimme Amerikas
- **B** Rudolf Augstein und Axel Springer
- **C** Presseverlage und Rundfunkanstalten

87. Die Kolonien verschwinden: Im April 1980 wird der afrikanische Staat Simbabwe unabhängig. Unter welchem Namen kennt man das Land zuvor?

- **A** Tanganjika
- **B** Rhodesien
- **C** Zaire

88. Mit seinem Buch „Die unendliche Geschichte“, 1984 auch verfilmt, veröffentlicht Michael Ende 1979 sein wohl populärstes Werk. Welches der folgenden Bücher stammt nicht von ihm?

- **A** „Pünktchen und Anton“
- **B** „Momo“
- **C** „Jim Knopf und Lukas, der Lokomotivführer“

89. Eisige Angelegenheit: Das erste atomgetriebene Unterseeboot der Erde erreicht am 3. August 1958 nach dreitägiger Fahrt unter dem Polareis als erstes Wasserfahrzeug den Nordpol. Wie heißt das Schiff?

- **A** „Washington“
- **B** „Nautilus“
- **C** „Constitution“

90. Ein Selfmademann der Sonderklasse: Vor dem Kriege Einzelhändler in Stettin, legt er 1949 den Grundstein für das größte Versandhaus der Welt. Sein Name?

- **A** Werner Otto
- **B** Rudolf Otto
- **C** Otto Waalkes

91. **Am 8. November 1960 wird John F. Kennedy zum 35. US-Präsidenten gewählt. Er ist in diesem Amte zugleich der erste ...**

A ... Katholik
B ... Muslim
C ... Buddhist

92. **Welche Folge hat der totale Stromausfall vom November 1965 in mehreren US-Bundesstaaten im darauf folgenden Jahr?**

A Die USA setzen fortan nur noch auf die Atomenergie
B Die Strompreise steigen um mehr als 100 Prozent
C Es gibt einen Baby-Boom

93. **Gut fünf Jahre nach Einführung der Stereo-Schallplatte beginnen die deutschen Rundfunkanstalten, ihr Programm zweikanalig auszustrahlen. Wann?**

A 1965
B 1968
C 1969

94. **Revolution im prüden Deutschland: Im September 1967 läuft ein Aufklärungsfilm in den deutschen Kinos an, der auch die Geburt eines Babys in Einzelheiten zeigt. Welchen Titel hat der Film?**

A Irma
B Olga
C Helga

95. **Jurek Becker wird erst als Autor der Fernsehserie „Liebling Kreuzberg" richtig populär. Mit welchem Buch erlangt er 1969 seinen literarischen Durchbruch?**

A „Jakob der Lügner"
B „Ansichten eines Clowns"
C „Leben des Galilei"

96. **Aus Portemonnaie wird Portmonee: 1996 wird die deutsche Rechtschreibung durch einen Vertrag deutschsprachiger Länder zum 1. August 1998 reformiert. Wie lang ist die Übergangszeit danach?**

A 5 Jahre
B 7 Jahre
C 10 Jahre

Stichtag: 14. April 1912

Untergang der Titanic

Mit dem Untergang der „Titanic" wird der Glaube an die Technik erschüttert. Das Schiff ist Ausdruck der Gigantomanie auf See.

20 Minuten vor Mitternacht kollidiert das britische Passagierschiff „Titanic" in der Nähe der Neufundlandbank mit einem Eisberg. Nur kurze Zeit darauf, um 2.20 Uhr, sinkt der Luxusdampfer. Von den 1308 Passagieren und der 898 Mann starken Besatzung können nur 703 Personen gerettet werden. 1503 Menschen kommen ums Leben.

Am 10. April hatte die „Titanic" im britischen Hafen Southampton die Anker zu ihrer ersten Fahrt über den Ozean gelichtet. Ziel der Jungfernfahrt war New York, wo das Schiff am 16. April eintreffen sollte. Aufgrund seiner Bauweise mit 18 wasserdichten Schotten galt es als unsinkbar, was den Kapitän John Edward Smith wohl auch dazu verführte, die Geschwindigkeit trotz Eiswarnung in der gefährlichen Region nicht zu drosseln.

Neben Größe und Ausstattung des Ozeandampfers ist vor allem die Dauer der Überfahrt für die im harten Konkurrenzkampf stehenden Schifffahrtsgesellschaften entscheidend. Es war der Ehrgeiz der White Star Line, Eignerin der „Titanic", die begehrte Trophäe für die schnellste Überquerung des Atlantiks, das „Blaue Band", zu erringen. Erst nach der „Titanic"-Katastrophe werden verbindliche Sicherheitsvorschriften, u.a. für die Ausstattung mit Rettungsbooten und Dampferrouten, erarbeitet. Das Unglück im Eismeer wird in den folgenden Jahrzehnten zum Mythos.

97. **Lange bevor Science Fiction zum Thema wird, dreht sich Fritz Lang 1927 mit einem Film dieses Genres in die Filmgeschichte. Wie heißt das Meisterwerk mit Brigitte Helm in der weiblichen Hauptrolle?**

- **A** Metro-Goldwyn-Mayer
- **B** Metropolis
- **C** Metromedia

98. **Ein neues Filmtraumpaar erobert 1990 die Leinwand: In „Pretty Woman“ turteln Julia Roberts und Richard Gere. Gere ist einer der prominentesten Anhänger einer asiatischen Religion in Hollywood. Welcher?**

- **A** Taoismus
- **B** Buddhismus
- **C** Hinduismus

99. **Die im Februar 1986 ins All geschossene sowjetische Raumstation trägt den Namen „Mir“. Was ist dessen deutsche Bedeutung?**

- **A** Frieden
- **B** Freiheit
- **C** Fortschritt

100. **Südtiroler Urgestein: Luis Trenker, Filmschauspieler und Regisseur, bringt die Bergwelt erst in die Kinos und dann ins Fernsehen. Wie heißt sein Film von 1937?**

- **A** „Der Rebell“
- **B** „Der Berg ruft“
- **C** „Berge in Flammen“

101. **Vielseitig: Nana Mouskouri, griechische Jazz-, Chanson- und Schlagersängerin, hat mit „Weiße Rosen aus Athen“ 1961 eine Nummer 1 bei uns. Als was betätigt sie sich 1994–1999 auch?**

- **A** Charakterschauspielerin
- **B** Abgeordnete des Europaparlaments
- **C** Golfprofispielerin

102. **Ab geht's: Georg „Schorsch“ Meier wird 1949 Deutscher Motorradmeister und danach zur Legende. Wer liefert das Meistergefährt?**

- **A** Borgward
- **B** BMW
- **C** Mercedes-Benz

Stichtag: 16. August 1913

Autos vom Fließband

Mit der Einführung des Fließbandes wird die Arbeitswelt weltweit nachhaltig verändert.

Die Ford Motor Company experimentiert für die Fertigung ihres Autotyps „Model T" mit einer sog. Montagebahn (Fließband), die eine um 400% gesteigerte Produktivität ermöglicht. Die heute weltweit als Fließband bekannten „conveyors" bewirken im Rahmen des innerbetrieblichen Transportsystems eine stetige Bewegung und lassen das zu bearbeitende und zu montierende Teil an den Arbeitern vorbeigleiten. Dieser einläufige Betrieb führt zu einer rationelleren Gestaltung der Arbeitsvorgänge und damit zu einer höheren Arbeitsleistung.

Henry Ford als Gründer der Ford Motor Company konkretisiert mit der Entwicklung des Fließbandes seinen Grundsatz fortschreitender Rationalisierung.

Kritik an den negativen Folgen von Rationalisierungsmaßnahmen für den Menschen hält Henry Ford in seinen 1925 erschienenen Erinnerungen „Mein Leben und Werk" (deutsch 1932) für unberechtigt. Der Unternehmer vertritt deutlich seinen Standpunkt: „Wir erwarten von den Leuten, dass sie tun, was ihnen gesagt wird. Unsere Organisation ist so bis ins Einzelne durchgeführt und die verschiedenen Abläufe greifen so ineinander ein, dass es völlig ausgeschlossen ist, den Leuten auch nur vorübergehend ihren Willen zu lassen."

103. **Er ist der Pionier des Fußballschuhs: Adolf Dassler macht sein „adidas"-Unternehmen von Herzogenaurach aus zum Sportbekleidungs-Weltunternehmen. Was ist sein Markenzeichen?**

- **A** Drei Streifen
- **B** Fünf Kronen
- **C** Vier Bälle

104. **Zensur von ganz oben? Im Februar 1951 verbietet der Vatikan allen römischen Christen, ein bestimmtes Buch zu lesen. Welches?**

- **A** „Der Stellvertreter" von Rolf Hochhuth
- **B** „Das Kapital" von Karl Marx
- **C** „Der SS-Staat" von Eugen Kogon

105. **1958 für sechs Oscars nominiert: „Die Katze auf dem heißen Blechdach", eine schauspielerisch glänzende Verfilmung des Theaterstücks von Tennessee Williams. Wer spielt die weibliche Hauptrolle?**

- **A** Elizabeth Taylor
- **B** Sophia Loren
- **C** Marilyn Monroe

106. **Der geniale Pianist Artur Rubinstein besticht Zeit seines Lebens durch seine Interpretationen der Werke Chopins und Schuberts sowie der Wiener Klassik. Wann und wo wird er geboren?**

- **A** 28. Januar 1887 in Lodz
- **B** 26. Mai 1899 in Warschau
- **C** 12. September 1900 in Krakau

107. **Zum Ende des Jahrhunderts ist der Autoverkehr immens. Eine in den USA längst eingeführte Erfindung bringt nun auch Europa ökologisch einen Schritt weiter. Wie heißt das Gerät zur Schadstoffreduzierung?**

- **A** Katapultator
- **B** Katalfaktator
- **C** Katalysator

108. **Seine Kreationen sind wegweisend für die 50er Jahre: Wie nennt man Christian Diors Modestil?**

- **A** New Fashion
- **B** New Look
- **C** New Chic

Stichtag: 10. Oktober 1913

Panamakanal vollendet

Durch die von US-Präsident Thomas Woodrow Wilson in Washington ausgelöste Sprengung des Gamboa-Staudamms werden der Atlantische und der Pazifische Ozean durch einen künstlichen Wasserweg verbunden.

Wilson bewirkt die Sprengung, die von Schaulustigen als gewaltig beschrieben wird, von seinem Amtssitz aus über eine mehr als 6500 km lange Leitung. Der ferngesteuerte Zündfunke bringt 20000 kg Dynamit zur Explosion. Dennoch bedarf es noch erheblicher Bauarbeiten, bis der Kanal am 15. August 1914 zum ersten Mal schiffbar ist.

Der Bau der künstlichen Wasserstraße ist ein gigantisches und logistisches Meisterwerk.

Gewaltige Schleusen mussten errichtet und ein tiefes Kanalbett ausgeschachtet werden. Der zwischen den Einfahrten 81,6 km, von Küste zu Küste 57,4 km lange Wasserweg teilt die Republik Panama an ihrer schmalsten Stelle.

Vor allem US-Schifffahrtsgesellschaften profitieren von dem Kanal. Er verkürzt den Seeweg zwischen New York an der Ostküste und San Francisco an der Westküste um 14581 km. Das entspricht einer Zeitersparnis von bis zu viereinhalb Wochen. Gleichzeitig werden die Frachtkosten für Transporte zwischen den US-Küsten stark gesenkt. Seit 1903 haben sich die USA – auch aus machtpolitischen Interessen – die Souveränität in der Kanalzone durch ein Abkommen gesichert. Erst 2000 bekommt Panama die Souveränität über den Kanal.

109. Revolution im Schlafzimmer? Als die erste Anti-Baby-Pille auf den Markt kommt, erwarten manche den Verfall der Sitten. Wann ist das?

- **A** 1960
- **B** 1965
- **C** 1970

110. 1974 wird eine Ausgleichsabgabe auf Stromverbrauch eingeführt, die der deutschen Steinkohle zugute kommt. Wie wird sie im Volksmund genannt?

- **A** Kohlepfennig
- **B** Strompfennig
- **C** Energiepfennig

111. Am 26. Juli 1957 wird die Deutsche Bundesbank als zentrale Notenbank der Bundesrepublik und Berlins (West) gegründet. Wie heißt ihre Vorgängerin seit Gründung im März 1948?

- **A** Deutsche Bank
- **B** Reichsbank
- **C** Bank deutscher Länder

112. Der Kommerz kommt: Schrittmacher bei der Trikotwerbung in der Fußball-Bundesliga ist der Chef der Marke „Jägermeister". Welcher Club wirbt 1973 als erster?

- **A** Eintracht Braunschweig
- **B** Rot-Weiß Essen
- **C** Preußen Münster

113. Die Ölkrise der 70er zwingt die Bundesregierung zu einem radikalen Schritt: Sonntagsfahrverbote. Wann ist der erste autofreie Sonntag?

- **A** 25. November 1972
- **B** 25. November 1973
- **C** 25. November 1974

114. Bis heute ist der TV-Inspektor mit dem zerknautschten Mantel immer wieder zu sehen: „Columbo", die Krimiserie aus den 70ern, ist längst zum Kult geworden. Wer spielt den kauzigen Cop?

- **A** James Garner
- **B** Peter Falk
- **C** Peter Graves

115. Drei waagerecht, sieben senkrecht: Am 21. Dezember 1913 wird das erste Kreuzworträtsel veröffentlicht. In welcher Zeitung?

- **A** New York Times
- **B** New York Post
- **C** New York World

116. Sensation besonderer Art: Am 30. April 1965 erscheint das Magazin „Life“ mit einem spektakulären Titelfoto des Schweden Lennart Nilsson. Was ist darauf erstmals zu sehen?

- **A** Mondoberfläche
- **B** Embryo im Mutterleib
- **C** Computerchip

117. Höhepunkt im Kampf gegen den Terrorismus: Die Befreiung der Flugzeug-Geiseln in Mogadischu 1977. Welcher Politiker ist vor Ort?

- **A** Hans-Jürgen Wischnewski
- **B** Henry Kissinger
- **C** Jürgen Möllemann

118. Welch ein herrliches Prachtstück: Am 13. Februar 1985 wird die Semper-Oper wieder eröffnet. Was wird gespielt?

- **A** „Fidelio“
- **B** „Der Freischütz“
- **C** „Die Zauberflöte“

119. Männer auf ihren Harleys stehen im Mittelpunkt eines im Dezember 1969 uraufgeführten Filmes, in dem Jack Nicholson debütiert. Es wird der Kultfilm der 68er Generation. Sein Titel?

- **A** „Little Big Man“
- **B** „Uhrwerk Orange“
- **C** „Easy Rider“

120. 1985 führt die Bundespost etwas ein, das das Fernsprechen erleichtern und die öffentlichen Telefonzellen vor Vandalismus schützen soll. Was?

- **A** Wertchips
- **B** Kreditkarten
- **C** Telefonkarten

Stichtag: 28. Juni 1914

Attentat von Sarajevo

Auslöser des Ersten Weltkriegs sind Spannungen zwischen der südslawischen Nationalbewegung auf dem Balkan und der Donaumonarchie.

Erzherzog Franz Ferdinand, der österreichisch-ungarische Thronfolger, fällt am 28. Juni in der bosnischen Hauptstadt dem Revolverattentat des bosnischen Nationalisten Gawrilo Princip zum Opfer. Vor dem Hintergrund politischer Spannungen unter den Großmächten wird das Ereignis zum Fanal für den Ersten Weltkrieg.

Franz Ferdinand hielt sich zusammen mit seiner Frau, Herzogin Sophie von Hohenberg, die ebenfalls Opfer des Attentats wurde, zu einem eintägigen Besuch in dem von Österreich-Ungarn annektierten Bosnien auf. Bereits auf der Fahrt zum Rathaus von Sarajevo warf der bosnische Nationalist Nedljko Cabrinovic eine Bombe gegen das Auto. Franz Ferdinand überstand den Anschlag unverletzt, zwei Begleiter und sechs Schaulustige erlitten jedoch Verletzungen.

Trotz des Zwischenfalls brach der Thronfolger seinen Aufenthalt nicht ab. Nach dem feierlichen Empfang im Rathaus entschloss sich Franz Ferdinand trotz der bedrohlichen Vorkommnisse zu einer Stadtrundfahrt. Auf einer Brücke unweit des Regierungsviertels löste sich der 19-jährige Gawrilo Princip aus der Menge und gab zwei tödliche Schüsse auf das Thronfolgerpaar ab. In einem nahen Krankenhaus konnte nur noch der Tod der beiden festgestellt werden.

Ende Juli 1914 erfolgte die Kriegserklärung Österreichs an Serbien, am 6. August an Russland. Deutschland erklärte Russland am 1. August 1914 den Krieg. Die Mächte der Entente (Frankreich, Russland, Großbritannien) standen den sog. Mittelmächten (Österreich-Ungarn, Deutschland) gegenüber. Im April 1917 erfolgte die Kriegserklärung der USA an das Deutsche Reich, im Dezember 1917 an Österreich-Ungarn.

121. **Annemarie Renger wird 1972 nicht nur als erste Frau zur Bundestagspräsidentin gewählt. In welcher Hinsicht war sie ebenfalls Erste in diesem Amt?**

A Als Sozialdemokratin
B Als Freidemokratin
C Als Grüne

122. **Ein US-Wirtschaftsaufbau-Programm hilft ab 1948 Europa beim Wiederaufbau. Unter welchem Namen kennen wir es?**

A General-Plan
B Colonel-Plan
C Marshall-Plan

123. **Wie heißt die kostbare vorchristliche Tempelanlage, die während des Baus des Assuan-Staudammes von 1964 bis 1968 unter großen Anstrengungen 65 Meter in der Höhe verlegt wird?**

A Abu Simbel
B Abu Said
C Abu Dhabi

124. **Kinder sind die Scheidungs-Verlierer. Der mit vier Oscars ausgezeichnete Film „Kramer gegen Kramer" von 1979 befasst sich damit. Wer spielt den Vater?**

A Robert Redford
B Paul Newman
C Dustin Hoffmann

125. **„Houston, wir haben ein Problem!" Dieser Satz von James Lovell lässt Schlimmes befürchten – dennoch: Alle Astronauten kehren sicher zur Erde zurück. Mit welchem Raumschiff sind sie unterwegs?**

A Apollo 11
B Apollo 12
C Apollo 13

126. **Neuer Kopf im Kreml: Im November 1982 stirbt der sowjetische Parteichef Leonid Breshnew. Wer wird sein Nachfolger?**

A Konstantin Tschernenko
B Juri W. Andropow
C Michail Gorbatschow

127. Er präsentiert sich als Mann der kleinen Leute, doch in erster Linie wählt Argentinien seine Frau: General Juan Perón siegt bei den Wahlen 1948. Wie wird seine Frau genannt?

A Madonna
B Evita
C La Santa

128. Schallmauer durchbrochen: Wer ist der Erste, der – am 21. Juni 1960 in Zürich – die 100 Meter in 10,0 Sekunden läuft?

A Martin Lauer
B Armin Hary
C Paavo Nurmi

129. Nehmen Sie doch Platz: „Die Sitze der dritten Klasse erhalten Polster" verkündet die Reichsbahn. Ab wann kann man sich an mehr Komfort erfreuen?

A März 1934
B Mai 1937
C Dezember 1938

130. 1903 wird eine Legende geboren: In einem nur 12 qm großen Holzschuppen wird die erste Harley-Davidson gefertigt. Wie viele Maschinen werden in diesem Jahr produziert?

A Drei
B Achtzehn
C Zwanzig

131. Er schreibt Krimis am laufenden Band, z. B. für die Serien „Der Kommissar" oder „Derrick". Aber auch „Das Traumschiff" fährt auf seinen Routen. Wer ist gemeint?

A Herbert Reinecker
B Edgar Wallace
C Alfred Vohrer

132. Schon wieder wird die Jugend gleichgeschaltet: Am 7. März 1946 wird die „Freie Deutsche Jugend" (FDJ) gegründet. Wer ist ihr erster Vorsitzender?

A Erich Mielke
B Egon Krenz
C Erich Honecker

Stichtag: 15. Oktober 1917

Die schöne Spionin

In einem Waldstück bei Vincennes erschießt ein französisches Exekutionskommando die Tänzerin Mata Hari, mit richtigem Namen Margaretha Geertruida Zelle.

Am 7. August 1876 wurde Mata Hari in Leeuwarden geboren. 1897 ging sie mit ihrem Mann nach Java und lernte dort balinesische Tempeltänze kennen. 1903 kehrte sie nach Paris zurück und wurde Tänzerin in Montmartre. Ihre Nackttänze waren die Sensation der französischen Hauptstadt. Verehrer zahlten Tausende von Franc für eine Nacht mit ihr. Auf ihren Tourneen begeisterte sie das Publikum in ganz Europa. Nach Kriegsausbruch zog sich Mata Hari in eine große Villa am Pariser Stadtwald Bois de Boulogne zurück. Von hier aus baute sie ein Spionagenetz auf und unterhielt regen Kontakt zu britischen und französischen Offizieren. Bei ihren zahlreichen Reisen arbeitete sie auch als Kurier für den deutschen Geheimdienst.

Als sie 1916 zusätzlich ein französisches Spionageangebot annahm, wurde sie observiert und zusammen mit einem deutschen Geheimdienstoffizier fotografiert. Nach ihrer Rückkehr nach Paris wurde sie verhaftet. Vergeblich beteuerte sie, den deutschen Offizier nur aufgesucht zu haben, um ihn auszuhorchen. Das Kriegsgericht fällte das Todesurteil. Zwölf Wochen lang musste Mata Hari auf die Vollstreckung des Urteils warten.

133. Lange Schatten über Deutschland: Jahrelang hat Bundeskanzler Brandt einen Mann an seiner Seite, der für die DDR spioniert. Wer sorgt so 1974 für den Rücktritt des Kanzlers?

A Wilfried Guillaume
B Herbert Guillaume
C Günter Guillaume

134. Seine ungewöhnliche Form macht es unverwechselbar: Sydneys Wahrzeichen ist das außergewöhnliche Opernhaus. Wann wird es eröffnet?

A 1958
B 1968
C 1973

135. Für die einen ein Meilenstein der Filmgeschichte, für die anderen ein Skandal: Am 23. September 1963 wird „Das Schweigen“ uraufgeführt. Wer ist der Regisseur des Films?

A Ingmar Bergman
B Francis Ford Coppola
C Brian de Palma

136. Wolfgang Neuss ist zeitlebens einer der scharfsinnigsten Satiriker des Landes. Wer begleitet ihn zu Karrierebeginn als ebenso brillanter und deshalb zu Recht unvergessener Partner?

A Heinz Erhard
B Wolfgang Müller
C Werner Finck

137. „Eine Verschwörung der Hoffnung“ wird die Organisation genannt, die politischen Gefangenen auf der ganzen Welt hilft und dafür 1977 den Friedensnobelpreis erhält. Ihr Name?

A Amnesty International
B Misereor
C Ärzte ohne Grenzen

138. Wie niemand sonst, ist er amerikanisches Urgestein: der Schauspieler John Wayne. In welchem Film-Genre wird er in seiner Karriere zum gefeierten Superstar?

A Western
B Liebesfilme
C Krimis

139. Ein gewisser Ferenc Hoffmann, 1924 in Budapest geboren, veröffentlicht 1955 seinen ersten Roman „Der Fuchs im Hühnerstall“. Unter welchem Namen wird der Autor weltbekannt?

A Erich Kästner
B Ephraim Kishon
C Graham Greene

140. Das Drama geht als „Katastrophe von Lakehurst“ in die Geschichte ein: Im Mai 1937 explodiert ein Zeppelin-Luftschiff. Sein Name?

A Deutschland
B Graf Zeppelin
C Hindenburg

141. Wahrlich kein glatter Politiker: 1906 wird Herbert Wehner geboren, SPD-Urgestein mit Ecken und Kanten, „Kärrner“ genannt. Welchen Ministerposten hatte Wehner von 1966 bis 1969?

A Verteidigungsminister
B Bauminister
C Minister für gesamtdeutsche Fragen

142. Am 27. September 1937 läuft die „Queen Elizabeth“, das bis dahin weltgrößte Passagierschiff, in Liverpool vom Stapel. Wie viele Passagiere kann es befördern?

A 1270
B 1890
C 2285

143. Es wird ihr größter Hit: Eine Schauspielerin, bekannt aus „Die Mädels vom Immenhof“, singt 1960 „Wir wollen niemals auseinandergehen“. Wer?

A Siw Malmkvist
B Heidi Brühl
C Nana Mouskouri

144. Im Mai 1965 erscheinen „Die Unverbesserlichen“ mit Inge Meysel, der „Mutter der Nation“, auf unseren Bildschirmen. Wer spielt ihren Ehemann?

A Willy Millowitsch
B Henry Vahl
C Joseph Offenbach

145. Einer der beliebtesten Bundespräsidenten ist Richard von Weizsäcker. Als was ist er tätig, bevor er 1984 in dieses Amt gewählt wird?

- **A** Berlins Regierender Bürgermeister
- **B** Vorstand der Deutschen Bank
- **C** Minister im Kabinett Kohl

146. Der österreichische Arzt Sigmund Freud veröffentlicht 1900 sein Buch „Die Traumdeutung". Wofür gilt dieses Buch als Grundlegung?

- **A** Psychodiagnostik
- **B** Psychoanalyse
- **C** Psychomantie

147. Die Weltmacht bebt: Der Schock vom 7. Dezember 1941 lässt die USA in den 2. Weltkrieg eintreten. Was ist passiert?

- **A** Atombombenabwurf in Hiroshima
- **B** Alliierte Landung in der Bretagne
- **C** Japanischer Angriff auf Pearl Harbor

148. Erstmals über die Polroute: Ein Propellerflugzeug der Fluggesellschaft SAS fliegt 1954 von Kopenhagen in die USA. Wo landete es nach einer Flugzeit von 24 Stunden?

- **A** San Francisco
- **B** San Diego
- **C** Los Angeles

149. Gina Lollobrigida gilt lange als schönste Frau der Welt. Filmrollen wie die Esmeralda in „Der Glöckner von Notre-Dame" machen sie zum Star. Als was betätigt sie sich nach ihrer Filmkarriere?

- **A** Als Fotografin und Bildhauerin
- **B** Als Umweltschützerin
- **C** Als Entwicklungshelferin

150. Am 24. Dezember 1963 wird der New York International Airport nach John F. Kennedy benannt. Wie lautet der Name des Flughafens zu Beginn des kommerziellen Flugbetriebs im Juli 1948?

- **A** Jamaica Bay
- **B** Queens
- **C** Idlewild

151. **Die Unabhängigkeit Afrikas kommt voran: Nach der Loslösung von Großbritannien erhält Basutoland 1966 einen neuen Staatsnamen. Welchen?**

- **A** Lesotho
- **B** Malawi
- **C** Botswana

152. **Die Klatschpresse jubelt: Im Februar 1951 heiratet der Schah von Persien eine 18-Jährige, deren Mutter Deutsche ist. Wie heißt die junge Kaiserin?**

- **A** Suleika
- **B** Soraya
- **C** Farah Diba

153. **Im März 1974 hat Fassbinders Film „Angst essen Seele auf" über die ungewöhnliche Liebe zwischen einer 60-jährigen Putzfrau und einem jungen Marokkaner Premiere. Wer spielt die weibliche Hauptrolle?**

- **A** Inge Meysel
- **B** Brigitte Mira
- **C** Agnes Windeck

154. **Freiheit haben sie auf ihre Fahnen geschrieben, aber die Gesellschaft nennt sie abfällig Gammler. Wie nennen sich die langhaarigen Blumenkinder der 60er in San Francisco und anderswo selbst?**

- **A** Lover
- **B** Hippies
- **C** Twiggy

155. **Gauguin, van Gogh, Picasso: Das „Museum Of Modern Art" öffnet am 7. November 1929 seine Pforten. Wo ist es zu finden?**

- **A** In New York
- **B** In Washington
- **C** In Boston

156. **Der US-Polarforscher Robert Edwin Peary behauptet, als Erster den Nordpol betreten zu haben, kann das jedoch nie zweifelsfrei nachweisen. Wann ist das?**

- **A** Im September 1901
- **B** Im August 1905
- **C** Im April 1909

Stichtag: 9. November 1918

Ausrufung der Republik

Nach der militärischen Niederlage folgt der Zusammenbruch des Kaiserreichs und die Ausrufung der Republik.

Der Zusammenbruch der Westfront ab dem 8. August veranlasst die Oberste Heeresleitung (OHL), Kaiser Wilhelm II. zum schnellen Abschluss eines Waffenstillstands zu raten. Die Unterzeichnung des Waffenstillstandsvertrages kommt einer Kapitulation gleich.

Matrosen und Heizer der Hochseeflotte in Kiel und Wilhelmshaven verweigern am 29. Oktober den Gehorsam, als sie den Befehl erhalten, zu einem letzten Gefecht gegen die britische Flotte auszulaufen. Die Meuterei gibt das Signal zur Novemberrevolution.

In Berlin bricht am 9. November der bewaffnete Aufstand aus. Die Monarchen entsagen ihren Thronen. Am 7. November flieht der bayerische König Ludwig III., am 8. November dankt Herzog Ernst August von Braunschweig ab, am 9. November werden Sachsens König Friedrich August III. und der württembergische König Wilhelm II. gestürzt.

Am 9. November proklamiert Philipp Scheidemann (SPD) die Republik. Der sich anschließende Versuch Karl Liebknechts, mit der Ausrufung der Räterepublik die Revolution in eine sozialistische Revolution umzufunktionieren, scheitert.

Auf der Reichskonferenz des Spartakusbundes in Berlin gründet am 30. Dezember der linke Flügel der USPD die Kommunistische Partei Deutschlands (KPD). Hauptziel der Partei unter Führung von Karl Liebknecht und Rosa Luxemburg ist eine Räterepublik nach russischem Vorbild.

Der letzte kaiserliche Reichskanzler Max von Baden überträgt die Regierungsgeschäfte an den SPD-Vorsitzenden, Friedrich Ebert, der damit erster Reichspräsident der Weimarer Republik wird.

157. Prohibition – nein danke: Wann wird in den USA das seit 1919 geltende Alkoholverbot wieder aufgehoben?

A 5. Dezember 1926
B 5. Dezember 1930
C 5. Dezember 1933

158. Es wächst zusammen, was zusammengehört: Fünf neue Bundesländer kommen durch die Wiedervereinigung 1990 zur Bundesrepublik. Wie viele DDR-Bezirke sind darin aufgegangen?

A 12
B 13
C 14

159. Man nennt sie „das schönste Gesicht des Sozialismus". In den 80ern holt sie fast alles, was der Eiskunstlauf an Titeln vergibt, z. B. Olympia-, WM- und EM-Gold. Von wem ist die Rede?

A Katarina Witt
B Marika Kilius
C Tanja Szewczenko

160. Die Autos Carl F. W. Borgwards zählten zu den besten in Deutschland. Dennoch geht der Konzern 1963 in die Insolvenz. Welche Marke gehörte nie zur Borgward-Gruppe?

A Goliath
B Hanomag
C Lloyd

161. Er ist eine der Sensationen in Woodstock 1969, spielt die Gitarre mit Zunge und Zähnen – doch sein Leben endet jäh mit 27 Jahren. Wer ist gemeint?

A Jim Morrison
B Jimi Hendrix
C Brian Jones

162. Jacques Cousteau erfreut uns in den 70ern mit hervorragenden Unterwasser-Filmen im Fernsehen. Wie heißt sein legendäres Forschungsschiff?

A Limbo
B Mambo
C Calypso

163. Sie sind das Volk: Wie nennt sich das oppositionelle Forum in der DDR, das kurz nach Öffnung der Mauer, im Dezember 1989, gegründet wird?

A Runder Kreis
B Runder Zirkel
C Runder Tisch

164. Obwohl körperlich schwer gezeichnet, wird er als erster SPD-Vorsitzender nach dem Kriege großer Gegenspieler Adenauers im ersten Bundestag. Sein Name?

A Erich Ollenhauer
B Kurt Schumacher
C Willy Brandt

165. Zum König der Nadschd und Hedschas wird 1926 Ibn Saud ausgerufen. Welchen Namen erhält sein Königreich 1932?

A Jemen
B Saudi-Arabien
C Kuwait

166. Rückkehr aus der Diaspora, der jüdische Staat entsteht: Wer ruft am 14. Mai 1948 den Staat Israel aus?

A Menachem Begin
B Chaim Weizman
C David Ben Gurion

167. Im Theater an der Wien hat „Die lustige Witwe“ von Franz Lehár am 28.12.1905 Premiere. Welches Lied stammt nicht aus dieser Operette?

A Dein ist mein ganzes Herz
B Vilja-Lied
C Can Can

168. Raffinierte Technik und üppige Ausstattung: Der im März 1924 uraufgeführte Film „Der Dieb von Bagdad“ mit Douglas Fairbanks begeistert das Publikum. Wie groß war das Produktionsbudget?

A 100000 Dollar
B 1 Million Dollar
C 2 Millionen Dollar

169. Zum „Einsatz in Manhattan" lädt uns in den 70er Jahren Telly Savalas ein, der Lieutenant Kojak mit seiner unverkennbaren Glatze. Was war darüber hinaus sein Rollen-Markenzeichen?

- **A** Weißes Jacket
- **B** Monokel
- **C** Lolly

170. Der japanische Kaiser Hirohito regiert ab 25. Dezember 1926 als 124. Tenno bis zu seinem Tode, zunächst mit gottähnlichem Anspruch. Wie lange dauert seine Regentschaft?

- **A** über 32 Jahre
- **B** über 52 Jahre
- **C** über 62 Jahre

171. Die Seeschlacht, die sich deutsche und britische Flottenverbände Ende Mai 1916 liefern, gilt als einzige große des Ersten Weltkriegs. Sie wird am Folgetag ergebnislos abgebrochen. Wo?

- **A** Im englischen Kanal
- **B** Im Südatlantik
- **C** Vor dem Skagerrak

172. 1926 stirbt der Maler Claude Monet, einer der prominentesten Vertreter des Impressionismus, im französischen Giverny 86-jährig. Welches seiner Werke begründet den Begriff „Impressionismus"?

- **A** „Die Brücke von Argenteuil"
- **B** „Felder im Frühling"
- **C** „Sonnenaufgang"

173. TV-Premiere 1965: Mireille Mathieu gilt nicht nur in Frankreich als neuer Star am Chanson-Himmel. Allein in Deutschland werden 40 Millionen Platten verkauft. Wer beeinflusst sie am meisten?

- **A** Marlene Dietrich
- **B** Edith Piaf
- **C** Juliette Gréco

174. Intrigen, wohin man schaut: Ab 30. Juni 1981 faszinieren uns J. R., Sue Ellen, Miss Ellie und viel Öl – das ist die TV-Serie „Dallas"! Wie heißt der unselige Familienclan?

- **A** Youring
- **B** Ewing
- **C** Buring

Stichtag: 28. April 1919

Gründung des Völkerbunds in Paris

Ziel des neuen Völkerbunds ist die Wahrung des internationalen Rechts und des Weltfriedens.

Auf der fünften Vollsitzung der Pariser Friedenskonferenz wird der endgültige Entwurf für die Verfassung des Völkerbunds einstimmig angenommen.

Der Völkerbund wird von 32 alliierten Kriegsgegnern der Mittelmächte und 13 neutralen Staaten gegründet. Die Satzung wird jeweils als Teil I den Friedensverträgen von Versailles beigefügt. Da die USA, Ecuador und Hedschas (Saudi-Arabien) diese Verträge aber nicht ratifizieren, reduziert sich die Zahl der Mitglieder schon am Anfang um drei. Zur Gründung nicht eingeladen waren die neutralen Staaten Mexiko und Costa Rica. Nicht Mitglieder des internationalen Bundes sind das Deutsche Reich, Deutschösterreich, Sowjetrussland, Ungarn und die Türkei.

Der Völkerbund übt seine Tätigkeit durch eine Bundesversammlung und durch einen Rat aus, denen ein ständiges Sekretariat zur Seite steht. Die Bundesversammlung besteht aus Vertretern der Bundesmitglieder. Jeder Mitgliedstaat darf höchstens drei Vertreter entsenden und verfügt nur über eine Stimme. Im Rat sitzen Delegierte der alliierten und assoziierten Hauptmächte und Vertreter vier weiterer Bundesmitglieder. Eine der wichtigsten Bestimmungen ist die Vorschrift zur Einstimmigkeit.

Auf humanitärem Gebiet kann der Völkerbund in den folgenden Jahren viel leisten, bei der Erhaltung des Friedens und der territorialen Integrität der Mitgliedsländer scheitert er stets dann, wenn Interessen von Großmächten bedroht sind. Nach Gründung der Vereinten Nationen beschließt der Völkerbund am 18. April 1946 seine Auflösung.

175. **Sie ist der Star in „Manche mögen's heiß" und wird nach ihrem mysteriösen Tod im Jahre 1962 zum Mythos. Ihr Name?**

- **A** Jayne Mansfield
- **B** Marilyn Monroe
- **C** Jane Fonda

176. **Anpfiff für die neu gegründete Fußball-Bundesliga! Zusammengesetzt wird die neue Liga aus den Spitzenvereinen der fünf Oberligen. Wann startet der Spielbetrieb?**

- **A** Am 12. Juli 1960
- **B** Am 24. August 1963
- **C** Am 1. September 1965

177. **Man nennt ihn den lächelnden Papst: Johannes Paul I. Wie lange dauert sein Pontifikat?**

- **A** Zwei Wochen
- **B** 33 Tage
- **C** Drei Jahre

178. **Am 18. November 1928 beginnt das Zeitalter des Zeichentrickfilmes mit der Uraufführung des ersten Micky-Maus-Films von Walt Disney. Dessen Titel lautet...**

- **A** „...Mickie and Donald"
- **B** „...Steamboat Willie"
- **C** „...Fantasia"

179. **Eine Zahl ist im 20. Jahrhundert Inbegriff für eine besondere Flüssigkeit: 4711. Welches Produkt wird damit verbunden?**

- **A** Kölnischwasser
- **B** Mineralwasser
- **C** Fleckenwasser

180. **Der Schah von Persien heiratet 1959 zum dritten Mal. Wie heißt seine Frau, die letzte Kaiserin des Irans?**

- **A** Soraya
- **B** Suleyka
- **C** Farah Diba

181. **Armer Kerl: „Ich zähle täglich meine Sorgen!" lautet ein Schlager Ende der 50er Jahre. Wer ist der vermeintlich unglückliche Sänger?**

A Peter Alexander
B Peter Rubin
C Bill Ramsey

182. **Endlich Schluss mit dem Telefon-Monopol – und schon fallen die Preise. Wann beginnt die Ära des Telefonierens über private Anbieter?**

A 1. Januar 1998
B 1. Juli 1998
C 1. Januar 1999

183. **TV-Star Bernhard Grzimek geht fremd: 1959 kommt sein erster Film in die Kinos und gewinnt einen „Oscar". Der Titel des Films?**

A „Der Amazonas"
B „Die Wüste lebt"
C „Serengeti darf nicht sterben"

184. **Weltweit verkauft er ab Ende der 60er Hunderte Millionen von Platten. Man nennt ihn „Partyking". Unter welchem Namen kennt ihn die Welt?**

A James Last
B Bert Kaempfert
C Max Greger

185. **Das erste Traumpaar des Sports wird 1951 überraschend Weltmeister im Eiskunstlauf. Die Namen?**

A Lucia Bell / Gerhard Meyer
B Marika Kilius / Hans-Jürgen Bäumler
C Ria Baran / Paul Falk

186. **Frau am Gipfel: Mit Junko Tabei erreicht am 16. Mai 1975 erstmals eine Frau den Gipfel des Mount Everest. Woher stammt sie?**

A Japan
B China
C Korea

187. **Die österreichische Pazifistin Bertha von Suttner erhält als erste Frau 1905 den Friedensnobelpreis. Wie heißt ihr wichtigstes Werk?**

A „Pazifismus oder Tod“
B „Die Friedenstaube“
C „Die Waffen nieder“

188. **Kein Klischee ist ihm zu banal: Der Autor Heinz G. Konsalik erzielt mit publikumswirksamen Unterhaltungsromanen Millionenauflagen. Welches ist sein bekanntestes Werk?**

A „Liebesnächte in der Taiga“
B „Der Arzt von Stalingrad“
C „Frauenbataillon“

189. **Der japanisch-amerikanische Architekt Minoru Yamasaki zählt zu den einflussreichsten Gestaltern des modernen New Yorks. Welche Gebäude verhelfen ihm 1973 zu internationaler Anerkennung?**

A Chrysler Building
B World Trade Center
C Empire State Building

190. **Die US-Band The Drifters landet 1960 einen Welthit mit „Save The Last Dance For Me“. Wie heißt die ebenfalls erfolgreiche deutsche Version des Titels?**

A „Die Liebe ist ein seltsames Spiel“
B „Seemann“
C „Mit 17 fängt das Leben erst an“

191. **Der Sport bekommt eine Heimat im Fernsehen: Am 4. Juni 1961 ist Premiere für die erste „Sportschau“. Wer moderiert die erste Sendung des späteren Klassikers?**

A Adolf Furler
B Ernst Huberty
C Heribert Faßbender

192. **Wofür steht die Bezeichnung „Unternehmen Barbarossa“?**

A Russland-Feldzug
B Vietnam-Krieg
C Korea-Krieg

193. **Es ist eine Schwedin, die den Deutschen klarmacht „Liebeskummer lohnt sich nicht“ und damit bis auf Platz 1 in der Hitparade kommt. Ihr Name?**

A Siw Malmkvist
B Bibi Johns
C Alice Babs

194. **Auf der Pariser Automobilschau 1910 stellt der französische Physiker Georges Claude die erste Neonbeleuchtung vor – die Geburtsstunde der Leuchtreklame! Wann meldet er das Patent dafür an?**

A 1911
B 1919
C 1921

195. **Kapitänsfehler: Bei dichtem Nebel stößt das italienische Nobelschiff „Andrea Doria“ am 25. Juli 1956 vor der US-Küste mit einem anderen Schiff zusammen und sinkt. Welches ist ihr Heimathafen?**

A Triest
B Messina
C Genua

196. **Wer gilt als erster deutscher Fernsehkoch und führt das Zubereiten von Speisen via Bildschirm ein?**

A Paul Bocuse
B Alfred Biolek
C Clemens Wilmenrod

197. **Am 30. Oktober 1921 hat der Liebes- und Abenteuerfilm „Der Scheich“ in New York Premiere. Der Hauptdarsteller wird zum Frauenidol der 20er Jahre. Wer?**

A Rudolph Valentino
B Mario Lanza
C Douglas Fairbanks

198. **Zurück nach schweren Zeiten: 1949 kehrt der deutsche Schriftsteller Bert Brecht nach Berlin (Ost) zurück und gründet dort mit seiner Frau Helene Weigel ein Theater von Rang. Welches?**

A Deutsches Theater
B Berliner Ensemble
C Theater des Westens

199. Kurz ist die Hoffnung auf politisches Tauwetter: Am 19. Juni 1971 übernimmt Erich Honecker die DDR-Führung. Wen löst er ab?

A Walter Ulbricht
B Erich Mielke
C Willi Stoph

200. Spielzeugabenteuer: 1996 kommt der Film „Toy Story" in die deutschen Kinos. Was ist das Besondere an ihm?

A Er ist komplett am Computer entstanden
B Es wird kein Wort gesprochen
C Er ist fast vier Stunden lang

201. Die erste deutsche Zeitung nach Kriegsende erscheint am 21. Mai 1945 mit einer sowjetischen Lizenz. Wie ist ihr Name?

A Berliner Zeitung
B Berliner Morgenpost
C Berliner Tagesspiegel

202. Zehn Jahre nach Entdeckung der Salicylsäure durch Felix Hofmann, im Jahre 1903, kommt ein Medikament auf den Markt, das bis heute populärstes Schmerzmittel der Welt ist. Welches?

A Placebo
B Aspirin
C Migränin

203. Olympia 1924 in Paris steht ganz im Zeichen eines finnischen Sprinters, der allein fünf Goldmedaillen gewinnt. Wie heißt dieses Laufwunder?

A Paavo Nurmi
B Emil Zatopek
C Johan Ludvig Runeberg

204. „Akrobat schöööön!!!" war die Losung eines der größten Clowns des letzten Jahrhunderts. Von wem stammt sie?

A Oleg Popow
B Grock
C Charlie Rivel

Stichtag: 6. Februar 1921

„The Kid" rührt zu Tränen

Begeisterte Reaktionen löst der Charlie-Chaplin-Film „The Kid" beim Publikum aus. Für den sechsjährigen Jackie Coogan beginnt eine Karriere als Kinderstar.

Unter großem Zuschauerandrang wird „The Kid" („Der Vagabund und das Kind") in den USA uraufgeführt. Der Film stellt eine gelungene Mischung aus Slapstick und Melodrama dar, die in dieser Form in Chaplins Filmen erstmalig ist. Die Menschen werden nicht, wie in reinen Slapstickkomödien, lächerlich gemacht, sondern mit all ihren Gefühlen ernst genommen. Dieses Konzept stößt auch beim internationalen Publikum auf großen Zuspruch.

Der vorher nur aus Kurzfilmen bekannte Chaplin drehte ein Jahr an seinem ersten abendfüllenden Werk, das 1920 abgeschlossen wurde. In der Endfassung lief „The Kid" über 51 Minuten.

Neben Chaplin selbst rangierte vor allem Kinderstar Jackie Coogan hoch in der Publikumsgunst. Coogan stand bereits als Dreijähriger vor der Kamera. Von Chaplin erlernte das junge Talent mühelos das Pantomimespiel. Im Film zeichnet sich Coogan durch ausgefeiltes Spiel, hervorragende Mimik und Ausdruckskraft aus, die der seines Mentors in nichts nachsteht. „The Kid" wird für ihn zum Sprungbrett für eine Karriere als Kinderstar.

„The Kid" hat teilweise autobiographische Züge, da er das armselige Leben in den Londoner Slums zeigt, in denen Chaplin seine Kindheit verlebte.

205. **Sie ist der Liebling der Kinder: Mary Poppins fliegt mit ihrem Schirm durch die Welt. Wer spielt in dem Disney-Film von 1964 die Titelrolle?**

- **A** Julie Delpy
- **B** Julia Roberts
- **C** Julie Andrews

206. **Alle wollen Millionäre werden: Der Börsengang der Deutschen Telekom löst einen Aktienboom in Deutschland aus. Wann war Handelsbeginn?**

- **A** Am 14. Mai 1995
- **B** Am 2. Januar 1996
- **C** Am 18. November 1996

207. **Seit 1998 gehört der Sonntagabend ihr: Sabine Christiansen präsentiert ihre erste Politik-Talk-Sendung. Mit welcher Sendung ist sie zuvor regelmäßig präsent?**

- **A** Wochenspiegel
- **B** Tagesschau
- **C** Tagesthemen

208. **Scharfe Zunge: Welcher Bundesfinanzminister äußert 1975 volksnah „Ich dachte, mich tritt ein Pferd...“?**

- **A** Hans Apel
- **B** Alex Möller
- **C** Otto Graf Lambsdorff

209. **Dass Kultur Freude machen kann, zeigt der von Christo und Jeanne-Claude verhüllte Reichstag in Berlin, der im Sommer 1995 die Massen nach Berlin treibt. Wie viele Menschen schauen sich das Spektakel an?**

- **A** Etwa eine Million
- **B** Über fünf Millionen
- **C** Knapp zehn Millionen

210. **Katastrophenjahr: 1986, nur Monate nach dem Atomunfall von Tschernobyl, verursacht ein Brand beim Chemieriesen Sandoz eine Umweltkatastrophe. Welcher Fluss wird verseucht?**

- **A** Rhein
- **B** Donau
- **C** Mosel

211. **Im Jahre 1926 durchschwimmt die 19-jährige Amerikanerin Gertrude Ederle als erste Frau den Ärmelkanal. Wie lange benötigt sie dafür?**

A 7 Stunden und 12 Minuten
B 12 Stunden und 53 Minuten
C 14 Stunden und 31 Minuten

212. **Bis auf den Titel des „Stern" schafft es Model Uschi Obermaier in den 60ern mit ihrer politisch motivierten Wohngemeinschaft in Berlin. Welche Bezeichnung hat diese?**

A Kommune 1
B Kommune 10
C Kommune 100

213. **Heinz Rühmann, Willy Fritsch und Oskar Karlweis sind im September 1930 im gleichnamigen Film „Die Drei von der Tankstelle". Wer spielt ihren weiblichen Gegenpart?**

A Lilian Harvey
B Marlene Dietrich
C Herta Feiler

214. **Am 14. Februar 1974 geht der Deutsch-Rocker und Sprücheklopfer Udo Lindenberg auf seine erste Deutschland-Tournee. Welcher Spruch wird sein Markenzeichen?**

A „Keine Kohle trotz Gejohle"
B „Keine Panik auf der Titanic"
C „Keine Liebe im Getriebe"

215. **Einer der besten Streifen des Jahrhunderts: In welchem Hitchcock-Film spielt Höhenangst eine wichtige Rolle?**

A „Vertigo"
B „Die Vögel"
C „Marnie"

216. **Geburtsstunde eines neuzeitlichen Dokumentes: Am 23. November 1904 wird der erste Führerschein ausgestellt. Wo wird die erste Fahrschule gegründet?**

A Kiel
B Aschaffenburg
C Delmenhorst

Stichtag: 27. Juli 1921

Insulin entdeckt – Hoffnung für Zuckerkranke

Dem kanadischen Mediziner Frederick Grant Banting und seinem Assistenten Charles Herbert Best gelingt es an der Universität von Toronto, das Bauspeicheldrüsenhormon Insulin zu isolieren. Sie beweisen damit die Existenz eines den Blutzuckergehalt senkenden Hormons.

Schon 1889 hatten die Straßburger Wissenschaftler Joseph Freiherr von Mering und Oskar Minkowski bei Hunden die Bauspeicheldrüse entfernt und festgestellt, dass die Tiere anschließend die typischen Symptome der Zuckerkrankheit zeigten.

Der US-amerikanische Pathologe Eugene L. Opie untersuchte 1901 den Verfall von Zellverbindungen in den Langerhans-Inseln, einem endokrinen Teil der Bauchspeicheldrüse, und stellte einen Zusammenhang zwischen der Funktion dieser Zellen und Diabetes her. Die Regulierung des Blutzuckergehalts durch ein Hormon der Bauchspeicheldrüse wurde vermutet, ließ sich aber nicht verifizieren.

Seit 1920 bemühte sich der 29-jährige Orthopäde Banting unter Mitwirkung des Institutsdirektors John James Macleod um einen praktischen Beweis von Opies These. Er unternahm zahlreiche Tierversuche, bis es ihm gelang, das Hormon der Langerhans-Inseln rein darzustellen.

Am 30. Juli wird das Insulin erstmals zur Behandlung eines Menschen angewendet. Ein 13-jähriger Junge, der im Diabeteskoma liegt, kann durch eine Injektion vor dem Tod bewahrt werden.

Banting und Macleod erhalten für ihre Entdeckung im Jahr 1923 den Nobelpreis für Medizin.

217. **1960 geht als „afrikanisches Jahr“ in die Geschichte ein. 17 Staaten werden unabhängig. Wer waren deren Kolonialmächte?**

- **A** Deutschland, Frankreich und die USA
- **B** Frankreich, Großbritannien und Belgien
- **C** Portugal, Spanien und Italien

218. **Na dann: Guten Appetit! Welche Restaurantkette wirbt 1962 mit „Heute bleibt die Küche kalt, heut' gehen wir in den ...“?**

- **A** ...Westerwald
- **B** ...Wunderwald
- **C** ...Wienerwald

219. **Liberale vor: Am 11. Dezember 1948 wird im badischen Heppenheim die liberale Partei FDP gegründet. Wer wird deren erster Vorsitzender?**

- **A** Thomas Dehler
- **B** Walter Scheel
- **C** Theodor Heuss

220. **Der 1923 ursprünglich für hessische Künstler gestiftete Preis ist heute der bedeutendste deutsche Literaturpreis. Welcher deutsche Schriftsteller gibt ihm den Namen?**

- **A** Georg Büchner
- **B** Heinrich Heine
- **C** Kurt Tucholsky

221. **Im Februar 1919 beschließt die Ländervertretung die neuen Nationalfarben der Weimarer Republik. Welche sind das?**

- **A** Schwarz – Rot – Gold
- **B** Rot
- **C** Schwarz – Weiß – Rot

222. **Er ist der Star der Olympischen Spiele 1936 in Berlin: Der US-Leichtathlet Jesse Owens startet in mehreren Disziplinen. Wie viele Goldmedaillen holt er?**

- **A** Eine
- **B** Drei
- **C** Vier

223. **Noch schwarz-weiß: Die erste TV-Krimi-Serie, die über viele Jahre hinweg läuft, beschäftigt sich mit wahren Fällen der 50er und 60er Jahre. Unter welchem Titel?**

A Täter unbekannt
B Das Kriminalmuseum
C Stahlnetz

224. **Eine Ikone tritt ab: Wann erklärt Steffi Graf ihren Rücktritt vom aktiven Tennissport?**

A 8. Oktober 1998
B 13. August 1999
C 25. Mai 2000

225. **Dem polnischen Chemiker Reichstein gelingt 1933 die Synthese der Ascorbinsäure. Unter welcher Bezeichnung kennen wir diese heute besser?**

A Protein
B Aspirin
C Vitamin C

226. **Als sie 1968 in Hamburg ihre erste Boutique eröffnet, ahnt noch niemand, dass hier eine der wenigen deutschen Modedesignerinnen von Weltruf ihre Karriere beginnt. Wer?**

A Elisabeth Arden
B Jil Sander
C Jette Joop

227. **Nebeneinander im „Weltparlament“: Wann werden Bundesrepublik und DDR als 133. und 134. Mitglied per Akklamation in die Vereinten Nationen aufgenommen?**

A 1973
B 1976
C 1977

228. **Gäbe es sie nicht, hätten wir mehrere Splitterparteien in den Parlamenten: die Fünf-Prozent-Klausel. Wann wird sie in der Bundesrepublik eingeführt?**

A 1946
B 1949
C 1953

229. Er ist britischer Kriegspremier bis 1945 und wird dann abgewählt. Doch 1951 kehrt er, 77-jährig, auf seinen alten Arbeitsplatz zurück. Wer?

- **A** Rob. Anthony Eden
- **B** Harold Macmillan
- **C** Winston Churchill

230. Denkwürdig: Am 19. April 1999 kommt der Bundestag zu seiner ersten Sitzung im wieder eröffneten Berliner Reichstagsgebäude zusammen. Wer ist Architekt des Umbaus?

- **A** Lord N. R. Foster
- **B** Walter Gropius
- **C** Christo

231. Am 14. Januar 1900 wird die Oper „Tosca" im Teatro Constanzi in Rom welturaufgeführt. Wer ist der Komponist?

- **A** Antonio Vivaldi
- **B** Giuseppe Verdi
- **C** Giacomo Puccini

232. Die Ernährungsgewohnheiten ändern sich: Anfang der 60er heißt das Zauberwort „Tiefkühlkost". Wie hoch ist der jährliche Pro-Kopf-Verbrauch 1960?

- **A** 400 Gramm
- **B** 2,2 Kilogramm
- **C** 10,5 Kilogramm

233. Perestroika wirkt: 1986 wird der sowjetische Regimekritiker Andrej Sacharow aus der Verbannung in Gorki entlassen und kann nach Moskau zurückkehren. Wie hieß Sacharows nicht weniger engagierte Ehefrau?

- **A** Ludmilla Beresowska
- **B** Wera Koslowa
- **C** Jelena Bonner

234. Gut gemeint: Weil es zu wenig heimische Spezialisten in der Hightech-Branche gibt, wird im Mai 2000 gehandelt. Was beschließt das Bundeskabinett einzuführen?

- **A** Red Card
- **B** Yellow Card
- **C** Green Card

Biografie: Sigmund Freud

österreichischer Psychiater, Begründer der Psychoanalyse, *6.5.1856 Freiberg, Mähren, †23.9.1939 London.

Während seiner Assistentenzeit bei dem Gehirnanatomen T. H. Meynert wurde Freuds Interesse durch den Wiener Arzt J. Breuer auf die Hysterie sowie auf Neurosen gelenkt. Freud übersetzte die Vorlesungen des französischen Arztes J.-M. Charcot ins Deutsche, der die hysterischen Symptome als Folge krank machender Vorstellungen erklärte.

Seit 1886 war Freud Nervenarzt und Hypnotherapeut in Wien, wo er zugleich als Dozent für Neuropathologie wirkte. 1895 veröffentlichte er mit Breuer die „Studien über Hysterie", mit denen die suggestiv-hypnotische Behandlungsmethode der sog. „Psychokatharsis" begründet wurde. Mit dieser Methode der Bewusstmachung und Abreaktion sollten verdrängte und unbewusst gewordene seelische Inhalte aufgearbeitet werden. Diese Methode entwickelte Freud schließlich zur Psychoanalyse weiter.

Funktionelle seelische Erkrankungen erwiesen sich ihm hauptsächlich als Resultate von Kompromissbildungen zwischen einem Über-Ich und verdrängten triebhaften Regungen, die er auf die Libido zurückführte.

Von 1902 bis zur Emigration nach London 1938 war Freud als Professor in Wien tätig. Seine Lehre wurde besonders zu seinen Lebzeiten stark angegriffen, er selbst war als Jude antisemitischen Anfeindungen ausgesetzt.

Seine Schüler A. Adler und C.G. Jung entwickelten seine Theorien in eigenen Schulen weiter.

235. **Die Puppen tanzen: Im Früjahr 1971 beginnen NDR und WDR mit ersten Sendungen der „Sesamstraße". Wer tritt dort nicht auf?**

- **A** Ernie und Bert
- **B** Miss Piggy
- **C** Krümelmonster

236. **Finnland ist das erste europäische Land, das ein Wahlrecht für Frauen einführt. Wann ist das?**

- **A** 1906
- **B** 1916
- **C** 1926

237. **Völlig überraschend heiratete der umstrittene Welfenprinz Ernst-August von Hannover im Januar 1999 Prinzessin Caroline von Monaco. Wie heißt ihre Tochter?**

- **A** Genoveva
- **B** Alexandra
- **C** Paola

238. **„Der mit dem Wolf tanzt", der Film von 1989, ist die wunderbar leise Geschichte zwischen einem Mann und einem Tier. Wer ist Hauptdarsteller und Regisseur in einer Person?**

- **A** Tom Hanks
- **B** Kevin Costner
- **C** Harrison Ford

239. **Sie lebt seit 1940 in Stockholm: Welcher Dichterin wird 1965 als erster Frau der Friedenspreis des Deutschen Buchhandels verliehen?**

- **A** Gertrud Caspari
- **B** Nelly Sachs
- **C** Leonie Ossowski

240. **Der alte Mann und der Schnaps: Der Autor von „In einem anderen Land" gilt als Erneuerer der amerikanischen Kurzgeschichte und scheitert letztlich am eigenen Mythos. Wer?**

- **A** Ernest Hemingway
- **B** John Steinbeck
- **C** Allen Ginsberg

Stichtag: 1. September 1922

„Ulysses" – Prototyp des modernen Romans

Der Ire James Joyce (1882–1941) erneuert in formaler Kühnheit Stil, Syntax und Erzähltechniken und begründet seinen Ruf als literarisches Genie.

Sylvia Beach, Inhaberin der Pariser Buchhandlung Shakespeare & Co., bringt eine zensierte Fassung der ersten vollständigen Ausgabe des Romans „Ulysses" von James Joyce heraus. In den USA und in Großbritannien ist „Ulysses" wegen der „Behandlung sexueller Dinge in der Alltagssprache der unteren Klasse" zunächst verboten. Bei der Literaturkritik hat der Roman ein starkes, aber gespaltenes Echo hervorgerufen. Während seine Gegner dem Autor Pornographie und nahezu unverständliche Schreibweise vorwerfen, rühmen seine Bewunderer Joyce als radikalen Erneuerer der literarischen Technik.

Der in 18 Episoden unterteilte Roman spielt auf der Zeitebene eines einzigen Tages. In bisher nicht gekannter minutiöser Genauigkeit schildert er, was drei Menschen am 16. Juni 1904 bis drei Uhr am nächsten Morgen tun und erleben. Mit Hilfe der Technik des inneren Monologs, der den bisher üblichen fiktiven Erzähler überflüssig macht, erfasst Joyce die psychischen Vorgänge der Personen. Dabei experimentiert er mit Wortschöpfungen und -verkürzungen, Syntax und Interpunktion.

Neben unvermittelten Standortwechseln arbeitet Joyce mit Stilmischungen. Am bekanntesten ist der Schlussmonolog der Molly Bloom, der sich als Ineinanderströmen von Gedanken zu einem einzigen seitenlangen Satz ausdehnt.

Hauptpersonen des Romans sind der jüdische Anzeigenakquisiteur Leopold Bloom, seine Ehefrau Molly und der junge Schriftsteller Stephen Dedalus. Korrespondenzfiguren in der Homer'schen „Odyssee" sind Odysseus, seine Frau Penelope und Telemachos, der seinen Vater suchende Sohn des Odysseus.

241. Streiterin für gleiche Chancen der Geschlechter: Alice Schwarzer ist eine der Wortführerinnen der feministischen Bewegung und seit 1977 Herausgeberin welcher Zeitschrift?

A „Elsa"
B „Emma"
C „Erna"

242. Benvenuto – bienvenu –bienvenido – willkommen: Welches Land ist Ende der 90er das mit den größten Tourismus-Einnahmen in Europa?

A Frankreich
B Spanien
C Italien

243. Die Expo 2000, die erste Weltausstellung in Deutschland, steht zum Abschluss des Jahrhunderts unter dem Motto ...

A ...„Mensch – Natur –Technik"
B ...„Natürliches Leben"
C ...„Zukunft für alle"

244. Wegen seiner Liebe zu einer bürgerlichen US-Amerikanerin tritt Englands König Edward VIII. im Dezember 1936 ab. Welchen Titel trägt er danach nur noch?

A Herzog von Edinburgh
B Herzog von Kent
C Herzog von Windsor

245. Was geschah zuerst?

A Watergate-Skandal
B Olympische Spiele in München
C Willy Brandt wird Kanzler

246. Jahre des Aufbruchs in Richtung Demokratie: Wer ist von 1952 bis 1963 Vorsitzender der SPD?

A Erich Ollenhauer
B Kurt Schumacher
C Willy Brandt

247. Ein neues Jahrhundert mit neuen Visionen: Welcher Präsident führt die USA ins 20. Jahrhundert?

A S. Grover Cleveland
B Theodore Roosevelt
C William McKinley

248. Zwischen 1941 und 1943 baut man in Washington ein fünfeckiges Riesengebäude, seiner Form wegen Pentagon genannt. Welches Ministerium sitzt seitdem in diesem Gebäude?

A Außenministerium
B Verteidigungsministerium
C Wirtschaftsministerium

249. Wie heißt die Schulform, die auf Basis der anthroposophischen Ideen von Rudolf Steiner unterrichtet?

A Waldenburgschulen
B Waldorfschulen
C Waldschulen

250. Dem Volk aufs Maul geschaut: 1973 wird die spätere Kultserie „Ein Herz und eine Seele" gestartet. Wie heißt die darin von Heinz Schubert gespielte Rollenfigur?

A Alfred Tetzlaff
B Alfred Motzki
C Ekel Albert

251. Nicht nur Verleger, auch Visionär ist der junge Mann aus Altona, der nach dem Kriege erfolgreiche Periodika wie „Bild" und „Hörzu" herausbringt. Wie heißt der Mann mit dem glücklichen Händchen?

A Franz Burda
B Heinrich Bauer
C Axel Springer

252. Als im Radio noch deutsch gesungen wird: „Er hat ein knallrotes Gummiboot" – wen verbindet man mit diesem deutschen Schlager der frühen 70er?

A Wencke Myhre
B Renate Kern
C Hanne Haller

Stichtag: 29. Oktober 1923

Geburt des Rundfunks

Im Deutschen Reich schlägt die Stunde des Massenmediums Rundfunk. Die deutschen Hörer geraten in eine regelrechte Radioeuphorie.

Die Radiostunde AG aus Berlin meldet sich erstmals am 29. Oktober um 20 Uhr mit einer Unterhaltungssendung. Die Radiostunde AG, deren Hauptaktionär die Vox-Schallplattengesellschaft ist, sendet aus dem provisorischen Studio im Dachgeschoss des Voxhauses ein aus Plattenaufnahmen und einem Konzert vor dem Mikrophon gemischtes Musikprogramm. Klassische Werke stehen bei der Eröffnung auf dem Programm – vom Cellosolo mit Klavierbegleitung bis zur Vox-Platte „Dass nur für dich mein Herz erbebt". Übertragen wird mit einem einfachen Fernsprechermikrofon und einem nur 0,25 kW starken Mittelwellensender.

Das neue Medium wird vom Publikum begeistert aufgenommen. Rasch wächst die Zahl der zunächst 1580 gebührenpflichtigen Rundfunkteilnehmer, die über einen posteigenen Empfangsapparat, ein Kristalldetektorgerät mit Kopfhörer und Hochantenne, die Sendungen empfangen.

Das neue Massenmedium schafft den Durchbruch im Deutschen Reich nur mit einer gewissen zeitlichen Verzögerung. Zwar beantragten die führenden Funkunternehmen bereits im Mai 1922 eine Konzession für die Einrichtung und den Betrieb mehrerer Sender. Der Antrag stieß jedoch auf Zurückhaltung bei den Behörden, die darauf bedacht sind, dem Staat weitgehende Kontrolle über das neue Medium zu sichern, dessen publizistische Macht sie hoch veranschlagen.

Unter maßgeblicher Beteiligung des Staatssekretärs im Reichspostministerium, Hans Bredow, einem engagierten Fürsprecher des öffentlichen Rundfunks, ringen sich die Behörden schließlich zur Konzessionsvergabe durch. Erst nachdem sich die staatlichen Stellen einen gewichtigen Einfluss auf den Rundfunk gesichert haben, kann der Sendebetrieb aufgenommen werden. An der Radiostunde AG (später Funkstunde AG) ist die Post mit Geschäftsanteilen beteiligt.

253. **Am 9. Juli 1965 beginnt in der ARD die Serie „Auf der Flucht“ mit David Janssen in der Hauptrolle. Wen verkörpert er?**

A Dr. Richard Kimble
B Dr. Richard Ashby
C Dr. Richard Wagner

254. **Er ist einer der Pioniere des Stummfilms: Wer wird in der Rolle des kleinen Tramps weltberühmt?**

A Stan Laurel
B Charlie Chaplin
C Buster Keaton

255. **Der Schriftsteller Heinrich Böll gehört zu den anerkanntesten Autoren deutscher Sprache. Welches Werk stammt von ihm?**

A „Die verlorene Ehre der Katharina Blum“
B „Der Butt“
C „Deutschstunde“

256. **Mit der Spraydose zum Weltruhm: Der New Yorker Maler Keith Haring ist in den 80ern Hauptvertreter einer neuen Stilrichtung. Deren Bezeichnung?**

A Fun Art
B Graffiti-Art
C Spraying

257. **Welcher der großen Modeschöpfer des 20. Jahrhunderts trägt als persönliche Note einen Pferdeschwanz?**

A Wolfgang Joop
B Karl Lagerfeld
C Otto Kern

258. **Schleier hoch: Wer siegt 1988 bei den Wahlen und steht danach als erste Frau an der Spitze eines islamischen Staates?**

A Benazir Bhutto
B Indira Gandhi
C Sirimavo Bandaranaike

Stichtag: 21. Mai 1927

Lindbergh überfliegt den großen Teich

Nach 33 Stunden und 29 Minuten landet Charles August Lindbergh, von einer jubelnden Menschenmenge empfangen, auf dem Flughafen Le Bourget nahe der französischen Hauptstadt. Er war am Vortag auf Long Island, New York zum Alleinflug über den Atlantischen Ozean gestartet.

Das Abenteuer beginnt, nachdem günstige Westwinde und freundliche Witterung die Chancen auf einen glücklichen Ausgang steigen lassen. Lindbergh hat sich lediglich mit einigen Sandwiches und etwas Schokolade verproviantiert. Auf die Mitnahme eines Funkgeräts hat der schwedischstämmige Flieger aus Gewichtsgründen verzichtet. Zur Navigation ist er auf Karten, seinen Kompass und die Sterne angewiesen. Der Eindecker mit einem 237-PS-Motor ist für eine möglichst große Treibstoffkapazität konstruiert.

Die ersten elf Stunden des Fluges verlaufen planmäßig. Dann gerät Lindbergh in einen schweren Schneesturm. Wiederholt vereisen die Tragflächen. Weder durch Aufsteigen auf über 3000 m noch durch Heruntergehen auf etwa 3 m über die Wellen kann er dem Schneetreiben entgehen. Lindbergh, der inzwischen gegen Müdigkeit ankämpft, denkt an Aufgabe. Nach 27 Stunden Flug entdeckt der Pilot die ersten Fischerboote, die ihm die irische Küste ankündigen. Diese melden die Nachricht von seinem Anflug weiter. Wie ein Lauffeuer verbreitet sich die Meldung in Europa. Über Südengland und den Kanal fliegt Lindbergh nach Paris, wo er bereits von tausenden Menschen erwartet wird.

Zwar haben vor Lindbergh bereits 69 Menschen ebenfalls den Atlantik überquert, er ist jedoch der erste, der die Strecke allein, im Non-Stop-Flug und bis zum europäischen Festland zurückgelegt hat. Der 25-jährige Postflieger wird zum Volkshelden und zum populärsten Mann des Jahres. Lindbergh führt mit seinem spektakulären Flug den Beweis, dass der Atlantik auf dem Luftweg bezwungen werden kann.

259. **Hollahi: Ein singender Bundespräsident! Und Walter Scheel hat in den 70er Jahren sogar einen Hit, der auf einem Volkslied basiert. Dessen Titel?**

- **A** „Im Frühtau zu Berge“
- **B** „Hoch auf dem gelben Wagen“
- **C** „Der Mai ist gekommen“

260. **Hallo, ist da wer? Wann wird das erste transatlantische Fernsprechkabel zwischen Europa und Nordamerika in Betrieb genommen?**

- **A** August 1946
- **B** Mai 1951
- **C** September 1956

261. **Steigende Abiturientenzahlen schränken die freie Hochschulwahl ein. Am 1. Mai 1973 nimmt die Zentralstelle für die Vergabe von Studienplätzen ihre Arbeit auf. Wovon spricht man da?**

- **A** Vom Casus Belli
- **B** Vom Causa finita
- **C** Vom Numerus clausus

262. **Der Film „0 – Die Traumfrau“ setzt ihm ein Denkmal: Am 22. Oktober 1928 wird in Paris ein Stück namens „Boléro“ uraufgeführt, das zum Kult werden soll. Wer ist der Komponist?**

- **A** Peter Tschaikowski
- **B** Maurice Ravel
- **C** George Gershwin

263. **Sein Gesicht ist unverkennbar: Fernandel, französischer Filmschauspieler und Charakterkomiker. Mit welcher Rolle verbindet man ihn seit 1952?**

- **A** Monsieur Hulot
- **B** Don Camillo
- **C** Peppone

264. **Anfang der 30er Jahre erobert eine Stimme die Deutschen: Joseph Schmidt. Welches Lied macht ihn berühmt?**

- **A** „Ein Lied geht um die Welt“
- **B** „Ein Freund, ein guter Freund“
- **C** „Auf der Reeperbahn nachts um halb eins“

Biografie: Winston Churchill

britischer Premierminister (1940–1945 und 1951–1955), Schriftsteller, *30. 11. 1874 Blenheim Palace, †24. 1. 1965 London.

Churchill begann seine politische Laufbahn als konservativer Abgeordneter, wechselte jedoch 1904 zu den Liberalen. Mit 33 Jahren wurde er Handelsminister, kurz darauf (1910) Innenminister. Bei Ausbruch des Ersten Weltkrieges stand er als Erster Lord der Admiralität auf entscheidendem Posten, musste aber 1915 zurücktreten. 1919–1922 war er Kriegs- bzw. Kolonialminister. 1939, zu Beginn des Zweiten Weltkrieges, wurde er abermals Erster Lord der Admiralität.

Nach dem Rücktritt Chamberlains war Churchill als Premierminister (ab 1940) dem nationalsozialistischen Deutschland ein kompromissloser Gegner. Mit seiner berühmten „Blut, Schweiß und Tränen-Rede" schwor er die britische Bevölkerung auf eine harte Haltung und den unbedingten Siegeswillen gegenüber Hitler-Deutschland ein. 1942 trat er dem Bündnis Roosevelts mit Stalin bei; die Ausweitung des sowjetischen Machtbereichs in Europa konnte er jedoch nicht verhindern.

Als seine konservative Partei 1945 die Unterhauswahl verlor, musste Churchill zurücktreten. 1951–1955 war Churchill erneut Premierminister, hatte diesmal aber eine ruhigere Amtszeit.

1953 erhielt Churchill den Literaturnobelpreis für sein umfassendes Werk „Der Zweite Weltkrieg" (1949–1954).

265. **Am 1. Mai 1931 weiht US-Präsident Herbert Hoover das Empire State Building in New York als höchstes Gebäude der Welt ein. Wann verliert das Gebäude diesen Titel wieder?**

A 1946
B 1961
C 1973

266. **Am 30. Dezember 1948 hat das Musical „Kiss me Kate" am New Yorker Broadway Premiere. Wer hat die Musik komponiert?**

A Jerome Kern
B George Gershwin
C Cole Porter

267. **Geschwindigkeit ist keine Hexerei mehr: 1927 wird in der Eifel ein deutscher Rennkurs eröffnet. Welcher?**

A Nürburgring
B Hockenheimring
C Avus

268. **Gänsehaut pur: Am 29. März 1963 hat der Thriller „Die Vögel" des Regisseurs Alfred Hitchcock in New York Premiere. Wessen Buch liegt dem Film zugrunde?**

A Patricia Cornwell
B Patricia Highsmith
C Daphne du Maurier

269. **Weltraumspaziergang: Der US-Astronaut Bruce McCandless schwebt als erster Mensch frei im Weltraum – ohne Verbindungsleine. Wann ist das?**

A 10. Dezember 1980
B 7. Februar 1984
C 13. Mai 1990

270. **Es geht aufwärts: 1956 ist die Wohnungsnot zwar noch nicht beseitigt, aber das Bruttosozialprodukt steigt und steigt. Um wie viel seit 1951?**

A 40 Prozent
B 50 Prozent
C 60 Prozent

271. Im September 1982 stellt Ulrike Meyfarth einen Weltrekord im Hochsprung auf. Welche Höhe überspringt sie als erste Frau der Welt?

- **A** 1,98 m
- **B** 2,00 m
- **C** 2,02 m

272. Wie heißt die Reportagensammlung, mit der der tschechische Journalist Egon Erwin Kisch 1925 berühmt wird?

- **A** „Berliner Notizen“
- **B** „Eine Reise durch Deutschland“
- **C** „Der rasende Reporter“

273. Beginn des Tennisbooms in Deutschland: 1985 gewinnt Boris Becker als erster Deutscher Wimbledon. Gegen wen spielt er im Endspiel?

- **A** Ivan Lendl
- **B** Kevin Curren
- **C** Stefan Edberg

274. Am 29. Oktober 1959 hat „Asterix der Gallier“ in der französischen Zeitschrift „Pilote“ seine Comic-Premiere. Wie heißt sein Kumpan?

- **A** Obel Kadett
- **B** Obelisk
- **C** Obelix

275. Ein Schritt in die Normalität: Endlich gibt's nun auch in Deutschland am Sonntag frische Brötchen! Wann ändern sich die Ladenschlusszeiten dahingehend?

- **A** 1. Januar 1995
- **B** 1. November 1996
- **C** 1. Februar 1997

276. Eine Grippewelle sucht Deutschland im Herbst 1918 heim. Wie viele Personen fallen ihr zum Opfer?

- **A** Knapp 14000
- **B** Gut 98000
- **C** Etwa 196000

277. **Was wäre der deutsche Fußball ohne ihn? Wessen Leben ist geprägt durch Sätze wie „Der Ball ist rund" und „Elf Freunde sollt ihr sein"?**

- **A** Sepp Herberger
- **B** Uwe Seeler
- **C** Fritz Walter

278. **Im August 1958 läuft das erste Segelschiff der Bundesmarine, die „Gorch Fock", bei Blohm & Voss in Hamburg vom Stapel. Wer ist der Namensgeber?**

- **A** Ein Politiker
- **B** Ein Admiral
- **C** Ein Schriftsteller

279. **Stationen eines Lebens: 1935 als Tenzin Gyatso geboren, 1939 ausgewählt, 1940 inthronisiert, 1989 Friedensnobelpreis. Wer ist gemeint?**

- **A** Kemal Atatürk
- **B** Dalai-Lama
- **C** Aga Khan

280. **Erich Kästner ist ein pointierter Roman- und Satirikautor, auch und gerade in den schwierigen Zeiten zwischen 1933 und 1945. Welches der folgenden Werke stammt nicht von ihm?**

- **A** „Pünktchen und Anton"
- **B** „Das doppelte Lottchen"
- **C** „Pippi Langstrumpf"

281. **Der Film „Männer" ist 1985 nicht nur ein Kassenerfolg, sondern gilt seitdem als Kultfilm. Wer führt Regie?**

- **A** Doris Dörrie
- **B** Margarethe von Trotta
- **C** Katja von Garnier

282. **Am 12. Juli 1998 gewinnt Frankreich durch ein 3:0 erstmals den Titel eines Fußballweltmeisters. Gegen wen wird gewonnen?**

- **A** Argentinien
- **B** Deutschland
- **C** Brasilien

283. **Ende der 50er erscheint Otto Höpfner als Wirt einer Äppelwoi-Kneipe auf dem Bildschirm. Erst über dreißig Jahre später wird die Sendereihe wieder eingestellt. Wie ist ihr Titel?**

- **A** „Heimatgeschichten"
- **B** „Der Blaue Bock"
- **C** „Musikantenstadl"

284. **Unter dem Namen „Enovid" kommt die US-Firma Searle am 18. August 1960 mit einer Sensation auf den Markt. Was verbirgt sich dahinter?**

- **A** Das perfekte Haarwuchsmittel
- **B** Ein Mittel gegen Krebs
- **C** Die erste Anti-Baby-Pille

285. **Die blaue Abgasfahne flattert hinterher: In Zwickau rollt 1957 das erste Auto des Typs P 50 vom Band, das letzte von dann über 3 Millionen folgt am 30. April 1991. Wie heißt der Wagen im Volksmund?**

- **A** Ente
- **B** Käfer
- **C** Trabi

286. **1958 gewinnt er mit Brasilien seine erste, 1970 seine dritte Fußball-Weltmeisterschaft: Edson Arantes do Nascimento. Unter welchem Namen kennt die Welt diese Fußball-Legende?**

- **A** Ronaldo
- **B** Eusebio
- **C** Pelé

287. **Fliegerische Zukunft? Von Paris und London aus starten am 21. Januar 1976 zwei „Concorde"-Überschallflugzeuge zu ihren ersten Linienflügen. Wo landen sie?**

- **A** In Tokyo und Sydney
- **B** In New York und Chicago
- **C** In Bahrain und Rio de Janeiro

288. **Als Amerika noch weit war: Seine Sendung heißt „Treffpunkt New York" und zeigt uns die leichte Seite der USA in den 60ern. Wer ist der Präsentator?**

- **A** Peter von Zahn
- **B** Chris Howland
- **C** Werner Baecker

289. **Misstrauen: Im September 1982 bricht die sozialliberale Bundesregierung auseinander, am 1. Oktober wird Helmut Kohl neuer Bundeskanzler. Wie lange haben SPD und FDP regiert?**

A Knapp 10 Jahre
B Rund 13 Jahre
C Gut 20 Jahre

290. **In Düsseldorf wird 1956 der Heimatfilm „Die Geierwally" von Franz Cap nach dem gleichnamigen Buch von Wilhelmine von Hillern uraufgeführt. Wer spielt die Titelrolle?**

A Barbara Rütting
B Ruth Leuwerik
C Herta Feiler

291. **1961 wird zum zweiten Mal nach 1950 eine Volkszählung durchgeführt. Wie hoch ist danach das Netto-Einkommen eines 4-Personen-Haushalts im Jahre 1960 gewesen?**

A DM 670,–
B DM 1546,–
C DM 2670,–

292. **Die belgische Comic-Serie „Tim und Struppi", 1929 erstmals erschienen, wird zu einem weltweiten Klassiker. Wer ist „Vater" der beiden Charaktere?**

A René Goscinny
B Peyo
C Hergé

293. **Afrika wird selbstständig: Welche britische Kolonie wird 1931 unabhängig?**

A Südafrika
B Australien
C Ägypten

294. **Klick – Bild fertig! Die Einführung des Schnellbildverfahrens durch Herbert Edwin Land revolutioniert 1947 die Fotografie. Unter welchem Namen wird das Verfahren bekannt?**

A Polarisation
B Polaroid
C Polarstern

Stichtag: 5. September 1928

Alexander Fleming entdeckt das Penizillin

Eine Unachtsamkeit bringt Alexander Fleming auf die Spur, die zu einer der wichtigsten medizinischen Entdeckungen des gesamten 20. Jahrhunderts führt.

Seine Erfahrungen als Militärarzt im Ersten Weltkrieg veranlassten den Bakteriologen Fleming dazu, Eiterbakterien zu untersuchen, die er auf Nährmedien züchtete. Während einer Versuchsreihe ließ er versehentlich einige Gefäße mit Bakterienkulturen für mehrere Tage unverschlossen stehen. Als er sie das nächste Mal wahrnahm, waren sie von einem Schimmelpilz befallen. In unmittelbarer Nähe des Schimmelpilzes waren saubere Zonen entstanden. Daraus schloss Fleming folgerichtig auf die keimtötende Wirkung des Pilzes.

Die ersten Veröffentlichungen seiner bahnbrechenden Entdeckung stießen allerdings zunächst auf Gleichgültigkeit. Kaum jemand ahnte, dass Flemings Forschungsergebnis Grundlage eines der wichtigsten Heilmittel werden sollte. Zunächst stand Fleming vor der Aufgabe, den Schimmelpilz, der die Bakterien vernichtet, zu identifizieren. Es stellte sich heraus, dass es sich um Penicillium notatum handelte, woraufhin Fleming im Jahre 1929 die bakterientötende Substanz Penizillin nannte. In weiteren Forschungen erwies sich Penizillin schließlich als wirksam gegenüber eine Reihe von Infektionen und Entzündungen wie z.B. Wundstarrkrampf, Sepsis und Kindbettfieber.

Bis zur Anwendung des Penizillins als bakterientötendes Medikament dauert es allerdings noch Jahre. Erst 1942 beginnt in Großbritannien und den USA die industrielle Produktion. Ab 1943 kann das Medikament erstmals erfolgreich bei Kriegsverletzten eingesetzt werden.

295. „Heißer Sand" heißt 1962 ein Schlagertitel mit einer hinreißenden Stimme aus Italien. Wer wird damit zum Star?

- **A** Gigliola Cinquetti
- **B** Rita Pavone
- **C** Mina

296. Mit der Wiedervereinigung Deutschlands am 3. Oktober 1990 wird dieser Tag zum Feiertag und erhält den offiziellen Titel „Tag der deutschen Einheit". Auf welches Datum fiel ein Feiertag gleichen Namens zuvor seit 1954?

- **A** 23. Mai
- **B** 17. Juni
- **C** 1. Mai

297. Eine Sensation: Bei Ausgrabungen in der altägyptischen Stadt El-Amarna wird am 7. Dezember 1912 die Büste einer Königin gefunden. Wie heißt sie?

- **A** Hatschepsut
- **B** Kleopatra
- **C** Nofretete

298. Heute eher komisch: In den 60er Jahren sind Aufklärungsbücher und -filme Publikumsrenner. In Deutschland wird damit der Name eines Mannes verbunden, der uns eine neue Einstellung zur Sexualität vermittelt. Wer?

- **A** Otto Knolle
- **B** Ottfried Kralle
- **C** Oswald Kolle

299. Ein deutscher Freistil-Schwimmer räumt in den 80ern ab: Michael Groß schwimmt Weltrekorde über 200 und 400 Meter. Wie wird er genannt?

- **A** Albatross
- **B** Walhai
- **C** Manta

300. Fauxpas: Wovon spricht Deutsche-Bank-Chef Hilmar Kopper Mitte der 90er in Zusammenhang mit der Pleite von Baulöwe Jürgen Schneider?

- **A** Von Coconuts
- **B** Von Peanuts
- **C** Von Walnuts

301. **Noch ohne Pfand: Schon 1935 bringt die Brauerei Krueger das erste offizielle Dosenbier auf den Markt. Wo sitzt das Unternehmen?**

A Tokio
B Nürnberg
C Newark (USA)

302. **Chancengleichheit oder Niveauverlust: Ein Schultyp aus den 60ern ist 1980 bundesweit besonders umstritten. Welcher?**

A Abendschule
B Handelsschule
C Gesamtschule

303. **Die Kunst wird jung und grell: Einer der profiliertesten Vertreter seiner Kunstrichtung ist Roy Lichtenstein. Welchen Stil repräsentiert er?**

A Expressionismus
B Jugendstil
C Pop-Art

304. **Der Tod kommt 1955 bei Tempo 180, doch sein Name ist seitdem Kult, obwohl er in seinem Leben nur drei Filme dreht, darunter „Jenseits von Eden". Von wem ist die Rede?**

A Marlon Brando
B Anthony Perkins
C James Dean

305. **Eine neue Generation: Im April 1980 besteigt Prinzessin Beatrix den holländischen Königsthron. Wem folgt sie nach?**

A Juliana
B Jolanthe
C Jette-Marie

306. **Als es noch Parkplätze gab: 1952 wird die Produktion des Lloyd LP 300 eingestellt. Wie heißt der populäre Nachkriegs-Kleinwagen im Volksmund liebevoll?**

A Isetta
B Kabinenroller
C Leukoplastbomber

307. **Eines der bezauberndsten Märchen des Jahrhunderts schreibt Antoine de Saint-Exupéry im Jahre 1943. Dessen Titel?**

A „Der kleine Prinz"
B „Die unendliche Geschichte"
C „Die Abenteuer des Prinzen"

308. **Erstmals in der Geschichte des Internationalen Aachener Karlspreises bekommt 1986 ein ganzes Volk die Ehrung zugesprochen. Die Bürger Luxemburgs werden für europäische Gesinnung geehrt. Seit wann gibt es den Preis?**

A Seit 1950
B Seit 1960
C Seit 1965

309. **955 beginnt in den USA die Impfung gegen Kinderlähmung nach Jonas E. Salks Methode. Daraus entwickelt Albert B. Sabin die bis Ende der 90er Jahre populäre Schluckimpfung. Wann?**

A 1959
B 1960
C 1962

310. **Als erster Mensch der Welt schwimmt Johnny Weissmuller 1924 die 100 m Kraul unter einer Minute. Als was wird er nach Beendigung seiner Sportlaufbahn bekannt?**

A Chef von Coca-Cola
B Tarzan-Darsteller
C US-Präsident

311. **Revolutionär ohne Waffe: Ein Arbeiterführer wird im Zuge des Zusammenbruchs des Ostblocks zum Staatspräsidenten – wer?**

A Vaclav Havel
B Lech Walesa
C Boris Jelzin

312. **Große Sprünge: Fünfmal Olympia-Gold gewinnt Hans Günter Winkler, der „Sportler des Jahres" 1955 und 1956, mit seinem Wunderpferd. Dessen Name?**

A Walla
B Halla
C Ralla

Stichtag: 16. Mai 1929

„Oscar" krönt Filme

Die Filmbranche „erfindet" ihren begehrtesten Preis. Die 35 cm hohe und 4 kg schwere Statue etabliert sich schon in den nächsten Jahren als begehrteste Filmtrophäe der Welt. Der „Oscar" krönt nicht nur Karrieren, er verhilft als Gütesiegel auch zum Publikumserfolg an den Kinokassen.

Im Roosevelt Hotel verleiht der Schauspieler und Präsident der „Academy of Motion Picture Arts and Sciences", Douglas Fairbanks jr., erstmals die „Academy Awards". Mit dem ab 1931 „Oscar" genannten Preis wird die beste künstlerische Leistung von Regisseuren und Schauspielern im in- und ausländischen Film ausgezeichnet.

Die Auszeichnung, die von nun an jährlich vergeben wird, geht in der Kategorie bester Darsteller an den deutschen Schauspieler Emil Jannings für seine Rollen in „Sein letzter Befehl" (The last Command) und „Der Weg allen Fleisches" (The Way of all Flesh). Bei den Schauspielerinnen wird Janet Gaynor u.a. für ihren Part in dem Film „Sonnenaufgang" (Sunrise, Regie: Friedrich Wilhelm Murnau) geehrt. Bester Film wird „Wings" (Flügel) von William A. Wellman. Die meisten Auszeichnungen erhalten „Der siebte Himmel" und „Sonnenaufgang".

Der „Oscar" wird alljährlich von der im Jahre 1927 gegründeten „Academy of Motion Picture Arts and Sciences" (AMPAS) für besondere Leistungen in verschiedenen Kategorien verliehen.

Als ständige Kategorien etablieren sich im Laufe der ersten Jahre „Regie", „weibliche und männliche Hauptrolle", „weibliche und männliche Nebenrolle", „Drehbuch", „Ausstattung", „Musik", „Kamera" und „Schnitt".

Da sich die Preisvergabe vor allem nach dem Zweiten Weltkrieg stark an US-Filmen orientiert, wird 1956 die Kategorie „bester ausländischer Film" eingeführt. Bereits die Nominierung zur Preisverleihung bedeutet eine hohe Anerkennung innerhalb der Filmbranche.

313. **Berlin flippt aus im Techno-Rausch: Die Love Parade wird aus der Taufe gehoben und begeistert über Jahre Tausende junger Menschen. Wann ist Premiere?**

A 1989
B 1990
C 1993

314. **Ausgerechnet am jüdischen Feiertag Jom Kippur überraschen Ägypter und Syrer 1973 die Israelis mit einem Angriff: Der 4. Arabisch-Israelische Krieg beginnt. Welches Fest wird an Jom Kippur gefeiert?**

A Versöhnungsfest
B Erntedankfest
C Sonnenwende

315. **Kenia auf dem Weg zur Unabhängigkeit: Wie nennt sich der Geheimbund, der 1952 antibritische Revolten anzettelt?**

A Mau-Mau
B Kenyatta
C Boxer

316. **Gesundheit! Am 29. Januar 1929 melden die Vereinigten Papierwerke Nürnberg beim Reichspatentamt in Berlin die erste deutsche Papiertaschentuchmarke an. Deren Name?**

A Dynamo
B Tempo
C Tacho

317. **Ein großer Schreiber: Für sein Wirken im Bereich der dramatischen Dichtung wird Gerhart Hauptmann 1912 ausgezeichnet. Mit welchem Preis?**

A Kaiserlicher Verdienstorden
B Literatur-Nobelpreis
C Friedenspreis des dt. Buchhandels

318. **Der Bau der Mauer schockiert die ganze Welt mitten im Kalten Krieg und wird zu einem Höhepunkt desselben. In welchem Jahr?**

A 1959
B 1960
C 1961

Stichtag: 1. April 1930

Jubel um Marlene Dietrich

Kritik und Publikum feiern gleichermaßen die deutsche Schauspielerin Marlene Dietrich (*27.12.1901), die über Nacht weltberühmt wird.

Im Ufa-Palast wird der Film „Der Blaue Engel" von Josef von Sternberg uraufgeführt. Hauptrollen spielen Marlene Dietrich (eigtl. Maria Magdalena von Losch) und Emil Jannings. Der Film mit den Friedrich-Hollaender-Liedern „Ich bin die fesche Lola" und „Ich bin von Kopf bis Fuß auf Liebe eingestellt" wird gefeiert. Der Kritiker Herbert Ihering beschreibt den Auftritt von Marlene Dietrich im „Blauen Engel": „Sie singt und spielt fast unbeteiligt, phlegmatisch. Aber dieses sinnliche Phlegma reizt auf ... Alles ist Film, nichts Theater."

Die literarische Vorlage für den Film lieferte der Roman „Professor Unrat" von Heinrich Mann. Dessen Hauptfigur, dargestellt von Emil Jannings, erhält jedoch nicht den ursprünglichen Charakter eines machtbesessenen Spießbürgers, sondern wird zum sympathischen Sonderling. Obwohl Regisseur Sternberg auch andere sozialkritische Aspekte des Romans weitgehend vernachlässigte, zeigte sich Mann nach einer Vorführung beeindruckt.

Ab 1930 provozierte Marlene Dietrich als Diva im Hosenanzug von Hollywood aus die Welt und setzte ihre Popularität im Kampf gegen Hitler ein. Eine schauspielerische Glanzleistung zeigt sie 1957 in dem Film „Zeugin der Anklage".

Bis 1975 feiert sie als Sängerin Triumphe. Ihre letzten Lebensjahre verbringt Marlene Dietrich völlig zurückgezogen. Sie stirbt am 6.5.1992 in Paris.

319. **Stimmungskanone Willy Millowitsch ist 1961 auch als Karnevalssänger höchst erfolgreich. Mit welchem Hit?**

- **A** „Schnaps, das war sein letztes Wort“
- **B** „Heile, heile Gänschen“
- **C** „Man müsste noch mal 20 sein“

320. **Ungarns Lebensstandard ist stets führend im Warschauer Pakt. Wie nennt man das Gesellschaftssystem deshalb scherzhaft in den 60ern?**

- **A** Paprikasozialismus
- **B** Tokajerkommunismus
- **C** Gulaschkommunismus

321. **Damals Inbegriff des Fortschritts, heute Ghettos, in denen keiner mehr gerne wohnt: 1962 wird bei Bremen die erste Trabantenstadt eingeweiht. Wie heißt sie?**

- **A** Neue Vahr
- **B** Siemensstadt
- **C** Neuperlach

322. **Wer Krimis liebt, kennt Agatha Christie. Wie heißt ihr schlauer Meisterdetektiv, den Peter Ustinov in Filmen so großartig dargestellt hat?**

- **A** Nick Knatterton
- **B** Sherlock Holmes
- **C** Hercule Poirot

323. **Im Oktober 1925 hat in Paris die „Revue Nègre“ Premiere. Wer ist darin der später weltberühmte Showstar mit dem Bananenrock?**

- **A** Mata Hari
- **B** Marika Rökk
- **C** Josephine Baker

324. **Der neue Friedrichstadtpalast ist Deutschlands einziges Revuetheater. Er wird am 27. April 1984 in Ost-Berlin eröffnet. Zuvor wird der alte wegen maroder Bausubstanz abgerissen. Wann?**

- **A** 1950
- **B** 1970
- **C** 1980

325. Es sind wieder mal die Japaner, die uns im Mai 1997 ein virtuelles Haustier präsentieren, das sich meldet, wenn es hungrig ist – es wird millionenfach verkauft! Wie ist sein Name?

- **A** Harakiri
- **B** Tamagotchi
- **C** Jamasaki

326. Im Oktober 1916 wird die Transsibirische Eisenbahn fertig gestellt. Sie befährt die längste Schienenstrecke der Welt. Welche Entfernung bewältigt sie von Moskau aus?

- **A** Etwa 5400 km
- **B** Rund 9300 km
- **C** Mehr als 10000 km

327. Die Hymne auf die Gastarbeiter-Zuwanderung, „Zwei kleine Italiener", wird 1962 ein erfolgreicher Schlager bei uns. Wer singt?

- **A** Margot Eskens
- **B** Conny Froboess
- **C** Heidi Brühl

328. Steven Spielberg sammelt Oscars: Sein Film über einen „guten Nazi" erntet 1994 gleich sieben. Wessen Leistungen werden darin gewürdigt?

- **A** Wernher von Braun
- **B** Albert Speer
- **C** Oskar Schindler

329. „Elchtest" war 1997 das Schmunzelwort des Jahres. Welches Auto besteht das so benannte Ausweichmanöver damals alles andere als zufrieden stellend?

- **A** Opel Vectra
- **B** Mercedes A-Klasse
- **C** Honda Civic

330. Sendermaskottchen: Zu Beginn des RTL-Fernsehens unterhält Björn Hergen Schimpf mit seiner kleinen spitznasigen Figur täglich die Zuschauer. Ihr Name?

- **A** Kurtchen
- **B** Karlchen
- **C** Kläuschen

Stichtag: 1. Mai 1931

„Empire State" hält Höhenrekord

Mit dem Empire State Building erhält die US-Metropole ein markantes neues Wahrzeichen.

An der Fifth Avenue eröffnet um 11.30 Uhr US-Präsident Herbert Hoover das Empire State Building, mit 381 m das bisher höchste Gebäude der Welt. Den gigantischen Wolkenkratzer schuf der Architekt William F. Lamb.

Das 102 Stockwerke zählende Gebäude ist nach 13 Monaten vollendet worden, sieben Monate früher als geplant. Die Baukosten von umgerechnet 168 Mio. Reichsmark unterschreiten die vorgesehene Marge um 20%. Etwa 10 Mio. Ziegelsteine wurden vermauert, der Bau wiegt 365000 t, allein das Stahlgerippe macht 60 000 t aus. Das Empire State Building umfasst ein Volumen von 12 Mio. m^3. Bis hinauf zum obersten Stockwerk führen 1860 Stufen, schneller geht es mit einem der 72 Aufzüge, die mit bis zu 450m/min 16 000 Angestellte in ihre Büros und die Besucher zu den Aussichtsräumen im 86. und 102. Stock befördern können. An der Spitze des Gebäudes ist ein 30 m hoher Landeturm mit rotierender Kuppel für Luftschiffe vorhanden.

Manhattan, mit einer Fläche von 57 km^2 der kleinste der New Yorker Bezirke, ist das Finanzzentrum der USA. Hohe Grundstückspreise und der Wunsch nach Repräsentation haben seit der Jahrhundertwende immer höhere Bauten hervorgebracht. Zu den ersten Hochhäusern zählte der nach dem Vorbild des Campanile in Venedig erstellte 213 m hohe Metropolitan Life Tower.

331. **Franz Xaver Kroetz, eigentlich erfolgreicher Autor, spielt in der TV-Serie „Kir Royal" Ende der 80er einen Sensationsreporter. Wie heißt der?**

A Billy Schamlos
B Baby Schimmerlos
C Bunny Ahnungslos

332. **Versandhäuser haben Konjunktur: In Frankfurt am Main wird 1951 das Neckermann-Versandhaus eingeweiht. Wie lautet dessen Werbeslogan?**

A „Neckermann macht's möglich"
B „Neckermann geht voran"
C „Neckermann – find' ich gut"

333. **Im Jahre 1908 wird die bis heute gültige Länge des Marathonlaufes auf 42,195 km festgelegt. Welche Strecke legt man zu Grunde?**

A Windsor – London
B Paris – Orly
C Athen – Marathon

334. **Das verändert den Profifußball nachhaltig: Wie heißt der Beschluss des Europäischen Gerichtshofes zum Fußball-Transfersystem von 1995 im Volksmund?**

A Boshaft-Urteil
B Boskop-Urteil
C Bosman-Urteil

335. **Im Januar 1936 beginnen die Niagarafälle auf US-Seite für gut zwei Wochen einzufrieren. Den Zuschauern bietet sich ein Naturschauspiel der ganz besonderen Art. Wie oft froren die Fälle auf kanadischer Seite ein?**

A Einmal
B Zweimal
C Noch niemals

336. **Im Februar 1962 steht das Elbwasser plötzlich am Hamburger Rathausmarkt. Die Katastrophe kostet über 300 Menschen das Leben. Was ist passiert?**

A Sturmflut
B Schleusenbruch
C Schneeschmelze in Böhmen

Biografie: Fritz Lang

österreichisch-US-amerikanischer Filmregisseur, *5. 12. 1890 Wien, †2. 8. 1976 Los Angeles.

Fritz Lang ist einer der großen Meister des expressionistischen Films und Regisseur von Weltgeltung. Er prägte das Bild des deutschen Filmschaffens in den 1920er Jahren. Licht- und Schattenspiele sowie die oftmals beklemmend wirkende Architektur der Filmkulissen kennzeichnen seine Regiearbeit.

Lang debütierte 1919 in Berlin als Filmregisseur. Sein Erfolg mit dem Stummfilmklassiker „Der müde Tod“ (1921) setzte sich fort mit weiteren expressionistischen Werken.

Sein bekanntester Film ist die mythisch-romantische Utopie „Metropolis“ (1926), die bis dahin teuerste Produktion des deutschen Films. 1927 im Berliner Ufa-Palast uraufgeführt, stößt der Film zunächst auf Kritik. „Metropolis“ spielt in der gleichnamigen Zukunftsstadt, die in zwei Bereiche eingeteilt ist. In den Hochhäusern wohnen die „Herrenmenschen“, während die Arbeiter unter der Erde für den Reichtum ihrer Herren arbeiten müssen. Die gleichförmigen Bewegungen riesiger Menschenmassen und betriebsamer Maschinen werden eindrucksvoll in Szene gesetzt. Viele Aufnahmen stellen tricktechnisch alles bisher Dagewesene in den Schatten. Der 7 Mio. Mark teure Streifen stürzt die Filmgesellschaft Ufa nach dem schlechten Start in eine ernste Krise.

Daneben drehte Lang Monumentalfilme wie „Die Nibelungen“ (1924). Mit „M – Eine Stadt sucht einen Mörder“ (1930/31) und „Das Testament des Dr. Mabuse“ (1932) errang er Weltruhm als Tonfilmregisseur. Nachdem er das Angebot von Joseph Goebbels ausgeschlagen hatte, als Reichs-Filmintendant tätig zu werden, emigrierte Lang 1933 über England und Frankreich nach Amerika und drehte fortan in Hollywood. Nach dem Zweiten Weltkrieg arbeitete er wieder in Deutschland.

337. **Die Menschheit wächst: Am 12. Oktober 1999 erklärt UN-Generalsekretär Kofi Annan einen neugeborenen Jungen symbolisch zum wie vielten Erdenbürger?**

A Zum fünfmillardsten
B Zum sechsmillardsten
C Zum siebenmillardsten

338. **Nicht nur reden, sondern handeln: Wer sitzt bei Karl Schillers ab 1967 stattfindender „Konzertierter Aktion“ nicht mit am Tisch?**

A Unternehmerverbände
B Gewerkschaften
C Kirchen

339. **Beginn einer umstrittenen Technikära: Das erste Atomkraftwerk zur Gewinnung ziviler Elektrizität geht am 17. Oktober 1956 ans Netz. In welchem Land?**

A In den USA
B In Frankreich
C In Großbritannien

340. **Die Geschichte eines tragischen Schicksals: Im Sommer 1947 erscheint in Amsterdam „Das Tagebuch der Anne Frank“. Wann erscheint die deutsche Ausgabe?**

A 1948
B 1949
C 1950

341. **Das Fitness-Jahrzehnt beginnt: Anfang der 80er kommt Schauspielerin Jane Fonda mit einem Gymnastikkurs groß heraus und verdient Millionen damit. Wie nennt sich ihr Sportangebot?**

A Walking
B Aerobic
C Jogging

342. **Ein spektakulärer Komplex: Am 2. Februar 1913 wird der größte Bahnhof der Welt, die Grand Central Station, eingeweiht. Wo?**

A In London
B In Paris
C In New York

343. **Sprachliche Verfehlungen werden jährlich von einer Jury der Uni Frankfurt gebrandmarkt. Wie lautet das Unwort des Jahres 1999?**

- **A** Wohlstandsmüll
- **B** Kollateralschaden
- **C** Peanuts

344. **Der heimliche Star der TV-Serie „Daktari", vom ZDF am 4. Januar 1969 gestartet, ist ein schielender Löwe. Wie heißt er?**

- **A** Bill
- **B** Clarence
- **C** Lion King

345. **„Da sprach der alte Häuptling der Indianer..." – ein Riesenerfolg eines deutsch singenden Amerikaners Anfang der 60er. Sein Name?**

- **A** Ted Herold
- **B** Gus Backus
- **C** Bill Ramsey

346. **Traum aller Stars: Ein Stern auf dem Hollywood Boulevard! Joanne Woodward, Ehefrau von Paul Newman, erhält am 9. Februar 1960 den ersten. Wie wird die Sternenstrecke im Volksmund genannt?**

- **A** Walk Of Fame
- **B** Star Way
- **C** Way Of Stars

347. **Konkurrenz für „Dallas": Die TV-Serie „Dynasty" mit Joan Collins als Biest erobert 1983 das deutsche Fernsehen. Unter welchem Titel?**

- **A** „Eine reizende Familie"
- **B** „Die Addams-Familie"
- **C** „Denver-Clan"

348. **Geld ist Geld: Wann wird im Deutschen Reichstag das Gesetz verabschiedet, das Banknoten den Münzen gleichsetzt?**

- **A** 1900
- **B** 1909
- **C** 1938

349. **Da kommt Freude auf: Am 3. Januar 1949 treffen 41000 Kisten Zitrusfrüchte, die ersten nach dem Krieg, im Hamburger Hafen ein. Was kostet damals 1 kg Apfelsinen?**

A 1 DM
B 2 DM
C 3 DM

350. **Im Februar 1961 gibt die Bundesbank einen neuen 20-DM-Schein heraus. Sein Motiv zeigt das Bild der Elisabeth Tucher. Wer ist der Maler?**

A Pablo Picasso
B Albrecht Dürer
C Rembrandt

351. **Nach fast 30 Jahren Krieg in Indochina: In Paris unterzeichnen 1973 Vertreter der Kriegsparteien ein Abkommen über die Beendigung des Vietnamkrieges. Wer verhandelt für die USA?**

A Henry Kissinger
B George Bush sen.
C Richard Nixon

352. **„Wenn die Conny mit dem Peter!" Zusammen mit Peter Kraus wird Conny zum Traumpaar der späten 50er. Wie heißt jene Conny wirklich?**

A Corny Collins
B Connie Francis
C Cornelia Froboess

353. **Argumente statt körperlicher Züchtigung: Als letztes europäisches Land schafft Großbritannien die Prügelstrafe ab. Wann?**

A 1966
B 1976
C 1986

354. **Abgehört und dabei erwischt: Über welche Affäre stolpert US-Präsident Richard Nixon 1974?**

A Watergate
B Waterproof
C Waterworld

Stichtag: 19. Juni 1936

Schmeling schlägt Joe Louis

Sensationell besiegt der deutsche Schwergewichtsboxer Max Schmeling den haushohen Favoriten Joe Louis aus den USA im New Yorker Yankee-Stadion.

Schmeling, ehemaliger Schwergewichtsweltmeister im Profiboxen, besiegt vor 60 000 Zuschauern den US-Aspiranten auf den Weltmeistertitel, Joe Louis, durch K.o. in der zwölften Runde. Hoher Favorit war der 22-jährige „Braune Bomber" Joe Louis, der in seiner bisherigen Profilaufbahn von 28 Kämpfen 24 durch K.o. gewonnen hat.

Der Kampf gegen den 30-jährigen Schmeling sollte für Louis nur ein Routinekampf sein. Sein scheinbar sicheres Ziel war der Titelkampf gegen den amtierenden Schwergewichtsweltmeister James J. Braddock. In den ersten drei Runden war Louis auch deutlich im Vorteil. In der vierten Runde wurde der „Braune Bomber" durch drei kurze Rechte von Schmeling erstmals in seiner Profilaufbahn zu Boden geschickt. Nach dieser überraschenden Wende diktierte Schmeling den Kampf und wurde von Runde zu Runde überlegener. In der 12. Runde kann Schmeling dann den entscheidenden Treffer landen.

Der Sieg bringt Schmeling aber nicht den erhofften Titelkampf. Louis holt sich 1937 gegen Braddock die Boxkrone. 1938 knockt Louis Schmeling in der ersten Runde aus.

355. Zeitloser Klassiker: „Die Feuerzangenbowle“ mit Heinz Rühmann läuft am 28. Januar 1944 in den deutschen Kinos an. Wer schrieb den gleichnamigen Roman?

- **A** Thomas Mann
- **B** Heinrich Spoerl
- **C** Theodor Storm

356. Das Gebäude ist stilprägend und wird schnell ein Wahrzeichen New Yorks: 1959 eröffnet das Guggenheim Museum, gestiftet vom gleichnamigen Unternehmer. Wer ist Schöpfer des Bauwerks?

- **A** Le Corbusier
- **B** Egon Eiermann
- **C** Frank Lloyd Wright

357. Muppets-Vater Jim Henson schafft mit Kermit dem Frosch den berühmtesten Frosch aller Zeiten. Wann ist das?

- **A** 1955
- **B** 1965
- **C** 1975

358. Als die Börse noch Spaß machte: 3,6 Millionen Aktien zum Nennwert von 100 DM gibt das Volkswagenwerk im März 1961 heraus. Wie hoch ist der Ausgabekurs?

- **A** 150 DM
- **B** 250 DM
- **C** 350 DM

359. Bewegung ist Trumpf: Der Herbst 1958 steht im Zeichen eines großen Spaßringes, der in der Taille durch rhythmische Bewegungen am Laufen gehalten werden muss. Dessen Name?

- **A** Ring of Fire
- **B** Hula-Hoop
- **C** Limbo-Rock

360. Premiere mit Traumquoten: Am 13. Mai 1971 wird die Quiz-Show „Dalli-Dalli“ mit Hans Rosenthal zum ersten Mal im ZDF gesendet. Welchen Ausruf verbindet man mit dem Quizmaster?

- **A** „Das war Spitze!“
- **B** „Alles wird gut!“
- **C** „Wunnebar!“

Stichtag: 14. März 1937

„Mit brennender Sorge“

Der Terror der nationalsozialistischen Machthaber veranlasst Papst Pius XI., ein Rundschreiben an die deutschen Bischöfe herauszugeben.

Die Enzyklika „Mit brennender Sorge“, Pius' erstes und einziges in deutscher Sprache verfasstes Rundschreiben, wird an die Bischöfe im Deutschen Reich verteilt. Die Bischöfe leiten das Schreiben ohne dass die Gestapo Kenntnis davon erhält an die Pastoren weiter. Am 21. März wird das päpstliche Schreiben von den Kanzeln der katholischen Kirchen im Deutschen Reich verkündet.

Pius kritisiert in scharfem Ton die Kirchenpolitik der Nationalsozialisten und wendet sich gegen den eskalierenden Terror des Hitler-Regimes. Unmissverständlich prangert er die Rassenpolitik, den Führerkult und die Entchristlichung im nationalsozialistischen Deutschen Reich an. Als Reaktion auf diese scharfe päpstliche Kritik werden Abdrucke der Enzyklika vom NS-Regime beschlagnahmt und Drucker verhaftet.

Der deutsche Reichskanzler Adolf Hitler vermeidet nach der Sozialenzyklika den offenen Bruch mit dem Vatikan, verschärft allerdings den Kirchenkampf.

Während Pius XI. sich noch deutlich gegen den Nationalsozialismus geäußert hatte, wurde besonders seinem Nachfolger Pius XII. vorgeworfen, nichts gegen die Judenvernichtung unternommen zu haben.

361. Mohandas Karamchand Gandhi, geistiger Führer des indischen Unabhängigkeitskampfes, fällt im Januar 1948 dem Attentat eines Hindu zum Opfer. Welcher Religionsgruppe gehört er selbst an?

- **A** Buddhismus
- **B** Hinduismus
- **C** Islam

362. Die Pop-Generation ist begeistert: Der englische Film „Blow Up" aus den 60er Jahren wird zum Kultfilm. Wer führt Regie?

- **A** John Huston
- **B** Alfred Hitchcock
- **C** Michelangelo Antonioni

363. In den 60ern die beliebteste Musiksendung: „Musik aus Studio B" präsentiert alles, was in Deutschland in der Hitparade steht. Wer ist erster Moderator?

- **A** Rainer Holbe
- **B** Henning Venske
- **C** Chris Howland

364. 1950 erhält mit Ralph Johnson Bunche erstmals ein Farbiger den Friedensnobelpreis. Für die Vermittlung in welchem Konflikt?

- **A** Koreakrieg 1950–53
- **B** Palästinakrieg 1948/49
- **C** Indien / Pakistan ab 1946

365. Enfant terrible des Films: Nikolaus Günther Nakszynski beginnt 1960 seine Karriere als psychopathischer Bösewicht in Edgar-Wallace-Filmen. Unter welchem Namen kennen wir ihn besser?

- **A** Dieter Borsche
- **B** Gert Fröbe
- **C** Klaus Kinski

366. Neue Energien: Eines der ersten Solarkraftwerke wird am 25. Januar 1977 in Odeillo eröffnet. Welches Land wird dadurch auf diesem Gebiet weltweit führend?

- **A** Frankreich
- **B** Spanien
- **C** Portugal

367. **Die Stadt Wuppertal ist berühmt für ihre Schwebebahn. Wann wurde sie in Betrieb genommen?**

- **A** 1901
- **B** 1938
- **C** 1957

368. **Arlo Guthrie, der Sohn Woodie Guthries, beginnt seine Karriere 1967 mit einer 19-minütigen Hippie-Ballade. Wie heißt sie?**

- **A** „Rick's Café“
- **B** „Alice's Restaurant“
- **C** „San Francisco Bar“

369. **In welchem Jahr wurde erstmals mit dem Flugzeug die Schallmauer durchbrochen?**

- **A** 1947
- **B** 1957
- **C** 1967

370. **Wie nannte sich das berühmte Duo Simon & Garfunkel zu Beginn ihrer Karriere?**

- **A** Black & Decker
- **B** Kain & Abel
- **C** Tom & Jerry

371. **Welcher dieser Wissenschaftler entdeckte 1932 die Neutronen?**

- **A** James Chadwick
- **B** Ernest Rutherford
- **C** Otto Hahn

372. **Wann gelang die erste Erdumrundung per Ballon?**

- **A** 1937
- **B** 1969
- **C** 1999

Stichtag: 15. Dezember 1939

Vorhang auf für Scarlett

Das monumentale Bürgerkriegsepos setzt auch für Hollywood-Dimensionen neue Maßstäbe. Budget und Länge der Dreharbeiten übersteigen alle bis dahin üblichen Maße.

„Vom Winde verweht“, einer der erfolgreichsten Filme aller Zeiten, erlebt eine glanzvolle Uraufführung. Über 1 Million Menschen wollen die zur Premiere angereisten Stars sehen. Dazu zählen Clark Gable (Rhett Butler), Vivien Leigh (Scarlett O'Hara), Leslie Howard (Ashley Wilkes) und Olivia DeHavilland (Melanie Hamilton).

Um die Besetzung der einzelnen Rollen hatte unter den Hollywood-Stars ein Wettstreit eingesetzt, der die Öffentlichkeit genauso in Atem hielt, wie der Film selbst. Das Rennen um die Rolle der Scarlett o'Hara machte die bis dahin weitgehend unbekannte Vivien Leigh, die sich gegen Stars wie Katherine Hepburn und Bette Davis durchsetzte. Clark Gable schlug u.a. Frederic March und Gary Cooper aus dem Feld.

Insgesamt verschlingt der Film, der als einer der größten Ausstattungsfilme aller Zeiten gilt, Produktionskosten von rd. 4 Mio. Dollar. Der Streifen wird mit 8 Oscars ausgezeichnet.

Vor dem Panorama des Amerikanischen Bürgerkriegs, der mit dem Untergang des „Alten Südens“ endet, schildert der 230-Minuten-Streifen in wunderschönen Bildern und bombastischen Dekorationen das Schicksal der gleichwohl eigenwilligen wie attraktiven Scarlett, die auf Tara, dem Gut ihrer Eltern, heranwächst. Sie heiratet zweimal und wird zweimal Witwe, bis sie doch noch die Frau von Rhett Butler wird, mit ihm aber nicht glücklich werden kann.

373. **1986 spaltet sich die CeBIT von der Hannover-Messe ab. Was steht im Mittelpunkt der neuen Ausstellung?**

- **A** Computer und Software
- **B** Baustoffe
- **C** Film und Fernsehen

374. **Alles, was Männern Spaß macht: Am 1. Dezember 1953 erscheint die erste Ausgabe des „Playboy“ in den USA. Wer ziert den ersten Titel?**

- **A** Marilyn Monroe
- **B** Gina Lollobrigida
- **C** Jayne Mansfield

375. **Oper in einem Aufzug nebst Vorspiel: 1916 wird Richard Strauss' Werk „Ariadne auf Naxos“ in Wien aufgeführt. Von wem stammt der Text?**

- **A** Thomas Mann
- **B** Hugo von Hofmannsthal
- **C** Bert Brecht

376. **Welches Datum hat der „Schwarze Freitag“, der in den Zwanziger Jahren an der New Yorker Wall Street für einen totalen Zusammenbruch sorgt?**

- **A** 25. Februar 1927
- **B** 25. September 1928
- **C** 25. Oktober 1929

377. **Damals eine Sensation: Ein zweites Fernsehprogramm! Wann startet das ZDF mit seinem Sendebetrieb?**

- **A** 1. Mai 1961
- **B** 1. Januar 1962
- **C** 1. April 1963

378. **Schwein liebt Frosch: Ende der 70er kommt die „Muppets-Show“ ins deutsche Fernsehen. Wie heißt die kapriziöse Schweinedame, die sich selbst für einen Superstar hält?**

- **A** Miss Twiggy
- **B** Miss Piggy
- **C** Miss Ricky

379. Goldmedaillen liegen fortan auch im Schnee: Seit wann gibt es neben den Olympischen Sommerspielen auch die Winterspiele?

- **A** Seit 1912
- **B** Seit 1920
- **C** Seit 1924

380. Ein Klassiker des Autosports: Das 24-Stunden-Rennen von Le Mans. In welchem Jahr startet das Rennen erstmals?

- **A** 1919
- **B** 1923
- **C** 1926

381. Mit Musik geht alles besser: Unter welchem Titel wird George Bernard Shaws 1912 veröffentlichtes Drama „Pygmalion“ ab 1956 als Musical am Broadway aufgeführt?

- **A** „Can Can“
- **B** „Annie Get Your Gun“
- **C** „My Fair Lady“

382. Am 5. Februar 1985 öffnet Spanien wieder vollständig die Grenze nach Gibraltar für den Personen- und Warenverkehr. Wie lange hat die Schließung gedauert?

- **A** 11 Jahre
- **B** 16 Jahre
- **C** 23 Jahre

383. Endlich wieder ein Dach überm Kopf: Unterkünfte aus Wellblech bauen die Alliierten nach 1945 für Millionen ausgebombter Bürger. Wie nennt sie der Volksmund?

- **A** Blechwalzen
- **B** Nissenhütten
- **C** Dickwürste

384. Erstmals wird die 45-Stunden-Woche Wirklichkeit. In Bremen setzt sich im Juni 1956 die IG Metall mit ihren Forderungen durch. Wie lange wird zuvor gearbeitet?

- **A** 46 Stunden
- **B** 48 Stunden
- **C** 50 Stunden

Stichtag: 4. August 1944

Anne Frank wird festgenommen

Das Tagebuch der 15-jährigen Anne Frank erschüttert nach Kriegsende als authentisches Dokument des jüdischen Schicksals die Welt.

Anne Frank wird zusammen mit ihrer Familie in ihrem Versteck von der deutschen Geheimen Staatspolizei (Gestapo) entdeckt und ins Deutsche Reich deportiert. Ihr Tagebuch, das sie seit 1942 geführt hat, wird von niederländischen Freunden nach Kriegsende zur Veröffentlichung gebracht und ruft bei Millionen von Lesern tiefe Betroffenheit hervor.

Nach der nationalsozialistischen Machtübernahme entschied sich die jüdische Bankiersfamilie, mit Anne und der älteren Tochter Margot in die Niederlande zu emigrieren und schließlich unterzutauchen. Am 14. Juli bezog die vierköpfige Familie ein Hinterhaus in der Prinsengracht in Amsterdam. Zusammen mit einer weiteren Familie und einem jüdischen Zahnarzt wohnten acht Menschen auf engstem Raum in dem Hinterhausversteck zusammen.

Anne Frank, die als 13-Jährige in das Versteck zog, führte während des über zweijährigen Aufenthalts ein Tagebuch, in dem sie das spannungsreiche Zusammenleben und ihre eigenen Empfindungen schildert. Ihre Gedanken schrieb sie in Briefen nieder, die sie an eine fiktive „Kitty" richtete.

Mit einem für ihr Alter erstaunlichem Maß an Klugheit und Nachdenklichkeit setzt sie sich mit ihrer Situation als verfolgte Jüdin auseinander. Sie beschreibt ihre Freude über militärische Niederlagen der Deutschen, über die Kapitulation Italiens, die Landung der Alliierten in der Normandie.

Die letzte Tagebucheintragung des Mädchens stammt vom 1. August. Drei Tage später dringt die Gestapo nach einer Denunziation in das Hinterhaus ein. Anne Frank stirbt im März 1945 im Konzentrationslager Bergen-Belsen.

385. **Frankreichs attraktivster Exportartikel: Cathérine Deneuve – 1968 wird sie von der US-Zeitschrift „Look" zur schönsten Frau der Welt gekürt. Welcher Film bringt ihr den Durchbruch?**

- **A** „Die Spitzenklöpplerin"
- **B** „Belle de jour – Schöne des Tages"
- **C** „Die Dinge des Lebens"

386. **Die Vormacht fremder Länder wird im Grunde bestätigt, als in China 1901 eine Revolte niedergeschlagen wird. Wie nennt man das Ereignis in Europa?**

- **A** Boxeraufstand
- **B** Catcherkrieg
- **C** Ringerrevolution

387. **Hinter Schloss und Riegel: Am 24. Oktober 1931 wird Mafiaboss Al Capone zu 11 Jahren Gefängnis und 50000 Dollar Geldstrafe verurteilt. Auf Grund welchen Deliktes?**

- **A** Steuerhinterziehung
- **B** Alkoholschmuggel
- **C** Doppelmord

388. **Am 15. April 1994 wird in Marrakesch mit der WTO eine Sonderorganisation der UNO gegründet. Womit ist diese Einrichtung befasst?**

- **A** Mit Umweltschutz
- **B** Mit dem Welthandel
- **C** Mit den Kindern dieser Welt

389. **Vergeigt: Das erste Spiel einer deutschen Fußball-Nationalmannschaft geht am 5. April 1908 gegen die Schweiz mit 3:5 verloren. Wo wird gespielt?**

- **A** Bern
- **B** Zürich
- **C** Basel

390. **Sie nennen es Fatwa: Der aus Bombay stammende Autor Salman Rushdie gerät 1989 ins Visier der iranischen Regierung. Welcher seiner Romane ist schuld daran?**

- **A** „Die satanischen Verse"
- **B** „Mitternachtskinder"
- **C** „Scham und Schande"

Biografie: Albert Einstein

deutscher Physiker, *14. 3. 1879 Ulm, †18. 4. 1955 Princeton, New Jersey.

Albert Einstein wird als der bedeutendste Physiker des 20. Jahrhunderts gesehen. Er studierte in Zürich Mathematik und Physik. Ab 1901 hatte er eine Stelle am schweizerischen Patentamt in Bern. Dort promovierte er und veröffentlichte wichtige physikalische Arbeiten, etwa über die spezielle Relativität (1905) und zum lichtelektrischen Effekt (1907). Für Letztere erhielt Einstein 1921 den Nobelpreis.

1909 wurde Einstein Professor in Zürich, ab 1914 war er Direktor des Berliner Kaiser-Wilhelm-Instituts für Physik. Hier veröffentlichte er die allgemeine Relativitätstheorie („Über die spezielle und die allgemeine Relativitätstheorie“ 1917, „Grundzüge der Relativitätstheorie“ 1922), mit der er die Gravitation erklärte. Er erkannte zudem die Äquivalenz von Masse und Energie, die sich in der Gleichung $E = mc^2$ ausdrückt.

Seit 1920 waren Einstein und seine Theorien in Deutschland heftigen, antisemitisch beeinflussten Angriffen ausgesetzt. Als Pazifist und Zionist bezog er auch zu politischen Fragen Stellung. Von einer Vorlesungsreihe kehrte Einstein 1933 nicht mehr aus den USA zurück. Er übernahm eine Professur in Princeton, wo er bis zu seinem Tod lebte. Hier arbeitete er hauptsächlich an der „einheitlichen Feldtheorie“, um eine einheitliche mathematische Beschreibung des Universums zu ermöglichen.

Einstein setzte sich für das friedliche Miteinander der Menschen ein. Dennoch wies er zusammen mit anderen Physikern den amerikanischen Präsidenten Roosevelt auf die Möglichkeit einer Atombombe hin – was letztendlich mit zur Entwicklung dieses Waffensystems führte.

391. **Im Januar 1966 findet in West-Berlin die Uraufführung des Theaterstückes „Die Plebejer proben den Aufstand“ von Günter Grass statt. Was wird darin thematisiert?**

- **A** Ereignisse des 17. Juni 1953
- **B** Ende des 2. Weltkriegs
- **C** Bau der Mauer

392. **An der Seite von Cary Grant und Gregory Peck wird Sofia Loren in den 50ern und 60ern Italiens attraktivster Hollywood-Export. Für welchen Film erhält sie 1961 einen Oscar?**

- **A** „Die Frau am Fluss“
- **B** „Hochzeit auf italienisch“
- **C** „Und dennoch leben sie“

393. **„Sinfonische Erzählung für Kinder“ nennt der Komponist seine Oper „Peter und der Wolf“ nach dem Märchen der Brüder Grimm, die am 2. Mai 1936 in Moskau Premiere feiert. Wer ist der Schöpfer?**

- **A** Sergej S. Prokofjew
- **B** Pjotr I. Tschaikowsky
- **C** Sergei W. Rachmaninow

394. **Am 14. April 1994 reicht Nelson Mandela Präsident de Klerk symbolisch die Hand, um die Rassentrennung in Südafrika zu beenden. Wie wird diese bis dahin genannt?**

- **A** Apenzeit
- **B** Apartheid
- **C** Altarbeid

395. **Jetzt blüht es wieder: Am 29. April 1951 wird die erste Bundesgartenschau eröffnet. Wo?**

- **A** In Hannover
- **B** In Kiel
- **C** In Hamburg

396. **Die Freiheit ist das Ziel: Der Ungarn-Aufstand schockiert die Welt. In welchem Jahr?**

- **A** 1955
- **B** 1956
- **C** 1958

Biografie: Bertolt Brecht

(eigentlich Eugen Berthold Friedrich Brecht), Dichter und Dramatiker, *10.2.1898 Augsburg, †14.8.1956 Berlin.

Der bedeutendste deutsche Dramatiker des 20. Jahrhunderts zeigte sich in den 1920er Jahren mit seinen sog. Lehrstücken als marxistischer Gesellschaftskritiker. Mit dem von ihm entwickelten epischen Theater wollte er die Sehgewohnheiten des bürgerlichen Publikums verändern und gesellschaftliche Einsichten vermitteln.

Bereits 1919 ließ sich Brecht in München als freier Schriftsteller nieder. Noch im gleichen Jahr entstand mit „Baal“ sein erstes Bühnenstück. 1924 zog er nach Berlin, wo eine große Schaffensperiode begann. Von 1924 bis 1926 arbeitete er als Dramaturg bei Max Reinhard und beschäftigte sich intensiv mit dem Marxismus.

Brecht verfasste Gedichte, Lieder, Opern und marxistische Lehrstücke. 1933 floh er vor den Nationalsozialisten aus Deutschland und lebte zunächst in verschiedenen Ländern in Europa. 1941 emigrierte er in die USA, wo er bis 1947 in St. Monica bei Hollywood lebte. Über die Schweiz kehrte er erst 1949 nach Deutschland zurück. In Ostberlin gründete er 1949 mit seiner Frau, der Schauspielerin Helene Weigel, das „Berliner Ensemble“ im Theater am Schiffbauerdamm.

Zu den bedeutendsten seiner über 30 Theaterstücke zählen „Die Dreigroschenoper“ (1928), „Mutter Courage und ihre Kinder“ (1941) und „Leben des Galilei“ (1943). Brecht trat auch als Lyriker („Hauspostille“, 1927, „Buckower Elegien“, 1953) und mit Prosaarbeiten hervor.

397. **Welche Zeitspanne beschreibt James Joyce in der Handlung seines 1922 erschienenen Romans „Ulysses“?**

A Einen Tag
B Sechs Monate
C Fünf Jahre

398. **Die Oper „Elektra“ von Richard Strauss wird 1909 uraufgeführt. Wo?**

A In Dresden
B In Kassel
C In Berlin

399. **Er ist einer der Strategen des 2. Weltkrieges: General Dwight D. Eisenhower wird 1953 zum 34. US-Präsident gewählt und bleibt es bis 1961. Wie ist sein Spitzname?**

A Ike
B Mike
C Nike

400. **Anlass für eine spontane Gedenkfeier im New Yorker Central Park: Der Chef der legendären Beatles, John Lennon, fällt einem brutalen Anschlag zum Opfer. Wann?**

A Am 8. Dezember 1980
B Am 8. Dezember 1985
C Am 8. Dezember 1990

401. **1968 entsteht in der Tschechoslowakei ein Kommunismus mit menschlichem Antlitz: Welchen Begriff verbindet man mit dem Initiator Alexander Dubcek?**

A Prager Tauwetter
B Tschechischer Frühling
C Prager Frühling

402. **Bisweilen komischer Held des mit 6 Oscars ausgezeichneten Filmhits „Star Wars“ ist 1977 ein menschlicher Roboter. Auf welchen Namen hört er?**

A R2-D2
B K2R
C P3-SL

403. Der junge Amateurastronom Clyde Tombaugh traut 1930 seinen Augen nicht. Er entdeckt einen neuen Planeten. Welchen?

- **A** Pluto
- **B** Venus
- **C** Merkur

404. Super-GAU: Am 26. April 1986 kommt es im ukrainischen Tschernobyl zu einer Katastrophe. Was explodiert dort mit unvorstellbar entsetzlichen Folgen?

- **A** Munitionsfabrik
- **B** Atombombe
- **C** Atomkraftwerk

405. Der ehemalige Schauspieler ist Erfinder von Begriffen wie „Reich des Bösen“: Ronald Reagan, 40. Präsident der USA. Von wann bis wann regiert er die westliche Weltmacht?

- **A** 1981–89
- **B** 1985–90
- **C** 1989–94

406. Der Beginn der deutsch-französischen Freundschaft: Gustav Stresemann versucht in den 20er Jahren, das Verhältnis zum westlichen Nachbarn aufzubrechen. Wer ist dabei sein französischer Partner?

- **A** Aristide Briand
- **B** Ferdinand Buisson
- **C** Charles de Gaulle

407. Drei Jahre gab Charlie Chaplin Anfang der 30er Jahre dem Tonfilm. Daher präsentierte er sein Meisterwerk „Lichter der Großstadt“ bei dessen Uraufführung 1931 nicht in der neuen Technik. Sondern?

- **A** Als weiteren Stummfilm
- **B** Er wurde mit Musik unterlegt
- **C** Ein Sprecher verlas den Text

408. Die Schweizer sind humorlos? Keineswegs! Der Kabarettist Steinberger verkörpert den typischen Schweizer so, dass alle lachen, auch die Schweizer selbst! Unter welchem Namen tritt er auf?

- **A** Emil
- **B** Tell
- **C** Rütli

Biografie: Mahatma Gandhi

(Mohandas Karamchand Gandhi), indischer Freiheitskämpfer und geistig-politischer Führer, *2.10.1869 Porbandar, †30.1.1948 Neu-Delhi.

Gandhis weltgeschichtliche Bedeutung liegt in der erfolgreichen Durchführung seiner Lehre der Gewaltlosigkeit durch passiven Widerstand und Kooperationsverweigerung (ziviler Ungehorsam) gegen Unrecht.

Nach einem Jurastudium in London trat er zunächst als Rechtsanwalt u. a. in Britisch-Südafrika (1893–1914) für die Gleichstellung der Inder ein. Ab 1915 wieder in Indien, war er 1920–1934 Präsident der Indischen Kongresspartei und kämpfte für Selbstregierung und Befreiung von der englischen Kolonialherrschaft. Großes Aufsehen und eine nachhaltige Wirkung erzielte Gandhi im März/April 1930 mit dem 24-tägigen und rund 300 km langen „Salzmarsch", mit dem er gegen die von der britischen Kolonialmacht erhobene Salzsteuer protestierte.

Gandhi wurde mehrmals von der britischen Kolonialmacht inhaftiert, so u.a. 1942–1944.

Das politische Handeln Gandhis und seine asketische Lebensweise waren tief in der hinduistischen Religion verwurzelt. Er galt als geistiger Führer der all-indischen Kongresspartei. Seit 1915 trug er den Beinamen Mahatma („dessen Seele groß ist").

Gandhi setzte sich für eine Milderung der Kastenunterschiede, d.h. eine Aufwertung der „Parias" (Unberührbaren) und den Ausgleich zwischen Hindus und Moslems ein. Sein Lebenswerk krönte die Staatsgründung Indiens (1947). 1948 wurde er von einem Hindu erschossen.

409. Gegen das internationale Verbrechen: Als sich 1956 die Interpol neu statuiert, ist ihr Sitz zunächst in Paris. Wo befindet er sich seit 1989?

A In Lyon
B In Washington
C In Marseille

410. Der Saarländer Armin Hary, Olympiasieger 1960 im 100-Meter-Lauf, stellt kurz vor den Spielen von Rom einen neuen Weltrekord über diese Strecke auf. Wie schnell läuft er dabei?

A 10,0 sek
B 10,1 sek
C 10,2 sek

411. Ein Mann namens Hartmann fährt 1928 mit seiner Droschke bis nach Paris und ist deshalb in Berlin der „Heilige der Taxifahrer". Sein Kosename?

A Der schnelle Gerdi
B Der eiserne Gustav
C Der flotte Theo

412. Keine Erfindung von Günther Jauch: Quiz im Fernsehen ist auch schon in den 50er Jahren ein Hit. Die Sendung heißt „Hätten Sie's gewusst?". Wer stellt die Fragen?

A Heinz Maegerlein
B Robert Lembke
C Otto Höpfner

413. „Schaut auf diese Stadt..." ruft der Bürgermeister West-Berlins die Völker der Welt anlässlich der Blockade 1948 auf. Sein Name?

A Willy Brandt
B Heinrich Albertz
C Ernst Reuter

414. Das erste Musical mit durchgehender Handlung wird am 27. Dezember 1927 in New York uraufgeführt: „Showboat". Von wem stammt die Musik?

A George Gershwin
B Cole Porter
C Jerome Kern

415. Technisch damals absolutes Neuland: „Der Goldene Schuss" mit Lou van Burg ist eine der beliebtesten Spielshows im Deutschen Fernsehen der 60er. Wie findet er selbst seine Show?

A Wunnebar
B Fantasticalisch
C Sensationellissimo

416. Gary Coopers Kampf gegen das Böse in „12 Uhr mittags" macht den Film von 1952 zu einem der besten Kult-Western des Jahrhunderts. Wer spielt seine Braut?

A Grace Kelly
B Elizabeth Taylor
C Marilyn Monroe

417. Ein Star wird geboren: Im Dezember 1947 wird in New York Tennessee Williams' „Endstation Sehnsucht" uraufgeführt. Der Durchbruch für wen?

A Marlon Brando
B John Wayne
C James Dean

418. Das Posthorn wird langsam entstaatlicht: Im Zuge der Liberalisierung wird das Bundespostministerium überflüssig. Wann ist das?

A Ende 1991
B Ende 1997
C Ende 1999

419. 1911 entdeckt der Amerikaner Hiram Bingham eine der faszinierendsten archäologischen Stätten auf dem amerikanischen Kontinent wieder: Machu Picchu, deutsch „Alter Berg". Welches Volk schuf dieses Bauwerk?

A Mexikaner
B Apachen
C Inkas

420. Der italienische Autobauer Ettore Bugatti gilt als einer der bedeutendsten Konstrukteure der Welt. Zum populärsten Modell avanciert der „Bugatti 35" aus dem Jahr 1926. Zu welchem Konzern gehört die Marke heute?

A Daimler-Chrysler
B Ford
C Volkswagen

Stichtag: 26. November 1942

Mythos „Casablanca“

Der Film „Casablanca“, der vor dem Hintergrund des Krieges in Nordafrika spielt, ist das Kernstück des Humphrey-Bogart-Kults.

Der legendäre Filmklassiker „Casablanca“ von Michael Curtiz mit Ingrid Bergman und Humphrey Bogart feiert eine enttäuschende Premiere. Schließlich kommt der Produktionsgesellschaft ein welthistorisches Ereignis zu Hilfe: Die Staatsoberhäupter der Anti-Hitler-Koalition treffen sich in Casablanca. Der Film wird zum Publikumsmagnet.

Ort der Handlung ist „Rick's Café Américain“, ein Emigrantentreff, dessen Besitzer Rick Blaine (Humphrey Bogart) ein zynischer Einzelgänger ist. Unerwartet taucht seine ehemalige Geliebte Ilsa Lund (Ingrid Bergman) mit ihrem Mann, dem Widerstandskämpfer Victor Laszlo (Paul Henreid), bei ihm auf. Sie sind auf der Flucht vor den Nationalsozialisten und bitten Rick um Hilfe bei der Ausreise. Für Rick wird dieses Ansinnen zum Prüfstein seiner Gesinnung. Rick überwindet seinen Schmerz über die verlorene Liebe und verhilft den beiden zur Flucht. Aus dem Zyniker ohne Hoffnung ist innerhalb weniger Tage ein entschlossener Kämpfer geworden.

Die Rolle des zynischen Helden macht Bogart weltberühmt. Zum Zitatenschatz filmbegeisterter Kinogänger gehören auch Sätze wie „Ich schau Dir in die Augen, Kleines“ („Here's looking at you, kid“), eine Bogart'sche Abwandlung des Trinkspruches „Here's good luck to you“. Nicht weniger berühmt wurde auch die Filmmusik „As time goes by“.

421. „'n Abend allerseits!" ist das Markenzeichen der ARD-„Sportschau" bis in die 80er Jahre, wenn ein bestimmter Moderator die Sendung präsentiert. Wer?

A Heribert Fassbender
B Adolf Furler
C Ernst Huberty

422. Gelati für Amerika: Die Erfindung der Eiswaffel geht auf den US-Einwanderer Italo Marcioni zurück. Wann meldete er das Patent an?

A Dezember 1903
B Dezember 1913
C Dezember 1923

423. Welches Unternehmen wirbt 1968 mit dem Slogan „Alle reden vom Wetter – wir nicht?"

A Volkswagen
B Schirmfirma Knirps
C Deutsche Bundesbahn

424. Garri Kasparow gilt als einer der erfolgreichsten Schachspieler der Welt. 1985 wird er jüngster Schachweltmeister. 1996 besiegt er „Deep Blue". Wer oder was ist das?

A Die 10 weltbesten Schachspieler
B Ein Schach-Computer
C Pseudonym von Anatoli Karpow

425. Zum Lachen: Was Willy Millowitsch für Köln, ist Heidi Kabel für Hamburg. In welchem Theater feiert sie ihre größten Erfolge?

A Volksbühne
B Ohnsorg-Theater
C St. Pauli-Theater

426. Damals etwas Besonderes: Am 9. März 1988 hat die Filmkomödie „Ödipussi" gleichzeitig in beiden Teilen Berlins Premiere. Wer ist der Star des Filmes?

A Dieter Hallervorden
B Loriot
C Otto Waalkes

427. Am 19. Oktober 1913 wird in Leipzig die Deutsche Lebens-Rettungs-Gesellschaft gegründet. Wem widmet sich die Organisation?

- **A** Politischen Gefangenen
- **B** In Seenot Geratenen
- **C** An Seuchen Erkrankten

428. Selbst Tucholsky ist von ihm begeistert: Als Otto Reutter am 3. März 1931 stirbt, hinterlässt er Hunderte von ebenso klugen wie spritzigen Couplets. Welches stammt nicht von ihm?

- **A** „Nehm'n Se 'n Alten"
- **B** „Der Überzieher"
- **C** „Jawoll, meine Herren"

429. Zum ersten Mal Sieger: Am 24. April 1982 gewinnt Nicole als erste deutsche Interpretin beim „Grand Prix d'Eurovision" mit „Ein bisschen Frieden". Wer schrieb ihr diesen Hit?

- **A** Dieter Bohlen
- **B** Ralph Siegel
- **C** Matthias Reim

430. Ein großer Tag für das Recht: Bürgerliches Gesetzbuch (BGB) und Handelsgesetzbuch (HGB) treten in Kraft. Wann?

- **A** Am 1. Januar 1900
- **B** Am 1. Januar 1910
- **C** Am 1. Januar 1919

431. Für viele ist die erste Bekanntschaft mit dem Rundfunk gleichzusetzen mit der Premiere des so genannten „Volksempfänger". Was kostet dieser Volkswagen unter den Radios bei seiner Einführung 1933?

- **A** 76 RM
- **B** 99 RM
- **C** 112 RM

432. Die Welt tanzt Twist, da will die DDR nicht abseits stehen: Sie kreiert im Sommer 1959 einen eigenen Modetanz. Wie heißt er?

- **A** Lipsi
- **B** Maxi
- **C** Twixt

433. **Die Bundesregierung stiftet 1951 den „Deutschen Filmpreis". Welcher Film holt im ersten Jahr die Ehrungen gleich in allen damaligen Kategorien?**

- **A** „Wiener Walzer"
- **B** „Das Doppelte Lottchen"
- **C** „Melodie einer Nacht"

434. **„Das Parfum", erschienen 1985, ist der erfolgreichste deutsche Roman der 80er Jahre. Von wem stammt das Buch?**

- **A** Hera Lind
- **B** Hellmuth Karasek
- **C** Patrick Süskind

435. **1956 gewinnt sie den ersten „Grand Prix" für die Schweiz, drei Jahre später hat sie mit „O mein Papa" ihren Durchbruch in Deutschland. Wer ist gemeint?**

- **A** Lys Assia
- **B** Maria Mucke
- **C** Friedel Hensch

436. **Die Welt in der Krise: Der Ungarn-Aufstand 1956 fällt zusammen mit einer weiteren Weltkrise. Welche ist das?**

- **A** Suez-Krise
- **B** Kuba-Krise
- **C** Prager Frühling

437. **Doppelsieg: Wer wird nicht nur Weltleichtathlet 1959, sondern singt sich später auch noch mit deutschen Cowboyliedern in die Hitparade?**

- **A** Martin Lauer
- **B** Manfred Germar
- **C** Armin Hary

438. **Beginn einer Weltkarriere: 1978 stellt der Modezeichner Wolfgang Joop bei einem Modewettbewerb unter eigenem Namen aus. Was präsentiert er dort?**

- **A** Designerjeans
- **B** Parfumserie
- **C** Pelzkollektion

Stichtag: 6. Juni 1946

CARE hilft helfen

Die USA unterstützen die unter den Kriegsfolgen leidenden Menschen in Europa mit umfangreichen Hilfssendungen. Die CARE-Pakete werden weltberühmt und ein Synonym für schnelle unbürokratische Hilfe von Mensch zu Mensch.

Die US-Militärregierung in Deutschland unterzeichnet einen Vertrag mit der US-Hilfsorganisation „Cooperative for American Remittances to Europe“ (CARE). CARE ist angesichts der in Europa herrschenden schlechten Versorgungslage von verschiedenen privaten und kirchlichen Hilfswerken ins Leben gerufen worden. Ab sofort dürfen Spenden auch an Deutsche verteilt werden. Voraussetzung ist, dass US-Bürger 15 Dollar an CARE überweisen, den Rest erledigt die Hilfsorganisation.

Alles, was das Herz begehrt, wandert in die Pakete, die an den neu eingerichteten deutschen Zentralausschuss geschickt werden. Der Ausschuss leitet die Pakete dann an die in verschiedenen Städten eingerichteten Arbeitsgemeinschaften weiter, die den jeweiligen Empfänger benachrichtigen.

Allein in Deutschland treffen Millionen CARE-Pakete aus Übersee ein, die an die in verschiedenen Städten ansässigen „Deutschen CARE-Arbeitsgemeinschaften“ weitergeleitet werden. Das CARE-Standardpaket – ursprünglich ein Versorgungspaket für US-Soldaten – enthält Lebensmittel mit insgesamt rund 40000 Kalorien. Büchsenfleisch, Fett, Kekse, Marmelade, Kakao, Schokolade, Bonbons und Zigaretten lassen die Herzen der Empfänger höher schlagen. Für Kinder gibt es besondere Pakete, u.a. mit Vollmilchpulver, Nährmitteln, Vitamin-C-Tabletten, Windeln und Decken.

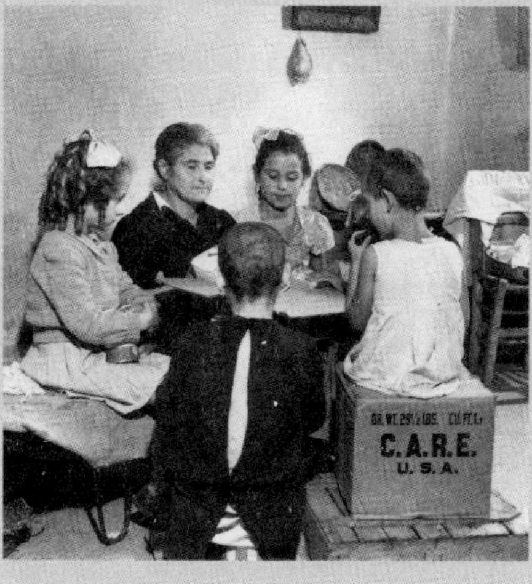

439. **Im Oktober 1948 wird auf dem Pariser Automobilsalon der Citroen 2 CV vorgestellt, in den 60ern und 70ern das Kultauto schlechthin! Unter welchem tierischen Kosenamen geht er in die Geschichte ein?**

A Käfer
B Motte
C Ente

440. **In Afrika rumort es: Wer wird im Juni 1960 erster Ministerpräsident des Kongos und kurz darauf unter bis heute ungeklärten Umständen ermordet?**

A Patrice Lumumba
B Joseph Kasavubu
C Mobutu Sese-Seko

441. **Die Bevölkerung hat entschieden: Am 1. Januar 1957 kommt ein zehntes Bundesland zur Bundesrepublik Deutschland. Welches?**

A Westfalen
B Saarland
C Württemberg

442. **Damit es aufwärts geht: Wer ist Initiator der „Konzertierten Aktion“, die im Februar 1967 erstmals zusammentrifft?**

A Ludwig Erhard
B Alex Möller
C Karl Schiller

443. **Der Physik-Professor Wilhelm Conrad Röntgen erhält 1901 für die Entdeckung der später nach ihm benannten Strahlen den ersten Nobelpreis für Physik. Wie nennt er seine Entdeckung?**

A R-Strahlen
B X-Strahlen
C Y-Strahlen

444. **Die Kolonien Neusüdwales, Victoria, Queensland, Tasmanien, Süd- und Westaustralien schließen sich 1901 zu einem Staat innerhalb des britischen Empire zusammen. Wie heißt der?**

A Neuseeland
B Australien
C Südafrika

445. Operettenhaft inszeniert: Der Präsident der zentralafrikanischen Republik ruft sich selbst im Dezember 1977 zum Kaiser aus. Wie ist sein Name?

- **A** Borussa I.
- **B** Bokassa I.
- **C** Bocuse I.

446. Schwarzes Gold vor der Haustür: Anfang der 60er wird in der Nordsee Erdöl gefunden. Welche Länder sind in den 70ern die großen Gewinner?

- **A** Schweden und Dänemark
- **B** Norwegen und Großbritannien
- **C** Norwegen und Irland

447. Symbol der Sinnlosigkeit des Krieges: Die Schicksalsstadt des 2. Weltkrieges ist Stalingrad. Wie heißt diese Stadt heute?

- **A** St. Petersburg
- **B** Wolgograd
- **C** Jekaterinburg

448. Ein Gesangspaar erobert Deutschland mit einer Mischung aus Schlager, Chanson und Folklore: Esther und Abi Ofarim, sie mit einer faszinierenden Stimme und Rehaugen, er mehr im Hintergrund. Woher stammen beide?

- **A** Aus den USA
- **B** Aus Israel
- **C** Aus Frankreich

449. Sie kommt aus Skopje nach Kalkutta und betreut dort ab 1949 Arme und Kranke. 1979 erhält sie dafür den Friedensnobelpreis. Wer?

- **A** Mutter Helena
- **B** Mutter Teresa
- **C** Mutter Verena

450. Eine bisweilen triviale TV-Serie, „Die Dornenvögel", macht 1983 weltweit Furore. Im Mittelpunkt der Pater Ralph de Bricassart. Wem gelingt mit dieser Rolle der Durchbruch?

- **A** Richard Chamberlain
- **B** David Hasselhoff
- **C** Patrick Duffy

451. **Am 27. Dezember 1934 wird der Staatsname „Iran“ offiziell eingeführt. Wie heißt das Land bis dahin?**

- **A** Persien
- **B** Irak
- **C** Kurdistan

452. **In Hamburg erscheint 1946 die erste Ausgabe der politischen Wochenzeitung „Die Zeit“. Wer ist seit 1983 Mitherausgeber des Blattes?**

- **A** Helmut Gollwitzer
- **B** Helmut Schmidt
- **C** Helmut Kohl

453. **Ende einer Ära: Paul McCartney verkündet seine Trennung von den Beatles, die sich kurz darauf auflösen. Wann war das?**

- **A** Am 8. Februar 1969
- **B** Am 10. April 1970
- **C** Am 16. Mai 1972

454. **Niemand verkörpert den „Kölsche Jung“ besser als er. 1989 erhält der erfolgreiche Volksschauspieler die Ehrenbürgerwürde seiner Heimatstadt. Wer ist gemeint?**

- **A** Henry Vahl
- **B** Willy Millowitsch
- **C** Hans Moser

455. **1937 bringt die Firma des Kunstflug-Weltmeisters von 1934, Gerhard Fieseler, die Fi 156, das erste Kurzstartflugzeug, auf den Markt. Wie nennt sie der Volksmund?**

- **A** „Fieseler-Adler“
- **B** „Fieseler-Habicht“
- **C** „Fieseler-Storch“

456. **Im Belle-Alliance-Theater in Berlin findet 1902 die Uraufführung von „Dantons Tod“ des deutschen Schriftstellers Georg Büchner statt. Wann schrieb er das Werk?**

- **A** 1835
- **B** 1840
- **C** 1843

Biografie: Thomas Mann

Schriftsteller, *6. 6. 1875 Lübeck, †12. 8. 1955 Kilchberg bei Zürich; Bruder von Heinrich Mann.

Mit seinen Novellen und Romanen, die nach der Rolle des Künstlers in der Gesellschaft fragen und Zeitströmungen kritisch beleuchten, entwickelte sich Thomas Mann zu einem der bedeutendsten deutschsprachigen Erzähler des 20. Jahrhunderts. Manns Erzählweise erhält ihren Rang vor allem durch die ironisch-funkelnde Sprachkunst.

1905 heiratete er Katia Pringsheim, die Tochter eines Universitätsprofessors. Insgesamt sechs Kinder stammen aus der Ehe, Erika, Klaus, Golo, Monika, Elisabeth und Michael. Nach dem Ersten Weltkrieg entwickelte sich Thomas Mann zum überzeugten Demokraten und ging 1933, nach der Machtübernahme der Nazis, ins Exil. Ab 1938 lebte er in den USA, wo er Mittelpunkt eines Kreises von Emigranten war. Seine antifaschistischen Radioreden wurden von der BBC nach Deutschland übertragen.

Durch den Familienroman „Buddenbrooks“ (1901) erntete Mann schon früh weltweiten Ruhm. 1929 bekam er für diesen Roman den Literatur-Nobelpreis. Erst mehr als 20 Jahre nach den Buddenbrooks erschien „Der Zauberberg“ (1924). Zu einer Verbindung von Geist und Leben gelangte Thomas Mann in seiner Tetralogie „Joseph und seine Brüder“ (1933–1943). Um das Thema Deutschland ging es in seinem Roman „Dr. Faustus“ (1947). Hier schilderte er in Anlehnung an den überlieferten Faust-Stoff einen Musiker, der, um Überragendes zu schaffen, einen Pakt mit dem Bösen eingeht.

457. **Am 5. Mai 1912 erscheint in St. Petersburg die erste Nummer der kommunistischen Parteizeitung „Prawda", später offizielles Organ der Sowjetregierung. Was bedeutet der Titel?**

A Treue
B Wahrheit
C Revolution

458. **Konkurrenz für die Tour de France: Mit dem Sieg von Luigi Ganna endet der erstmals ausgetragene Giro d'Italia über 2408 km. Wann?**

A 1909
B 1914
C 1924

459. **Er ist bei „Bild" der Mann Hans Esser, später der türkische Gastarbeiter Ali und schreibt darüber erfolgreiche Bücher, die beschämende Zustände in unserer Republik offenbaren. Wer?**

A Günter Wallraff
B Stefan Aust
C Hans Leyendecker

460. **Lebensquell Wasser: Mit der Inbetriebnahme der zwölften Turbine wird der Bau des ägyptischen Assuan-Staudamms abgeschlossen. Wann?**

A Im Juli 1970
B Im August 1971
C Im September 1972

461. **Schon über 50 Jahre jung: Am 26. Februar 1948 ist Premiere für die „Augsburger Puppenkiste". Welche Figur stammt aus dessen Puppenfamilie?**

A Der Pumuckl
B Pillhuhn
C Das Sams

462. **Der erfolgreichste Golfspieler der Sportgeschichte: 1997 ist er mit 21 Jahren der jüngste Spieler, der das legendäre „Masters" für sich entscheiden kann. Wer?**

A Tiger Woods
B Ben Crenshaw
C Bernhard Langer

Stichtag: 4. April 1949

Der Westen formiert sich in der NATO

Die Außenminister aus zehn westeuropäischen Staaten (Belgien, Dänemark, Frankreich, Großbritannien, Island, Italien, Luxemburg, Niederlande, Norwegen und Portugal) sowie den USA und Kanada unterzeichnen den Nordatlantikpakt (NATO), einen militärischen Bündnisvertrag der westlichen Staaten.

Der Pakt umfasst neben einer Präambel 14 Artikel, in denen die Teilnehmer sich u.a. zu gegenseitigem militärischem Beistand verpflichten. Jeder bewaffnete Angriff gegen eines der Mitgliedsländer wird als Angriff gegen die Gemeinschaft angesehen. Allerdings kann jedes Mitgliedsland frei darüber entscheiden, in welcher Form es seiner Beistandsverpflichtung nachkommt.

Die Gültigkeit des Vertrags erstreckt sich auf das Gebiet der Mitgliedsländer sowie auf Stützpunkte, Schiffe und Flugplätze im Mittelmeer und im Atlantik nördlich des nördlichen Wendekreises. Gemäß der Satzung der Vereinten Nationen wollen sich die NATO-Mitglieder vorrangig um eine friedliche Beilegung internationaler Konflikte bemühen. Neben ihrem militärischen Bündnis streben sie außerdem eine stärkere Zusammenarbeit auf anderen Gebieten, vor allem in der Wirtschaft, an.

Der NATO-Vertrag ist als Gegengewicht zur militärischen Präsenz der Sowjetunion und ihrer Verbündeten in Osteuropa gedacht. Voraussetzung für die Gründung der NATO war eine Änderung der US-amerikanischen Außenpolitik, die jahrzehntelang auf Nichteinmischung in Angelegenheiten außerhalb des Landes ausgerichtet war. In Europa hatten Großbritannien, Frankreich, die Niederlande, Belgien und Luxemburg mit dem Brüsseler Pakt einen Vertrag über Selbstverteidigung und Kooperation vereinbart.

1954 trat auch Deutschland der NATO bei.

463. **Fast so populär wie einst die Beatles: Dieter Bohlen ist einer der erfolgreichsten Komponisten aller Zeiten. Wie heißt die von ihm geleitete Pop-Band?**

A Modern Dancing
B Modern Talking
C Modern Living

464. **Der Rock'n'Roll kommt ins Kino: 1956 hat der erste Film mit Elvis Presley Premiere in New York. Der Titel?**

A „Don't Be Cruel"
B „Love Me Tender"
C „Jailhouse Rock"

465. **Am 1. März 1901 wird das erste Teilstück der heutigen Wuppertaler Schwebebahn in Betrieb genommen. In welchem Ort?**

A Elberfeld
B Döppersberg
C Barmen

466. **Man nennt ihn „Ol'Blue Eyes" und „The Voice". Durch Lieder wie „Strangers In The Night" und „My Way" wird er zum Schwarm der Damenwelt zwischen Mitte der 40er Jahre und 1998, als er verstirbt. Von wem ist die Rede?**

A Frank Sinatra
B Sammy Davis Jr.
C Dean Martin

467. **Schluss mit lustig! Am 16. Januar 1920 tritt das Prohibitionsgesetz in Kraft. Es verbietet Herstellung, Vertrieb und Transport welcher Waren?**

A Alle Tabakartikel
B Pornografie-Drucksachen
C Alle Rausch verursachenden Getränke

468. **Josef Friedrich Schmidt entwickelt im Winter 1914 in einer kleinen Werkstatt im Münchner Arbeiterviertel Giesing ein Spiel, das zum populärsten Gesellschaftsspiel der Nation wird. Dessen Markenname?**

A Schach
B Skat
C Mensch ärgere dich nicht

469. **Die letzte totale Sonnenfinsternis des Jahrhunderts wird in Europa zum Medienereignis. Wann verdunkelt sie unsere Städte tagsüber für Minuten?**

- **A** Am 15. Mai 1998
- **B** Am 11. August 1999
- **C** Am 14. Oktober 1999

470. **Eine neue Art des Musicals: 1971 wird „Jesus Christ Superstar" in New York uraufgeführt. Wer ist Komponist?**

- **A** Andrew Lloyd Webber
- **B** Burt Bacharach
- **C** Paul McCartney

471. **Der Siegeszug des Radios beginnt: In den USA strahlt der Sender KDKA Pittsburgh das erste regelmäßige Rundfunkprogramm der Welt aus. Wann?**

- **A** 27. Februar 1912
- **B** 2. November 1920
- **C** 2. September 1924

472. **Der TV-Klassiker schlechthin – und das noch in Schwarz-weiß: Am 3. Januar 1969 startet im ZDF die Serie „Der Kommissar". Wer spielt die Titelrolle?**

- **A** Horst Tappert
- **B** Erik Ode
- **C** Siegfried Lowitz

473. **Der Duft der großen weiten Welt: Das meistverkaufte Parfum des Jahrhunderts trägt die „No. 5". Welche Marke steht davor?**

- **A** Chanel
- **B** Margaret Astor
- **C** Dior

474. **Margaret Mitchell schreibt nur einen Roman in ihrem Leben, aber der wird – nicht nur als Film – ein Welterfolg. Der Titel?**

- **A** „Lolita"
- **B** „Der Reigen"
- **C** „Vom Winde verweht"

475. Es ist der 15. Juni 1961, als der DDR-Staatsratsvorsitzende auf Presenachfrage kundtut: „Niemand hat die Absicht, eine Mauer zu errichten!“ Wer lügt hier ganz offensichtlich?

A Wilhelm Pieck
B Willi Stoph
C Walter Ulbricht

476. Am Silvestertag 1948 wird der satirische Film „Berliner Ballade“ uraufgeführt, der den Kriegsrückkehrer Gert Fröbe im zerbombten Berlin zeigt. Wie heißt er im Film?

A Paul Normalverdiener
B Otto Normalverbraucher
C Willi Normalverleger

477. Vor der Welteroberung: Wie viele Kraftfahrzeuge werden 1950 in Japan produziert?

A 1594
B 8732
C 9712

478. Nur einmal in der Geschichte der Bundesrepublik wird ein regierender Kanzler bei einer Bundestagswahl abgewählt. Wer ist der Regierungschef?

A Helmut Kohl
B Helmut Schmidt
C Konrad Adenauer

479. Das Zitherspiel des Leitmotives kennt die ganze Welt: „Der dritte Mann“, 1949 in Wien gedreht, wird dank Orson Welles und Joseph Cotten zum Kultfilm. Von wem stammt das Buch?

A Arthur Miller
B Alfred Hitchcock
C Graham Greene

480. Ein Bild von einem Mann: Welcher Schauspieler wird Zeit seiner Karriere scherzhaft „normannischer Kleiderschrank“ genannt?

A Willy Birgel
B Gert Fröbe
C Curd Jürgens

Stichtag: 22. Juni 1950

Borgward stellt den Lloyd 300 vor

Der Bremer Automobilhersteller Borgward präsentiert das neue Modell Lloyd 300. Das Fahrzeug besteht statt aus lackiertem Stahlblech aus einem Hartholzskelett, das mit Sperrholz verkleidet und dann mit Kunstleder bespannt ist. Diese Konstruktionsmethode war vor dem Zweiten Weltkrieg bei DKW üblich.

Mit einem Preis von rd. 2800 DM ist der Lloyd 300 einer der günstigsten Wagen auf dem deutschen Markt. Er bietet vier Personen Platz. Mit einer Leistung von 10 PS erreicht das Modell eine Spitzengeschwindigkeit von 75 km/h. Einzig das Fahrgeräusch ist gewöhnungsbedürftig.

Da der Wagen jedoch auch im Verbrauch mit 5,5 Litern auf 100 km günstig liegt, entwickelt er sich schnell zum Verkaufsschlager und wird zum „Wirtschaftswunderauto" des kleinen Mannes.

Unter dem Spitznamen „Leukoplastbomber" geht der Lloyd 300 in die Automobilgeschichte ein.

481. **Ewiger Zweiter, aber doch Legende: Sir Stirling Moss wird 1955 bis 1958 jedes Jahr inoffizieller Vizeweltmeister. Wann startet er zu seinem ersten Formel-1-Rennen?**

A 1948
B 1951
C 1953

482. **Unser Mann im Amerika der 50er und 60er: Mit Sendereihen wie „Bilder aus der neuen Welt“ und „Die Reporter der Windrose“ bringt uns der „Grandseigneur des Radiojournalismus“ Amerika näher. Sein Name?**

A Peter von Zahn
B Lothar Loewe
C Thilo Koch

483. **Ein Kranich am Himmel: Welche Strecke fliegt die Lufthansa am 1. April 1955 bei ihrem Nachkriegs-Jungfernflug im innerdeutschen Linienverkehr?**

A Von Frankfurt nach Hamburg
B Von Hamburg nach Köln
C Von München nach Hamburg

484. **Ein Zeichen für Versöhnung: Willy Brandts Kniefall im Dezember 1970 hinterlässt einen bleibenden Eindruck. Wo findet er statt?**

A In Lodz
B In Warschau
C In Posen

485. **Zeitbezogene Themen in einer leichten Sprache machen ihn zum Millionär: Johannes Mario Simmel steht für Buch-Bestseller. Welches Werk stammt nicht von ihm?**

A „Doch mit den Clowns kamen die Tränen“
B „Der Arzt von Stalingrad“
C „Es muss nicht immer Kaviar sein“

486. **Als erster Deutscher gewinnt Bernhard Langer am 15. August 1985 das US-Masters, eines der berühmtesten Turniere der Welt. In welcher Sportart?**

A Golf
B Tennis
C Polo

Stichtag: 12. Februar 1951

Glanzvolle Traumhochzeit in Persien

Ein weltweit beachtetes gesellschaftliches Ereignis ist die Märchenhochzeit des Schahs von Persien mit Soraya.

Im prunkvoll geschmückten Elfenbeinsaal des königlichen Marmorpalastes schließen der persische Schah Mohammad Resa Pahlawi und die deutschstämmige Soraya Esfandiary Bakhtiary die Ehe. Soraya, zu deutsch „Siebengestirn“, trägt während der Trauung ein Dior-Kleid aus glänzendem Silberlamee. Eine 10 m lange Schleppe aus weißem Tüll, besetzt mit 900 000 Goldkörnern, 20 000 mattrosa Marabufedern und 6000 Diamanten zieren zudem das prachtvolle Gewand. Die „Traumhochzeit“ findet nach muslimischem Ritus statt.

Aus aller Welt treffen kostbare Geschenke für das Brautpaar ein. US-Präsident Harry S. Truman schickt eine wertvolle Kristallvase, Georg VI. von Großbritannien schenkt dem Kaiserpaar einen kostbaren Silberleuchter, der sowjetische Staatschef Josef W. Stalin wartet mit einem Zobelmantel für die 18-jährige Braut auf. Der deutsche Bundespräsident Theodor Heuss sendet seine herzlichsten Grüße nach Teheran.

Soraya, die am 22. Juni 1932 in Isfahan geboren wurde, stammt aus einer der angesehensten persischen Familien. Soraya spricht fließend Deutsch, Englisch, Französisch und Persisch, besuchte in Montreux und Lausanne Pensionate sowie das Internat Saint James in London. Der Schah, 1919 geboren, kam 1941 auf den persischen Pfauenthron. In erster, kinderlos gebliebener Ehe heiratete er Prinzessin Fawzia, eine Schwester des späteren Königs Faruk I. von Ägypten.

Stichtag: 29. Mai 1953

Triumph im Himalaja

Der höchste Berg der Welt, der Mount Everest, wird zum ersten Mal von Bergsteigern bezwungen.

Der nepalesische Sherpa Tenzing Norgay und der Neuseeländer Edmund Percival Hillary stehen als erste Menschen auf dem Gipfel des höchsten Berges der Erde. Gegen 11.30 Uhr setzen die Bergsteiger ihren Fuß auf den 8848 m hohen Himalajagipfel im tibetisch-nepalesischen Grenzgebiet.

Hillary und Tenzing Norgay sind Mitglieder einer von John Hunt geleiteten britischen Expedition, der elf weitere Bergsteiger sowie rd. 350 einheimische Träger angehören. Mitte März war die Gruppe von der nepalesischen Hauptstadt Katmandu aus aufgebrochen, um den höchsten Gipfel der Erde im elften Versuch seit dem ersten Anlauf im Jahr 1921 zu bezwingen.

In 5250 m Höhe errichteten die Briten am südlichen Fuß des Mount Everest das Basislager. In mühevoller Arbeit wurde von dort aus die erforderliche Ausrüstung und Verpflegung bis in das 7880 m hoch gelegene Lager 8 am Südsattel des Berges geschleppt, das Ausgangspunkt für den Gipfelsturm ist. Zwei Expeditionsmitglieder erreichten von hier bereits am 26. Mai den Südgipfel (8754 m). Hillary und Tenzing Norgay nahmen – ausgerüstet mit Sauerstoffgeräten – am frühen Morgen des 29. Mai die letzte Etappe in Angriff.

487. **US-Schauspieler Yul Brynner wird als Bösewicht zum Leinwandstar. „Die zehn Gebote", „Die glorreichen Sieben" und „Der König und ich" sind seine größten Erfolge. Was ist sein Markenzeichen?**

A Seine Glatze
B Eine rote Rose
C Sein Lachen

488. **Das Chanson „Milord" wird ewig mit ihr verbunden bleiben: Wie nennt die Welt die große Edith Piaf, die 1963 verstirbt, zärtlich?**

A Nachtigall von Nancy
B Amsel von Marseille
C Spatz von Paris

489. **Sieht aus wie ein skandinavischer Volkstanz, ist aber nach dem Twist einer der Modetänze der 60er Jahre. Was ist gemeint?**

A Discofox
B Letkiss
C Madison

490. **Heinz Maegerlein lässt grüßen: Die Sendung „Wer wird Millionär" löst 1999 einen wahren Quizboom aus. Wer ist der unschlagbare Moderator?**

A Hugo Egon Balder
B Günther Jauch
C Jörg Pilawa

491. **Damals ist es eine echte Sensation: Im März 1970 trifft Bundeskanzler Brandt erstmals mit dem DDR-Regierungschef Stoph zusammen. Wo?**

A In Erfurt
B In Dresden
C In Halle

492. **Der Nanga Parbat ist der neunthöchste Berg der Erde. Erst 1953, rund einen Monat, nachdem Hillary den Mount Everest bezwungen hat, gelingt die Erstbesteigung im Alleingang. Wer erreicht den Gipfel?**

A Heinrich Harrer
B Scott Fischer
C Hermann Buhl

DEUTSCHER FUSSBALL BUND

Stichtag: 4. Juli 1954

Das Fußballwunder von Bern

Im mit 70 000 Zuschauern ausverkauften Wankdorf-Stadion wird die Nationalmannschaft der Bundesrepublik Deutschland durch einen 3:2-Sieg über Ungarn Fußballweltmeister. Deutschland ist im Freudentaumel. Für die Ungarn ist es die erste Niederlage seit 1950.

Held des Tages ist der zweifache Torschütze Helmut Rahn, der in der 84. Minute den Siegtreffer erzielt. Dabei ließ die rasche 2:0 Führung der Ungarn durch Tore von Ferenc Puskas (6.) und Zoltan Czibor (9.) eine schnelle Entscheidung vermuten. Doch sorgte Max Morlock bereits in der 10. Minute für den Anschlusstreffer und Helmut Rahn in der 18. Minute für den Ausgleich. Deutschland gewinnt den Titel gegen eine Mannschaft, die vor der Weltmeisterschaft für unschlagbar gehalten wurde. Nach dem Olympiasieg 1952 brachte Ungarn am 25. November 1953 im Wembley-Stadion sogar den seit 30 Jahren im eigenen Land unbesiegten Briten eine 6:3 Niederlage bei.

Neben der taktischen Leistung Herbergers ist der deutsche Weltmeisterschaftserfolg vor allem das Verdienst des Kapitäns und Spielgestalters Fritz Walter. Trotz der ungarischen Starspieler Puskás und Kocsis, der mit elf Treffern Torschützenkönig der WM wird, gilt der Pfälzer wegen seiner technischen Fähigkeiten, die er ganz in den Dienst der Mannschaft stellt, als bester Spieler des Turniers. Der „Lieblingsschüler" Herbergers bildet mit seinem Bruder Ottmar, Werner Liebrich, Werner Kohlmeyer und Horst Eckel das Kaiserslauterner „Gerippe" der Nationalmannschaft. Für die meisten der enthusiastisch feiernden Deutschen bedeutet der Endspielsieg – nach Kriegsende und Wiederaufbau – die Möglichkeit einer nationalen Identifikation.

Aber nicht nur das Spiel selbst wurde zur Legende, sondern auch die emotionsgeladene Radioreportage des Rundfunkreporters Herbert Zimmermann bleibt unvergesslich.

493. Charles Best und Frederick Banting gelingt es 1921 erstmals, aus der Bauchspeicheldrüse eines Hundes einen Wirkstoff zu isolieren, der den Diabetes-Kranken seitdem das Überleben sichert. Was erfinden sie?

- **A** Penizillin
- **B** Insulin
- **C** Chloroform

494. Mitten im kalten Krieg trägt die Vernunft einen kleinen Sieg davon: Ein kleines rotes Telefon wird direkt zwischen Moskau und Washington geschaltet, um im Notfall schnell zu reagieren. Wann ist das?

- **A** 1961
- **B** 1962
- **C** 1963

495. Hans Hass, österreichischer Zoologe, unternimmt seit 1937 Unterwasserexpeditionen. Später filmt er diese und erhält 1959 sogar einen „Oscar". Für welchen Film?

- **A** „Unternehmen Xarifa"
- **B** „Haie und kleine Fische"
- **C** „Abenteuer unter Wasser"

496. Der Arzt Widukind Lenz deckt im November 1961 den Zusammenhang zwischen einem Schlafmittel und Missbildungen bei Kindern auf. Dessen Name?

- **A** Contergon
- **B** Contergan
- **C** Contergen

497. Das fesselt die Zuschauer: Im Film „Lohn der Angst" von 1952 ist einer der Hauptakteure ein großer französischer Chansonnier aus dem Umfeld der Piaf. Wer?

- **A** Jacques Brel
- **B** Yves Montand
- **C** Charles Aznavour

498. Ein optimistisches Lied: Als „Der lachende Vagabund" lacht sich 1957 ein Schlagersänger an die Spitze. Welcher?

- **A** Willi Hagara
- **B** Fred Bertelmann
- **C** Chris Howland

499. Er war einer der Stars in deutschen Fernseh-Haushalten der 80er: Welcher deutsche Showmaster wird durch ein im Hochsprung ausgerufenes „Spitze!“ unsterblich?

A Hans Rosenthal
B Peter Frankenfeld
C Robert Lembke

500. Jetzt geht's beim Schnellfahren ans Portmonee: Nordrhein-Westfalen setzt als erstes Bundesland Radarkontrollen ein. Wann ist das?

A Januar 1957
B März 1960
C April 1962

501. Auf sagenhafte 111 Folgen bringt es die Serie zwischen 1954 und 1960. Erstmals lässt eine „Fernsehfamilie“ einen Blick hinter die Kulissen ganz gewöhnlicher Menschen zu. Wie heißt die Serie?

A Die Unverbesserlichen
B Firma Hesselbach
C Familie Schölermann

502. Er ist eine Ehrung von weltweiter Bedeutung: Wann wird der Nobelpreis zum ersten Mal vergeben?

A 1901
B 1907
C 1915

503. Ende der Schauprozesse? 1953 erliegt der sowjetische Partei- und Regierungschef Josef W. Stalin den Folgen eines Schlaganfalls. Wer wird sein Nachfolger?

A Nikita S. Chruschtschow
B Leonid I. Breschnew
C Wladimir I. Lenin

504. Am 17. Februar 1937 meldet der Chemiekonzern Du Pont die erste vollsynthetische Kunstfaser zum Patent an. Wie heißt sie?

A Nylon
B Perlon
C Diolen

505. **Sein Despotismus führte zum Niedergang seines Landes: Idi Amin Dada wird 1971 durch Militärputsch Staatspräsident. Welches Landes?**

A Uganda
B Tansania
C Kenia

506. **Im April 1904 meldet Christian Hülsmeyer das Telemobiloskop zum Patent an. Wofür wird dieses der Vorläufer?**

A Telefon
B Radar
C Fernsehapparat

507. **Der Ukrainer Sergej Bubka setzt Maßstäbe im Stabhochsprung: Welche Traummarke überspringt er 1986 als Erster?**

A 5 Meter
B 6 Meter
C 7 Meter

508. **Der Roman „Die wunderbare Reise des kleinen Nils Holgersson" macht die Autorin bei dessen Erscheinen 1907/08 unsterblich. Von wem ist das Buch?**

A Astrid Lindgren
B Joanne K. Rowland
C Selma Lagerlöf

509. **Kein Durchkommen: Im Mai 1936 wird eine uneinnehmbare Festung fertig gestellt, in der die Goldbestände der USA lagern. Wie heißt der Ort?**

A Fort Rocks
B Fort Knox
C Fort Fox

510. **Sie sind zwar nur Zweite im Weltraum, aber dafür kann man sie auf der Erde im Fernsehen bewundern: Die drei US-Astronauten Schirra, Eisele und Cunningham. Wann ist das?**

A Im Oktober 1968
B Im Juli 1969
C Im August 1970

Biografie: Konrad Adenauer

deutscher Bundeskanzler (1949–1963), *5. 1. 1876 Köln, †19. 4. 1967 Rhöndorf bei Bonn.

Ziel des ersten Bundeskanzlers war es, die Bundesrepublik Deutschland nach den Schrecken des Zweiten Weltkrieges wieder in die westliche Werte- und Völkergemeinschaft einzugliedern und dem neuen Staatswesen Handlungsfähigkeit, Gleichberechtigung und Sicherheit zu geben. Überzeugt von einer Bedrohung durch die Sowjetunion, betrieb der ehemalige Oberbürgermeister von Köln (1917–1933) und Präsident des Preußischen Staatsrates eine Politik der Westintegration (1951 Montanunion und Europarat, 1952 Deutschlandvertrag; 1954/55 WEU und NATO, Wiedererlangung der Souveränität).

Das Kernstück seiner Diplomatie war die Aussöhnung mit Frankreich als Voraussetzung für einen europäischen Zusammenschluss im Rahmen eines atlantischen Bündnisses mit den USA. Die Politik der sog. Wiedergutmachung gegenüber Israel war ein besonderes Anliegen Adenauers.

Innenpolitisch war die „Ära Adenauer" gekennzeichnet durch die Errichtung eines demokratischen Staatswesens sowie durch den Wiederaufbau im Zeichen der sozialen Marktwirtschaft. 1957 errang der erste CDU-Vorsitzende mit der CDU/CSU die absolute Mehrheit im Bundestag. Am 15. 10. 1963 trat Adenauer zurück.

511. Ende der 50er Jahre sind Plattenspieler noch Luxus. In wie viel Prozent deutscher Haushalte findet man 1959 schon einen?

- **A** In 30 Prozent
- **B** In 50 Prozent
- **C** In 65 Prozent

512. Ein Mann redet Klartext: Es ist eine viel beachtete Rede zum Kriegsende am 8. Mai, die Bundespräsident von Weizsäcker im Bonner Bundestag hält. Wann?

- **A** 1985
- **B** 1990
- **C** 1995

513. Beginn einer Ära: In Rom treten die Tenöre Carreras, Domingo und Pavarotti am 7. Juli 1990 im Rahmen eines Wohltätigkeitskonzertes zum ersten Mal gemeinsam auf. Zu welchem Anlass?

- **A** Renovierung des Colosseums
- **B** Fußballweltmeisterschaft
- **C** Geburtstag des Papstes

514. Schöne Menschen: Die TV-Serie „Baywatch“ zeigt in den 90ern eine Lebensrettungstruppe am Strand von Malibu. Wer spielt darin den männlichen Star?

- **A** David Hasselhoff
- **B** Luke Perry
- **C** Don Johnson

515. Die Konservativen organisieren sich neu: Am 14. Dezember 1945 wird in Bad Godesberg die CDU gegründet. Wer ist die damalige Leitfigur?

- **A** Konrad Adenauer
- **B** Theodor Heuss
- **C** Ludwig Erhard

516. Beine hoch: Wie heißen die mehrlagigen Röcke der Rock-'n'-Roll-Zeit in den 50er Jahren?

- **A** Pattyboard
- **B** Platticord
- **C** Petticoat

Stichtag: 5. August 1955

Das deutsche Wirtschaftswunder rollt und rollt

Zehn Jahre nach Ende des Weltkriegs schließt die Bundesrepublik Deutschland zu den führenden Industriestaaten der Welt auf.

Im Volkswagen-Werk läuft der millionste VW-Käfer vom Band. Damit ist der Käfer das meistgebaute Auto Europas. Täglich verlassen mehr als 1500 Fahrzeuge vom Typ VW 1200 die Montagebänder.

Wesentlichen Anteil am Erfolg hat der 56-jährige Vorstandsvorsitzende Heinrich Nordhoff. Er hält eine kurze Festansprache, in der er den Werksangehörigen für die Arbeit der letzten Jahre dankt. Den am Kauf interessierten Kunden kündigt Nordhoff eine Preissenkung an. Das Standardmodell VW 1200 kostet ab sofort nur noch 3790 DM statt 3950 DM. Der Preis der besser ausgestatteten Export-Version beträgt 4600 DM – bislang 4850 DM, das Cabriolet ist sogar schon für 5990 DM zu haben.

Die Geburtsstunde des Käfers begann in den 1930er Jahren. Als „Kdf-Wagen" sollte das Auto die Massenmotorisierung in Deutschland einleiten. Der letzte in Deutschland gebaute „Käfer" läuft 1978 im Werk Emden vom Band.

517. **Er führt die Türkei ins 20. Jahrhundert: Wer wird 1923 zum ersten Staatspräsidenten der jungen Republik gewählt?**

- **A** Ismet Inönü
- **B** Kemal Atatürk
- **C** Enver Paschtuna

518. **Für die Jugend der Welt: Das Internationale Olympische Komitee nimmt im April 1915 seine Arbeit auf. Wo ist sein ständiger Sitz?**

- **A** In Montreux
- **B** In Genf
- **C** In Lausanne

519. **Eine Sternstunde des frühen Spielfilms ist „Panzerkreuzer Potemkin" bei seiner Uraufführung im Jahre 1925. Wer ist der legendäre Regisseur?**

- **A** Fritz Lang
- **B** Josef von Sternberg
- **C** Sergej M. Eisenstein

520. **Wer spielt in „Die Mädels vom Immenhof", dem Heimatfilm-Klassiker von 1955, die Rolle der Dalli?**

- **A** Angelika Meissner-Voelkner
- **B** Heidi Brühl
- **C** Margarete Haagen

521. **Der Saft der Erde hat jetzt seinen Preis: 1960 wird eine Organisation Erdöl exportierender Länder gegründet. Unter welchem Kurznamen kennen wir sie heute?**

- **A** OPEL
- **B** OPAL
- **C** OPEC

522. **In den 60ern klingt unser Rundfunk immer noch wie in den 50ern. Da kommt ein kleiner Sender daher und plaudert sich munter in die Herzen deutscher Hörer. Welcher?**

- **A** Radio Hilversum
- **B** Radio Luxemburg
- **C** Radio Straßburg

523. **Erst sollte es „Verfassung" heißen: Wer schlug im Parlamentarischen Rat 1949 den Namen „Grundgesetz" vor?**

- **A** Max Brauer
- **B** Wilhelm Kaisen
- **C** Thomas Dehler

524. **Lyrischer Tenor von Weltruf: 1933 musste der Österreicher Richard Tauber nach England emigrieren. Welcher Komponist stand im Mittelpunkt seines Schaffens?**

- **A** Wolfgang Amadeus Mozart
- **B** Joseph Haydn
- **C** Ludwig van Beethoven

525. **Ein Weltstar aus Germany: „Ich bin von Kopf bis Fuß auf Liebe eingestellt" – das ist Marlene Dietrichs Hymne. Aus welchem Film stammt sie?**

- **A** „Der Blaue Engel"
- **B** „Marokko"
- **C** „Shanghai-Express"

526. **Nur fünf Minuten kurz, aber sehr lange schon im ARD-Programm: Seit wann wird „Das Wort zum Sonntag" regelmäßig ausgestrahlt?**

- **A** Seit Mai 1954
- **B** Seit Januar 1959
- **C** Seit Weihnachten 1956

527. **Vom Bodybuilder zum amerikanischer Filmstar: Wem gelingt mit „Conan, der Barbar" 1982 der Durchbruch zum Weltstar?**

- **A** Bruce Willis
- **B** Ralf Möller
- **C** Arnold Schwarzenegger

528. **Kampf dem Hunger: 1945 wird die UN-Sonderorganisation für Ernährung, Landwirtschaft, Fischerei und Forstwesen FAO gegründet. Wann wird seitdem der Welternährungstag begangen?**

- **A** 15. Januar
- **B** 25. Juli
- **C** 16. Oktober

529. **Seit 1957 vergibt der Zentralrat der Juden in Deutschland einen Preis, der nach einem der führenden Gelehrten des liberalen Judentums benannt wurde. Wer ist der Namensgeber?**

- **A** Leo Baeck
- **B** Abraham Geiger
- **C** Johannes Calvin

530. **Das Celler Loch wird zum Politskandal: Um Terroristen zu verwirren, lässt das Land Niedersachsen im Juli 1978 ein Loch in die Mauer der Celler Justizvollzugsanstalt sprengen. Wer gibt den Befehl dazu?**

- **A** Ernst Albrecht
- **B** Gerhard Glogowski
- **C** Gerhard Schröder

531. **Der deutsche James Dean: Der Film „Die Halbstarken" macht Horst Buchholz 1956 über Nacht zum Star. Wer spielt an seiner Seite?**

- **A** Johanna von Koczian
- **B** Heidi Brühl
- **C** Karin Baal

532. **Europa sitzt gebannt am Bildschirm: Die Krönung Königin Elizabeths II. wird zum ersten europaweit übertragenen Fernsehereignis. Wann?**

- **A** 2. Januar 1952
- **B** 2. Oktober 1952
- **C** 2. Juni 1953

533. **Zum Tränenlachen: Heinz Erhardt ist der unangefochtene Star unter den Nachkriegskomikern. Welcher persönliche Spruch wird zu seiner Marke?**

- **A** „Was bin ich wieder für ein Schelm"
- **B** „Noch mal mit Musik"
- **C** „Einen habe ich noch"

534. **Die US-Schauspielerin Elizabeth Taylor gilt lange als schönste Frau der Welt. Erst Kinderstar, dann gefeierte Schauspielerin wird sie auch bekannt durch ihre zahlreichen Ehen. Mit wem war sie sogar zweimal verheiratet?**

- **A** Richard Burton
- **B** Eddie Fisher
- **C** Conrad Hilton

Biografie: Willy Brandt

deutscher Politiker (SPD), eigtl. Herbert Ernst Karl Frahm, *18.12.1913 Lübeck, †8.10.1992 Unkel bei Bonn.

Schon in jungen Jahren linkssozialistisch engagiert, war der 1933 nach Norwegen emigrierte Brandt 1949–1957 Bundestagsabgeordneter der SPD und 1957–1966 Regierender Bürgermeister von Berlin (West). 1964–1987 war er Parteivorsitzender der SPD und wurde 1966 unter Bundeskanzler Kurt Georg Kiesinger (CDU) Vizekanzler und Außenminister. Brandt förderte besonders die Verbesserung des Verhältnisses zu den östlichen Nachbarländern.

Seit 1969 Bundeskanzler einer SPD/FDP-Koalitionsregierung, intensivierte er seine Ostpolitik (Verträge mit der Sowjetunion, Polen und mit der Tschechoslowakei), womit er den Abschluss des Viermächteabkommens über Berlin (1971) ermöglichte. Im Verhältnis zur DDR strebte er ein „geregeltes Nebeneinander" an. Er leitete unter dem Anspruch einer Demokratisierung der Gesellschaft zahlreiche Reformen im Inland ein. 1971 erhielt Brandt den Friedensnobelpreis.

Wegen der Affäre um den Kanzleramtsspion Günter Guillaume trat Brandt am 6.5.1974 als Bundeskanzler zurück.

Auch danach war Brandt noch politisch aktiv. So war er 1976–1992 Präsident der Sozialistischen Internationale und 1979–1983 Mitglied des Europäischen Parlaments. 1977 übernahm er zudem den Vorsitz der „Unabhängigen Kommission für Internationale Entwicklungsfragen", der sog. Nord-Süd-Kommission, die 1980 ihren Abschlussbericht vorlegte. 1987 trat er vom Parteivorsitz der SPD zurück, blieb aber Ehrenvorsitzender.

535. **Fräulein-Wunder: Als einzige Deutsche schafft es die spätere TV-Ansagerin Petra Schürmann, Miss Welt zu werden. Wann ist das?**

A 1954
B 1956
C 1959

536. **Bei der Wahl zum Reichspräsidenten im April 1925 siegt Paul von Hindenburg. Welchen militärischen Rang bekleidet er damals?**

A Generalfeldmarschall
B Oberst
C General

537. **Tanzen kann er: Ein Film mit John Travolta in der Hauptrolle zu der Musik der Bee Gees löst 1977 die Disco-Welle aus, die bis weit in die 80er anhält. Der Filmtitel?**

A „Dirty Dancing“
B „Saturday Night Fever“
C „Disco Fever“

538. **1949 wird das erste SOS-Kinderdorf in Tirol gegründet. Wer ist Initiator und lange Zeit Kopf dieser Organisation?**

A Karl-Heinz Böhm
B Albert Schweitzer
C Hermann Gmeiner

539. **1999 dreht Wim Wenders eine musikalische Liebeserklärung an Kuba. Titel des Filmes ist der Name einer Gruppe älterer Musiker. Wie heißt er?**

A „Buena Vista Social Club“
B „Buenos Aires Social Club“
C „Buenas Noches Social Club“

540. **Goodbye, Majestät: Nach dem 1. Weltkrieg flieht der deutsche Kaiser nach Holland, Deutschland wird Republik. Welcher Kaiser ist der letzte?**

A Wilhelm I.
B Wilhelm II.
C Friedrich Wilhelm II.

541. **Sie will lieber einen Mann: Mit wem verbindet man den Schlager „Ich will keine Schokolade"?**

- **A** Friedel Hensch
- **B** Trude Herr
- **C** Heidi Brühl

542. **Am 1. Mai 1941 hat der Filmklassiker „Citizen Kane" von und mit Orson Welles Premiere. Welcher schwerreiche Presse-Magnat ist darin szenisch wieder zu erkennen?**

- **A** Randolph Hearst
- **B** Joseph Pulitzer
- **C** Samuel Fischer

543. **Der Filmhit des Jahres 1993 wird „Free Willy – Ruf der Freiheit", die Geschichte eines Jungen, der ein Tier aus Gefangenschaft befreit. Zu welcher Spezies gehört Willy?**

- **A** Orca-Wale
- **B** Elefanten
- **C** Pferde

544. **Der „Lautsprecher der Nation" kommt! Am 18. Januar 1969 wird die legendäre ZDF-Hitparade zum ersten Mal ausgestrahlt. Wer ist erster Ansager?**

- **A** Dieter „Thomas" Heck
- **B** Rainer Holbe
- **C** Chris Howland

545. **Im Oktober 1978 wird der Pole Karol Wojtyla zum Papst der katholischen Kirche gewählt und bleibt es bis zu seinem Tode im Jahre 2005. Welchen Namen wählt er?**

- **A** Johannes Paul I.
- **B** Johannes Paul II.
- **C** Johannes Paul III.

546. **Zum „Frühstück bei Tiffany" lädt 1960 Regisseur Blake Edwards in die Kinos. Wer ist seine bezaubernde Hauptdarstellerin?**

- **A** Ingrid Bergman
- **B** Sophia Loren
- **C** Audrey Hepburn

547. **Der Schah ist vertrieben: 1979 kehrt Ruhollah Mussawi Chomeini aus dem Pariser Exil zurück in den Iran und wird religiöser Führer. Welchen Ehrentitel trägt er?**

- **A** Scheich
- **B** Prophet
- **C** Ayatollah

548. **Ein ganz Großer: Für welchen Roman erhält Thomas Mann 1929 den Nobelpreis für Literatur?**

- **A** „Der Zauberberg“
- **B** „Buddenbrooks – Verfall einer Familie“
- **C** „Lotte in Weimar“

549. **Ende 1998 auch bei uns: Zwanzig Jahre nach Ende der Käfer-Produktion in Europa baut VW in Mexiko einen Nachfolger. Wie wird der genannt?**

- **A** „New Car“
- **B** „New Beetle“
- **C** „New Style“

550. **Welcher künstlerische Leiter macht die Berliner Philharmoniker zwischen 1954 und 1989 zum anerkanntesten Wagner-Orchester?**

- **A** Herbert von Karajan
- **B** Seiji Ozawa
- **C** Karl Böhm

551. **Jetzt geht's los: Es sieht aus, als trockne man sich mit einem imaginären Tuch den Rücken ab, ist aber der populärste Modetanz der frühen 60er. Sein Name?**

- **A** Trist
- **B** Twist
- **C** Zwist

552. **Wer wird 1992 erster afrikanischer UNO-Generalsekretär?**

- **A** Boutros Boutros Ghali
- **B** Kofi Annan
- **C** Sithu U Thant

Stichtag: 4. Oktober 1957

Ära der Weltraumfahrt beginnt

Mit dem ersten erfolgreichen Start eines künstlichen Erdsatelliten, dem sowjetischen „Sputnik 1", beginnt die Ära der Weltraumfahrt.

Funkstationen und Observatorien in aller Welt verfolgen die Umlaufbahn des Trabanten. Der Vorstoß ins All bedeutet einen beträchtlichen Schritt in der technischen Entwicklung der Menschheit. Durch Beobachtungs- und Messsatelliten lassen sich neue Erkenntnisse über die Erde und die sie umgebende Atmosphäre gewinnen. Übertragungssatelliten können Funksignale innerhalb kürzester Zeit um die Erde senden.

Darüber hinaus ist das Ereignis von militär- und machtpolitischer Bedeutung. Die Sowjetunion stellt mit dem Start des „Sputnik" unter Beweis, dass sie über Raketen mit großer Reichweite verfügt.

Erhebliche Pluspunkte kann die UdSSR auch im Kampf der beiden Großmächte um das weltpolitische Ansehen verbuchen. Während bislang die USA, die als erstes Land der Erde eine Atombombe zu bauen im Stande waren, als die technisch uneinholbar überlegene Macht galten, ist ihnen nun die Sowjetunion auf dem Gebiet der Raketentechnik einen großen Schritt voraus.

„Sputnik 1" besteht aus einer kugelförmigen Gerätezelle mit einem Durchmesser von 0,58 m und einem Gewicht von 83,6 kg. Der Mantel des Satelliten, der die Apparaturen und deren Energiequellen umgibt, besteht aus Aluminiumlegierungen. Vor dem Start wurde der Satellit mit gasförmigem Stickstoff aufgefüllt.

Am 3. November gelingt der UdSSR ein weiterer großer Erfolg: An Bord des Satelliten „Sputnik 2" wird mit der Polarhündin Laika erstmals ein Lebewesen in die Erdumlaufbahn geschossen.

553. **Den genialen Physiker Albert Einstein verbindet man für immer mit seiner Schöpfung der Relativitätstheorie. Wie lautet die weltbekannte Formel?**

A $F = xy^3$
B $E = mc^2$
C $Y = 2X$

554. **Schlager mit Pfiff: Welche Schlagersängerin will Anfang der 60er unbedingt „einen Cowboy als Mann“?**

A Mary Roos
B Gitte
C Marianne Rosenberg

555. **Welches der folgenden bedrohten Bauwerke wird nicht von der UNESCO als „Weltkulturerbe“ eingestuft?**

A Kölner Dom
B Altstadt Freiburg / Breisgau
C Völklinger Hütte

556. **Bislang einmalig: Am 31. März 1964 führen die Beatles die US-Verkaufshitparade an – mit mehreren Titeln unter den ersten fünf Plätzen. Wie viele?**

A Drei
B Vier
C Fünf

557. **Das Tempo 50 km/h in geschlossenen Ortschaften wird 1957 bundesweit eingeführt. Seit wann gilt „Tempo 100“ auf zweispurigen Landstraßen?**

A 1. Januar 1968
B 1. Juli 1970
C 1. Oktober 1972

558. **Eine sportliche Sensation: Gegen wen gewinnt Max Schmeling 1936 in einem legendären Kampf mit einem K.O.-Sieg?**

A Y. Stribling
B Joe Louis
C Jack Sharkey

Biografie: Heinrich Böll

Schriftsteller, *21. 12. 1917 Köln, †16. 7. 1985 Langenbroich-Kreuzau (Eifel).

Böll zeichnete in seinen gesellschaftskritisch-satirischen Romanen die unmittelbare Nachkriegszeit und die Adenauer-Ära aus der Sicht der Zu-kurz-Gekommenen und Außenseiter. Er wandte sich dem Alltag der Figuren zu und führte immer wieder Menschen vor, deren persönliches Glück durch gesellschaftliche Mächte oder soziale Strukturen bedroht ist.

„Und sagte kein einziges Wort" (1953), Bölls erster großer Erfolg, beschreibt die Zerstörung einer Ehe durch Armut und Wohnungsnot; „Haus ohne Hüter" (1954) geht dem Schicksal von Kriegerwitwen und ihren Kindern nach. Um die Aufarbeitung von Schuld und um Trauerarbeit geht es insbesondere in seinem Epochenroman „Billard um halb zehn" (1959). Ein weiteres zentrales Motiv seiner Werke ist die Kritik an katholischer Doppelmoral und Selbstlob, die u.a. „Ansichten eines Clowns" (1963) prägt.

In den siebziger Jahren stand Böll im Zentrum politischer Kontroversen. Mit zwei Schriften griff er direkt in die politische, intellektuelle und journalistische Debatte dieser Jahre ein, und zwar mit dem Aufsatz „Will Ulrike Meinhof Gnade oder freies Geleit?" (1972) und mit der Erzählung „Die verlorene Ehre der Katharina Blum" (1974, 1975 von Schlöndorff verfilmt).

Heinrich Böll war Mitglied der Schriftstellergruppierung „Gruppe 47" und 1971–1974 Präsident des Internationalen PEN-Clubs. 1972 erhielt er als erster deutscher Autor der Nachkriegszeit den Literatur-Nobelpreis.

559. **Das Auto des wirklich kleinen Mannes: Welche deutsche Firma stellt 1953 den „Kabinenroller“ vor?**

A Messerschmitt
B Daimler-Motoren-Gesellschaft
C Volkswagen

560. **Der Fernsehkrimi macht sich seine Stars selbst: Doch wer hat nie einen „Tatort“-Kommissar gespielt?**

A Gustl Bayrhammer
B Erik Ode
C Manfred Krug

561. **Schock: Ab 8. Mai 1985 wird ein typisches US-Getränk mit neuem Geschmack verkauft – die Konsumenten sind außer sich! Schließlich wird die alte Formel wieder angeboten. Wie heißt der Drink?**

A „Coca Cola“
B „Seven Up“
C „Pepsi Cola“

562. **Die Leiden als russischer Kriegsgefangener schildert eine legendäre TV-Serie mit Heinz Weiß als Clemens Forell, die am 12. Februar 1959 startet. Ihr Titel?**

A „So weit die Füße tragen“
B „Wohin die Füße tragen“
C „Solang die Füße tragen“

563. **Ein bedeutsamer Schritt: Die erste Autobahn Deutschlands wird 1932 eröffnet. Welche Städte verbindet sie?**

A München – Salzburg
B Hamburg – Hannover
C Köln – Bonn

564. **Dreiunddreißigeinhalb Stunden: Den ersten Alleinflug über den Atlantik unternimmt Charles Lindbergh am 21. Mai 1927 von New York nach Paris. Wie heißt sein Flugzeug?**

A „Yellow Rose of Texas“
B „Spirit of St. Louis“
C „Manhattan Queen“

565. Für einige Zeit heißen viele neugeborene Mädchen „Marina". Grund dafür ist der gleichnamige Hit eines Italieners, der damit Ende der 50er Jahre abräumt. Sein Name?

A Willy Hagara
B Silvio Francesco
C Rocco Granata

566. Das Verkehrsmittel der Zukunft: Wann wird die Pariser Metro eingeweiht?

A 1900
B 1910
C 1920

567. Heinrich Lübke wird 1959 nach Adenauers Verzicht auf die Kandidatur zum Bundespräsidenten gewählt und bleibt Zeit seiner Amtsperiode umstritten. Welche Tätigkeit übte er vorher aus?

A Ministerpräsident von Hessen
B Bundeslandwirtschaftsminister
C Bundestagspräsident

568. Eine mitunter zu lockere Sprache hält Einzug: Am 28. Juni 1981 greift Horst Schimanski erstmals in einem „Tatort" ein. Wer stellt den Kommissar so unverwechselbar dar?

A Manfred Krug
B Götz George
C Martin Lüttge

569. Im Dezember 1924 führt Österreich als neue Währung den Schilling ein. Welche Währung gilt bis dahin?

A Dukaten
B Habsburger Taler
C Krone

570. Doppelt hält besser: Welcher deutsche Ministerpräsident ist zuvor in gleicher Funktion schon in einem anderen Bundesland tätig gewesen?

A Kurt Biedenkopf
B Bernhard Vogel
C Henning Scherf

571. **Arzt und Dichter: Das Spätwerk Gottfried Benns ist ein Bekenntnis zu Form und Kunst. Welchen Preis erhält er 1951 als Erster?**

A Friedenspreis des Dt. Buchhandels
B Literatur-Nobelpreis
C Georg-Büchner-Preis

572. **Im Januar 1966 wird Indira Gandhi zur neuen Premierministerin Indiens gewählt. Wer ist ihr ebenfalls politisch tätiger Vater?**

A Mahatma Gandhi
B Pandit Javaharlal Nehru
C Lal Balhadur Shastri

573. **Der erste wirkliche „Volkswagen" kommt 1908 von Ford. Das Modell T wird mehr als 15 Millionen Mal verkauft. Wie wird es liebevoll genannt?**

A Tin Lizzy
B Thunderbird
C Escort

574. **Was am 11. Juli 1975 in der Grabanlage des ersten Kaisers von China gefunden wird, ist rund 2000 Jahre alt und inzwischen weltberühmt?**

A Erstes Porzellan
B Terrakotta-Armee
C Mumie der Kaiserin

575. **Spaßauto: 1996 definiert Ford ein neues Marktsegment, das erste Fahrzeug im „New-Edge-Design". Wie heißt der erfolgreiche Wagen?**

A Ya
B Ha
C Ka

576. **Der Hamburger ist Inbegriff amerikanischer Esskultur – und das nicht erst, seitdem McDonald's 1955 mit dem Verkauf beginnt. Wann ist die Erfolgsstory wirklich gestartet?**

A 1904
B 1914
C 1924

Biografie: Michael Gorbatschow

Staats- und Parteichef in der Sowjetunion (1985–1991), *2. 3. 1931 Priwolnoje bei Stawropol.

Seit 1970 im Obersten Sowjet, wurde Gorbatschow ein Jahr später vollwertiges Mitglied im Zentralkomitee der KPdSU. In den folgenden Jahren stieg er stetig in der Parteihierarchie auf, 1978 zum ZK-Sekretär und 1980 mit 49 Jahren zum jüngsten Mitglied des Politbüros.

Ab 1985 war Gorbatschow Generalsekretär des Zentralkomitees der KPdSU. Er veranlasste zahlreiche Umbesetzungen in der Partei- und Staatsführung. Unter den Schlagworten „Glasnost" und „Perestrojka" nahm er eine grundlegende Reform des sowjetischen Staats- und Wirtschaftssystems in Angriff.

In der Außenpolitik verzichtete Gorbatschow einseitig auf bisherige Forderungen seines Landes in den Abrüstungsgesprächen mit den USA und machte so den Weg für eine umfassende Abrüstung frei. Der von Gorbatschow und US-Präsident Ronald Reagan 1987 geschlossene INF-Vertrag legte den Abbau aller atomaren Mittelstreckenraketen fest und war das erste wirkliche Abrüstungsabkommen nach dem Zweiten Weltkrieg. 1989 wurde Gorbatschow zum

Vorsitzenden des Obersten Sowjets, 1990 zum Staatspräsidenten gewählt.

Die Beendigung des Kalten Krieges besiegelte auch die von Gorbatschow ermöglichte deutsche Vereinigung 1990. Ein Putschversuch 1991 gegen Gorbatschow scheiterte am Widerstand des Volkes und des Militärs, vor allem aber an Boris Jelzin, der als neuer starker Mann aus den Wirren hervorging. Mit der Auflösung der UdSSR Ende 1991 trat Gorbatschow von seinem Amt zurück.

1990 erhielt Gorbatschow den Friedensnobelpreis.

577. 1949 wird Rainier III. Fürst von Monaco. Sieben Jahre später heiratet er – sehr zur Freude der Klatschpresse – eine Hollywood-Schauspielerin. Wen?

- **A** Audrey Hepburn
- **B** Leslie Caron
- **C** Grace Kelly

578. Musikvideos? Was das ist, weiß man seit dem 1. August 1981. Da geht in New York ein Ganztags-Musikprogramm auf Sendung. Bei welchem Sender?

- **A** MTV
- **B** NTV
- **C** RTV

579. Am 24. Oktober 1963 werden in Niedersachsen 129 Bergleute verschüttet, 29 kommen ums Leben. Als am 7. November noch 11 Bergarbeiter lebend geborgen werden, spricht man vom...

- **A** ...Wunder von Lengede
- **B** ...Wunder von Lemgo
- **C** ...Wunder von Lehrte

580. Deutschland im Endspiel: Das Finale der Fußball-WM 1966 in Wembley gewinnt jedoch der Gegner. Wer wird Weltmeister?

- **A** Tschechoslowakei
- **B** Brasilien
- **C** England

581. Ihre gesellschaftliche Aufgabe ist unstrittig: Im Juni 1935 werden die „Anonymen Alkoholiker" als Selbsthilfeorganisation gegründet. Wo?

- **A** In New York
- **B** In Berlin
- **C** In London

582. Nicht unumstritten, aber von Menschen aus aller Welt besucht: Als einer der letzten kulturellen Höhepunkte des Jahrhunderts findet die EXPO 2000 in Deutschland statt. Wo?

- **A** In Hannover
- **B** In Mannheim
- **C** In Stuttgart

583. **„Die Cartwrights sind okay, die schießen nur von vorn“, soll US-Präsident Eisenhower gesagt haben. Die Serie startet am 12. September 1959 in den USA. Wie ist ihr Titel?**

- **A** „Am Fuß der blauen Berge“
- **B** „Bonanza“
- **C** „Die Leute von der Shiloh-Ranch“

584. **Hier stehen die ganz Großen: In einer Gala in der Wiener Staatsoper werden 1999 elf „Sportler des Jahrhunderts“ ausgezeichnet. Welche(r) Deutsche ist dabei?**

- **A** Armin Hary
- **B** Steffi Graf
- **C** Franz Beckenbauer

585. **Wahrlich liberal: „Freiheit ist immer die Freiheit des anders Denkenden“ ist die Losung einer 1919 ermordeten Politikerin. Wie ist deren Name?**

- **A** Helene Wessel
- **B** Rosa Luxemburg
- **C** Marie-Elisabeth Lüders

586. **Große Buchstaben: Mit welcher Startauflage tritt die „Bild“-Zeitung des Verlegers Axel Springer am 24. Juni 1952 ihren Siegeszug an?**

- **A** 250 000 Exemplare
- **B** 500 000 Exemplare
- **C** 1 Million Exemplare

587. **Er ist der weiße Mr. Rock and Roll: Bill Haley. Mit „Rock Around The Clock“ hat er 1954 einen Welthit. Was ist dabei sein “Markenzeichen“?**

- **A** Ein Goldzahn
- **B** Hohe Schuhe
- **C** Eine Schmalzlocke

588. **Als „Lockheed-F-104G“ wird 1961 ein Kampfflugzeug bei der Bundesluftwaffe eingeführt. Unter welchem Namen wird es ebenso berühmt wie berüchtigt?**

- **A** Starfighter
- **B** Tornado
- **C** Phantom

589. **Friedenschance vertan: Israels Premier Yitzhak Rabin, 1994 Friedensnobelpreisträger, bezahlt seine Bemühungen um Aussöhnung mit den Palästinensern mit seinem Leben. Wann wird er ermordet?**

A 1994
B 1995
C 1996

590. **Videorecorder, Durchschnittspreis 2500 Mark, sind Ende der 70er der letzte Schrei. Wie viele Geräte werden allein 1980 verkauft?**

A 100000
B 250000
C 400000

591. **Die erste deutsche Demokratie: Am 13. August 1923 wird Gustav Stresemann zum Reichskanzler der Weimarer Republik gewählt. Wie lange regiert er?**

A 99 Tage
B 1 Jahr und knapp 6 Monate
C über 2 Jahre

592. **Am 16. Mai 1905 wird US-Schauspieler Henry Fonda geboren, der Star in zahlreichen Western-Filmen wird. Welches ist einer seiner Erfolge?**

A „Ein Mann sieht rot“
B „Der schwarze Falke“
C „Spiel mir das Lied vom Tod“

593. **Auf dem Wege zum größten Sportverband der Welt: Wann und wo wird der Deutsche Fußball-Bund gegründet?**

A 1900 Leipzig
B 1904 Frankfurt/ Main
C 1907 Berlin

594. **Sein Orchester hat Hits wie „In The Mood“ und „Moonlight Serenade“ in einem ganz eigenen „Sound“. Und sein Leben wird später sogar verfilmt. Wer wird hier gesucht?**

A Ray Conniff
B Glenn Miller
C Herb Alpert

Stichtag: 12. April 1961

Der erste Mensch im All

Die sowjetische Raumfahrt unternimmt den ersten bemannten Raumflug. Erneut stellt die Sowjetunion ihren Vorsprung in der Weltraumtechnik unter Beweis. Nach dem sog. Sputnik-Schock ist der historische Flug von Juri Gagarin der zweite Etappensieg der UdSSR im prestigeträchtigen Wettlauf zum Mond.

Um 9.07 Uhr Moskauer Zeit beginnt der erste Flug eines Menschen durch den Weltraum. Kosmonaut Gagarin umrundet die Erde und landet um 10.55 Uhr sicher im Raum Saratow. In der Sowjetunion finden öffentliche Freudenkundgebungen statt.

Der Flug wird in Ost und West einhellig als Pioniertat gewürdigt. Gagarin umrundet die Erde mit seinem 4725 kg schweren Raumschiff „Wostok" (Osten) auf einer elliptischen Bahn in einer Entfernung zwischen 175 und 327 km. Zwischen dem Kosmonauten und der Kontrollstation auf der Erde besteht während des Flugs die ganze Zeit wechselseitige Funkverbindung. Durch Fernsehkameras, die im Raumschiff installiert sind und deren Bilder live übertragen werden, kann Gagarin von der Erde aus beobachtet werden.

Bereits 1957 war es den Sowjets als Ersten gelungen, mit dem „Sputnik"-Programm Erdsatelliten in eine Umlaufbahn zu bringen. Der Gagarin-Flug veranlasst US-Präsident John F. Kennedy, eine rasche Fortsetzung der Raumforschung zu fordern. Um den Prestigeverlust möglichst gering zu halten, verkündet er als neues, eigentliches Ziel des US-Raumfahrtprogramms die Mondlandung noch vor dem Ende des Jahrzehnts.

595. Tor und Schluss: Bei der Fußball-EM 1996 wird erstmals ein Endspiel durch ein „Golden Goal“ entschieden – zu Gunsten der deutschen Elf. Wer ist der Schütze?

- **A** Ulf Kirsten
- **B** Lothar Matthäus
- **C** Oliver Bierhoff

596. Madeleine Albright, unter Präsident Clinton Botschafterin ihres Landes bei der UNO, wird 1997 als erste Frau US-Außenministerin. Wo ist die Politikerin aufgewachsen?

- **A** In Österreich
- **B** In Tschechien
- **C** In Ungarn

597. Einem Mann aus Jugoslawien gelingt 1960 mit einem deutschen Hit der Sprung in die US-Hitparade: „Morgen“. Wer ist der Sänger?

- **A** Karel Gott
- **B** Bata Illic
- **C** Ivo Robic

598. Das Leben der 1957 ermordeten Frankfurter Lebedame Rosemarie Nitribitt verfilmt Rolf Thiele ein Jahr später. Wer spielt die Titelrolle?

- **A** Nadja Tiller
- **B** Lieselotte Pulver
- **C** Barbara Rütting

599. Da rauchen die Colts: Schauspieler Clint Eastwood startet seine Filmkarriere als Westernheld. Welches ist einer seiner erfolgreichen Filme?

- **A** „Für eine Handvoll Dollar“
- **B** „Der mit dem Wolf tanzt“
- **C** „Easy Rider“

600. Im „Titania-Palast“ in Berlin-Steglitz werden im Juni 1951 die I. Internationalen Berliner Filmfestspiele eröffnet. Wie heißt der dort verliehene Hauptpreis?

- **A** Goldener Bär
- **B** Spree-Oscar
- **C** Berolina

Biografie: Leonard Bernstein

US-amerikanischer Dirigent, Komponist und Pianist, *25.8.1918 Lawrence, Massachusetts, †14.10.1990 New York.

Bernsteins Aufstieg begann, als er 1958 die Leitung der New Yorker Philharmoniker übernahm. Zahllose Schallplatteneinspielungen förderten seinen Ruhm. Bernstein verhalf vor allem dem Werk Gustav Mahlers zu breiter Anerkennung und entdeckte Komponisten wie Schostakowitsch für die großen Konzertsäle. Außerdem setzte er sich besonders für die zeitgenössische amerikanische Musik ein.

Bernstein war zudem ein begnadeter Lehrer, nicht nur als Orchestererzieher oder Universitätsprofessor, sondern auch als Entertainer, der in Fernsehserien anscheinend locker über Musik plauderte, dabei aber sehr stark das Musikverständnis des Publikums förderte. Vor allem Kinder und Jugendliche konnte er mit seinen Erklärungen zur klassischen Musik begeistern.

Als Komponist schrieb er Sinfonien, Liederzyklen, Ballette, Filmmusiken und Musicals („West Side Story“, 1957), aber auch eine Oper („A quiet place“, 1983). Weltweit große Beachtung fand auch Bernsteins Aufführung der 9. Sinfonie Beethovens am Brandenburger Tor im Dezember 1989 zum Fall der Mauer.

601. Märchenhochzeit in London: Im November 1973 heiratet die britische Prinzessin Anne in Westminster Abbey. Wen?

- **A** Mark Spitz
- **B** Mark Philips
- **C** Mark Twain

602. In den Zwanzigern entsteht in und um New Blooming Orleans der nach der Stadt benannte schwarze Jazzstil. Wie heißt die daraus entstandene Musik der weißen Jazzmusiker?

- **A** Dixieland
- **B** Bebop
- **C** Free Jazz

603. Kanzler Schmidt hält sie – welch ein Irrtum – für absolut überflüssig: Am 13. Januar 1980 gründet sich die Partei „Die Grünen“. Wo?

- **A** In Karlsruhe
- **B** In Freiburg
- **C** In Saarbrücken

604. Die wilden 60er: Der US-Künstler Andy Warhol wird durch seine plakativen Siebdrucke führender Vertreter einer neuen Kunstrichtung. Welcher?

- **A** Rock-Art
- **B** Eat-Art
- **C** Pop-Art

605. Panschskandal: Im Sommer 1985 ist im Wein keine Wahrheit mehr, zumindest im österreichischen. Ein zweifelhafter Zusatz bringt die Weine aus dem Alpenland in Verruf. Welcher?

- **A** Soda
- **B** Glykol
- **C** Wasser

606. Sternstunde des Fernsehens: Im Oktober 1980 startet Rainer Werner Fassbinders „Berlin Alexanderplatz“ mit Hanna Schygulla und Günter Lamprecht. Wer ist Autor des gleichnamigen Buches?

- **A** Günter Grass
- **B** Alfred Döblin
- **C** Hans Fallada

607. Premiere auf der Büromaschinenausstellung der Hannover-Messe am 7. Mai 1957: Was wird erstmals gezeigt?

- **A** Mini-Computer
- **B** Diktiergerät
- **C** Elektrische Schreibmaschine

608. Im Jahre 2003 ist es zum Beispiel der Mauersegler: Vogel des Jahres. Seit wann vergibt der Naturschutzbund Deutschland diesen Titel alljährlich?

- **A** Seit 1962
- **B** Seit 1971
- **C** Seit 1985

609. Travolta kann kommen: 1963 eröffnet am Sunset Boulevard in Los Angeles die erste Disco auf amerikanischem Boden. Wie heißt der inzwischen legendäre Tanzschuppen?

- **A** „Studio 54"
- **B** „Madhouse"
- **C** „Whisky-A-Gogo"

610. Der deutsche Regisseur Ernst Lubitsch gehört zu den innovativsten Regisseuren der 30er Jahre. Er experimentiert mit neuen Techniken. Wie viele Oscars erhält er für seine Arbeit?

- **A** Einen
- **B** Zwei
- **C** Drei

611. Ein deutscher Wintersportler räumt 1994 ab: Sportler des Jahres und zweimal Olympiagold! Wie heißt der Skiläufer?

- **A** Frank Wörndl
- **B** Armin Bittner
- **C** Markus Wasmeier

612. Die Welt ist erschüttert: Lady Di, die Königin der Herzen, kommt bei einem Autounfall ums Leben. Wann und wo?

- **A** 1996 London
- **B** 1997 Paris
- **C** 1998 Athen

Biografie: Albert Schweitzer

französisch-deutscher Theologe und Missionsarzt, *14.1.1875 Kayserberg bei Colmar (Elsass), †4.9.1965 Lambaréné.

Schweitzer hatte bereits grundlegende Werke zur Religionsphilosophie, Theologie und Musikgeschichte veröffentlicht, als er sich entschloss, Medizin zu studieren, um als Missionsarzt im damaligen Französisch-Äquatorialafrika tätig zu sein.

1913 begann er seine Tätigkeit in Lambaréné, die er in mehreren Schriften geschildert hat. Er gründete ein Tropenhospital und versuchte es mit Orgelkonzerten, Vorträgen und als Schriftsteller zu finanzieren. 1917 wurden er und seine Frau nach Frankreich in ein Internierungslager gebracht. 1918 kamen sie frei, konnten aber wegen fehlender Geldmittel erst 1924 wieder nach Lambaréné zurück. Dort baute Schweitzer sein mittlerweile verfallenes Hospital wieder auf. 1927 zog das Hospital noch einmal in ein größeres Gebäude um.

Als evangelischer Theologe trat der Träger des Friedenspreises des Deutschen Buchhandels (1951) durch seine „Geschichte der Leben-Jesu-Forschung“ hervor. Danach habe Jesus Christus die kosmische Apokalypse noch zu Lebzeiten erwartet und daher radikale Nächstenliebe gefordert. Für seine lebenslange Arbeit im Dienst am Nächsten erhielt Schweitzer 1952 den Friedensnobelpreis.

613. **Die Natur ist gewaltig: Nach über sechshundert Jahren Ruhe bricht im Juni 1991 auf den Philippinen ein Vulkan wieder aus. Welcher?**

- **A** Kilimandscharo
- **B** Pinatubo
- **C** Mauna Loa

614. **Wer nimmt als erster Deutscher nach dem 2. Weltkrieg am 10. Dezember 1972 in Stockholm den Literatur-Nobelpreis in Empfang?**

- **A** Heinrich Böll
- **B** Martin Walser
- **C** Günter Grass

615. **Der französische Schauspieler Jacques Tati setzt in Filmen wie „Mein Onkel" die komische Pantomime im Tonfilm ein. Wie heißt die von ihm seit 1951 gespielte Figur?**

- **A** Monsieur Hugo
- **B** Monsieur Dubois
- **C** Monsieur Hulot

616. **Valérien und Thoelke: Gleich nach Sendebeginn des „Aktuellen Sportstudios" im ZDF wird darin ein Spiel, das es auch heute noch gibt, zum Markenzeichen. Welches?**

- **A** Torwandschießen
- **B** Erkennung eines Babyfotos
- **C** Tor der Woche

617. **1981 stürmen Mitglieder der Guardia Civil das spanische Parlament. Wer sorgt durch entschlossenes Auftreten für das Scheitern des Umsturzversuchs?**

- **A** König Juan Carlos I.
- **B** Papst Johannes Paul II.
- **C** Ministerpräsident Felipe Gonzales

618. **1906 wird der Regisseur Luchino Visconti geboren. Seine Werke, z. B. „Der Tod in Venedig", gehören zu den Klassikern des italienischen Kinos. Auf wen geht die Filmvorlage zurück?**

- **A** Thomas Mann
- **B** Heinrich Mann
- **C** Jean-Paul Sartre

619. Die deutsche Erstaufführung eines Hippie-Musicals findet am 24. Oktober 1968 in München statt. Dessen Titel?

- **A** „Haare (Hair)"
- **B** „Tommy"
- **C** „Jesus Christ Superstar"

620. Eine Sternstunde des Films aus dem Jahre 1959: An welchen Monumentalfilm denkt man beim Stichwort „Wagenrennen"?

- **A** „Exodus"
- **B** „Quo Vadis"
- **C** „Ben Hur"

621. Eine große deutsche satirische Monatszeitschrift erscheint am 1. September 1962 zum ersten Mal. Wie heißt sie?

- **A** „Titanic"
- **B** „Pardon"
- **C** „Simplicissimus"

622. Manche halten ihn für den Regierungssprecher: Wen nennt man in den 70er Jahren „Mr. Tagesschau"?

- **A** Wilhelm Stöck
- **B** Werner Veigel
- **C** Karl-Heinz Köpke

623. Micky Maus bekommt Besuch: Keiner ist beim Zeichentrick so professionell wie Walt Disney! Welcher wird 1934 sein erster abendfüllender Kino-Spielfilm?

- **A** „Bambi"
- **B** „Schneewittchen"
- **C** „Aschenputtel"

624. Muhammad Ali erhält im September 1970 seine Boxlizenz zurück. Weshalb entzog man sie ihm?

- **A** Wegen Spionage
- **B** Wegen Wehrdienstverweigerung
- **C** Wegen Präsidentenbeleidigung

Biografie: Jean-Paul Sartre

französischer Philosoph und Schriftsteller, *21.6.1905 Paris, †15.4.1980 Paris

Sartre war einer der politisch einflussreichsten Denker des 20. Jahrhunderts. Sein erstes philosophisches Hauptwerk „Das Sein und das Nichts“ (1943) entwickelte die Grundpositionen des Existenzialismus: Der Mensch ist in einer Welt ohne Gott „zur Freiheit verurteilt“; er muss sich selbst im totalen Engagement und durch verantwortungsvolles Handeln einen Lebenssinn schaffen.

Das zweite Hauptwerk, „Kritik der dialektischen Vernunft“, versuchte, die individuelle Freiheit des Menschen mit dem Kollektivbewusstsein und dem politischen Engagement theoretisch in Einklang zu bringen.

Sartre stand dem Kommunismus nahe. Während des Zweiten Weltkrieges im Widerstand gegen die deutschen Besatzer aktiv, wandte er sich später u.a. gegen die sowjetische Intervention in Ungarn und engagierte sich gegen den Algerienkrieg und für die Protestbewegung von 1968. Auch in seinen Romanen (u.a. „Der Ekel“, 1938) und Dramen (u.a. „Das Spiel ist aus“, 1947) setzte sich der Lebensgefährte der Schriftstellerin Simone de Beauvoir mit philosophischen Fragen auseinander. Den Nobelpreis für Literatur lehnte Sartre 1964 ab.

625. **Santana, Joe Cocker, Jimi Hendrix und viele andere sind dabei: Das legendärste Pop-Festival aller Zeiten findet 1969 im Osten der USA statt. Wo?**

A Nashville
B Woodstock
C Monterey

626. **Im Jahre 1998 geht die Regierungszeit Helmut Kohls zu Ende, Gerhard Schröder wird Kanzler. Wer ist sein erster Finanzminister im neuen Kabinett?**

A Hans Eichel
B Werner Müller
C Oskar Lafontaine

627. **Ein großer Deutscher wird Amerikaner: Wann erhält Thomas Mann die neue Staatsangehörigkeit?**

A 22. Februar 1941
B 24. Juni 1944
C 16. Mai 1945

628. **Einer schweren Kinderlähmung zum Trotz: Der grazile Laufstil der US-Sprinterin Wilma Rudolph fasziniert alle bei den Olympischen Spielen in Rom 1960. Wie wird die Sportlerin genannt?**

A Braunes Rehauge
B Schwarze Gazelle
C Grazile Antilope

629. **Belgien im Königsfieber: Am 15. Dezember 1960 heiratet der belgische König Baudouin seine Frau Fabiola. Aus welchem Land stammt sie?**

A Portugal
B Italien
C Spanien

630. **Am 5. Februar 1933 beginnen in San Francisco die Bauarbeiten für die Golden Gate Bridge. Wie heißt die Bucht, die überquert wird?**

A Montego Bay
B Pacific Bay
C San Francisco Bay

Stichtag: 13. August 1961

Eine Mauer teilt Berlin und Deutschland

Am frühen Morgen des 13. August beginnen Einheiten der DDR-Grenzpolizei und Betriebskampftruppen auf Geheiß der DDR-Regierung, die Übergänge zwischen dem Osten Berlins bzw. der DDR und den drei Westsektoren mit Stacheldraht und Sperrzäunen abzuriegeln. Die Bevölkerung und die Weltöffentlichkeit reagieren mit Fassungslosigkeit.

Von den 81 Berliner Übergangsstellen werden 69 geschlossen. Ost-Berliner und Bewohner der DDR dürfen nur noch mit ausdrücklicher Genehmigung der DDR-Behörden den Westteil der Stadt besuchen. West-Berliner Bürger benötigen für den Aufenthalt im östlichen Teil ebenfalls die Erlaubnis der DDR.

Das historische Brandenburger Tor im Herzen Berlins wird am 14. August um 14 Uhr auf Anordnung des Innenministeriums der DDR gesperrt. Bei den Sperrmaßnahmen an der Berliner Sektorengrenze werden am 15. August erstmals Betonteile anstatt Stacheldraht verwendet. Die Betonteile werden zu einer Höhe von 4 m aufgeschichtet. Der Bau der eigentlichen Mauer beginnt. Tausende von Ostberlinern und DDR-Bürgern versuchen, noch im letzten Moment in den Westen zu fliehen.

Bundeskanzler Adenauer zögert mit einem Besuch in West-Berlin bis zum 22. August, da er den Bundestagswahlkampf nicht unterbrechen will. Dieses späte Erscheinen löst großen Unmut aus und kostet Adenauer viele Wählerstimmen.

631. Franz-Josef Strauß vorn: Im März 1961 wird der Bayer Vorsitzender der CSU. Wen löst er ab?

- **A** Hans Ehard
- **B** Josef Müller
- **C** Hanns Seidel

632. Fälschungssicher? Maschinenlesbar soll der neue Personalausweis werden, beschließt der Bundestag – wann?

- **A** Januar 1978
- **B** Januar 1979
- **C** Januar 1980

633. „Panorama" ist das älteste TV-Politmagazin, erstmals ausgestrahlt am 28. 1. 1957. Welchen Namen verbindet man nicht mit dieser Sendung?

- **A** Gert von Paczensky
- **B** Peter Merseburger
- **C** Gerhard Löwenthal

634. Als das Fernsehen in den Kinderschuhen steckte: An welchen Quiz-Master denkt man beim Stichwort „groß-karierte Jacke"?

- **A** Peter Frankenfeld
- **B** Hans-Joachim Kulenkampff
- **C** Hans Rosenthal

635. Eine Comicfigur erblickt das Licht der Welt: Batman. Ende der 30er Jahre kommt der Fledermaus-Mensch zunächst in die Zeitungen, danach ins Fernsehen und Kino. Wie heißt Batmans Partner?

- **A** Eagle
- **B** Robin
- **C** Canary

636. Der Putsch griechischer Obristen treibt im April 1967 König Konstantin II. ins Exil. Mit wem ist er seit 1964 verheiratet?

- **A** Prinzessin Victoria von Schweden
- **B** Prinzessin Anne-Marie von Dänemark
- **C** Prinzessin Anne von England

Biografie: Marilyn Monroe

(eigentlich Norma Jean Baker), US-amerikanische Filmschauspielerin, *1. 6. 1926 Los Angeles, †5. 8. 1962 Los Angeles.

Schon als junger Filmstar wurde das ehemalige Fotomodell zum Sexidol aufgebaut. 1945 wurde sie als Fotomodell entdeckt und ein Jahr später erhielt sie ihren ersten Vertrag mit dem Filmstudio „20th Century Fox“. Ihrem Durchbruch mit „Niagara“ (1952) folgten Erfolge wie „Blondinen bevorzugt“, „Wie angelt man sich einen Millionär“ (1953) und „Manche mögen's heiß“ (1959). Mit ihrem Schmollmund, dem blonden Haar und den ausgeprägten Rundungen wurde Marilyn zum Symbol weiblicher Sinnlichkeit und Erotik.

Am frühen Morgen des 5. 8. 1962 wird die Schauspielerin tot in ihrer Wohnung aufgefunden. Die Umstände ihres Todes bleiben zunächst ungeklärt. Das ärztliche Protokoll nennt als Todesursache eine Überdosis Schlaftabletten. Wahrscheinlich war es aber eine gefährliche Wechselwirkung verschiedener Medikamente. Trotzdem ranken sich um ihren Tod schon bald Gerüchte. Es werden Vermutungen geäußert, dass die Monroe hochgestellten Persönlichkeiten gefährlich geworden sei.

Marilyn Monroe war ingesamt drei Mal verheiratet. Ihre erste Ehe schloss sie schon mit 16 Jahren. 1954 heiratete sie den Baseball-Star Joe DiMaggio und 1956–61 war sie mit dem Schriftsteller Arthur Miller verheiratet, der auch für sie das Drehbuch zu „Misfits – Nicht gesellschaftsfähig“ schrieb.

637. **Die Ende August 1928 im Berliner Theater am Schiffbauerdamm uraufgeführte „Dreigroschenoper“ wird zum größten Theatererfolg der Zwanzigerjahre. Von wem stammt das Werk?**

A Bert Brecht / Kurt Weill
B Theo Mackeben
C Paul Lincke

638. **Wer singt US-Präsident John F. Kennedy an dessen Geburtstagsparty 1962 im Madison Square Garden in New York ein hinreißendes „Happy Birthday“?**

A Marilyn Monroe
B Kim Novak
C Jayne Mansfield

639. **Schlagbaum hoch: 1990 wird von Deutschland, Frankreich und den Benelux-Staaten das Schengener Abkommen unterzeichnet. Was wird danach 1992 abgeschafft?**

A Geschwindigkeitskontrollen
B Zollgebühren
C Personenkontrollen an gemeinsamen Grenzen

640. **Zur Einweihung können die Bürger zu Fuß hindurchgehen: Der neue Hamburger Elbtunnel, im Januar 1975 für den Verkehr freigegeben, beseitigt ein wichtiges Verkehrsnadelöhr. Wer eröffnet ihn offiziell?**

A Helmut Schmidt
B Walter Scheel
C Hans-Ulrich Klose

641. **Salvador Dalí wird am 11. Mai 1904 im spanischen Katalonien geboren. Für welche Kunstrichtung steht er?**

A Impressionismus
B Expressionismus
C Surrealismus

642. **Das Boxidol der deutschen Massen der 50er ist der Berliner Gustav Scholz, Europameister im Mittel- und Halbschwergewicht. Wie nennen ihn seine Fans?**

A De Aap
B Sir
C Bubi

Biografie: Fidel Castro

kubanischer Revolutionär und Ministerpräsident (seit 1959), *13. 8. 1926 Mayari (Provinz Oriente).

Castro führte ab 1956 mit Anhängern einen siegreichen Guerillakrieg gegen Kubas Diktator Fulgencio Batista und übernahm 1959 die Regierungsgewalt. Seine Politik brachte den charismatischen Rebellenführer rasch in Gegensatz zu den USA. Nachdem er den Aufbau eines kommunistischen Systems vorangetrieben und sich eng an die damaligen Ostblockmächte angelehnt hatte, beschwor er 1962 wegen der Stationierung sowjetischer Raketen auf der Zuckerinsel die sog. Kubakrise herauf.

Seit 1965 ist Castro Erster Sekretär (Parteichef) der Kommunistischen Partei Kubas. Nach der Verabschiedung einer neuen Verfassung (Februar 1976) wurde Castro zum Vorsitzenden des Staatsrats ernannt. Seither vereinigt er in seiner Person das Amt des Staatsoberhauptes und des Regierungschefs.

Auch nach dem Zusammenbruch der Sowjetunion, die Kuba wirtschaftlich über Wasser hielt, weigert sich Castro, einen Systemwandel zu vollziehen. Nach wie vor lehnt er eine Liberalisierung des politischen Systems ab. Zahllose Kubaner flüchteten daher in den letzten Jahren nach Florida.

643. **Ein Familienfluch? Im Juli 1999 kommt John F. Kennedy jr. bei einem Flugzeugabsturz vor der US-Küste ums Leben. Wer war sein Vater?**

A Robert Kennedy
B Edward Kennedy
C John F. Kennedy

644. **Der US-Tennisspieler Dwight F. Davis stiftet einen Silberpokal, den Davis-Cup, der bis heute einem internationalen Mannschaftswettbewerb den Namen gibt. Wann?**

A 1900
B 1920
C 1940

645. **Ein Japaner namens Hashimoto gründet 1933 den Autobauer Nissan. Wie lautet der Gründungsname des Unternehmens?**

A Daewoo
B Datsun
C Mitsubishi

646. **Ein wahres Urgestein des deutschen Fernsehens: „Der internationale Frühschoppen" kommt am 30. August 1953 auf die Mattscheibe. Wer präsentiert die Sendung?**

A Werner Höfer
B Thilo Koch
C Peter von Zahn

647. **Der britische Heeresminister kann 1963 seiner Fleischeslust nicht widerstehen. Das nutzt ein Callgirl aus und spioniert für den KGB – der Profumo-Skandal ist da! Wer ist die Dame?**

A Rosemarie Nitribitt
B Christine Keeler
C Mandy Smith

648. **Der „Bonner Sommer" 1976 wird die Geburtsstunde des Circus' Roncalli, dessen Poesie Millionen Herzen erobert. Gründer Bernhard Paul ruft das Projekt zusammen mit einem österreichischen Künstler ins Leben. Mit wem?**

A André Heller
B Oskar Kokoschka
C Wolfgang Ambros

649. **1975 wird der Bund für Umwelt und Naturschutz Deutschland, kurz: BUND, gegründet. Wie viele Mitglieder hat die unabhängige private Umweltschutzorganisation heute?**

- **A** Weniger als 100000
- **B** Mehr als 260000
- **C** Etwa 500000

650. **Rosita Serrano, 1914 in Chile geboren und 1937 nach Deutschland gekommen, wird hier durch den Film „Es leuchten die Sterne“ ein Star. Wie wird sie liebevoll genannt?**

- **A** Chilenische Nachtigall
- **B** Chilenische Drossel
- **C** Chilenische Amsel

651. **Die erste Fußballweltmeisterschaft endet am 30. Juli 1930 mit einem 4:2-Sieg des Gastgebers gegen Argentinien. Wer wird Weltmeister?**

- **A** Paraguay
- **B** Uruguay
- **C** Brasilien

652. **Zeit ist Ruhm: Welches Schiff holt bei seiner Jungfernfahrt im Juli 1929 auf Anhieb das blaue Band für die schnellste Atlantik-Überquerung?**

- **A** Bremen
- **B** Queen Mary
- **C** Andrea Doria

653. **1941 verkündet US-Präsident Franklin D. Roosevelt seine „Vier Freiheiten“ für die Nachkriegszeit. Welche gehört nicht dazu?**

- **A** Meinungs- und Redefreiheit
- **B** Sexuelle Freizügigkeit
- **C** Freiheit von Angst

654. **Raus aus der Zivilisation: 1974 wird die Bhagwan-Bewegung gegründet und verdient mit ihrem Angebot Millionen. Wo ist damals deren Mittelpunkt?**

- **A** In Poona
- **B** In Lhasa
- **C** In Neu-Delhi

655. Obwohl US-Amerikaner, hat der junge Harry Belafonte Mitte der 50er Jahre mit karibischer Musik und Titeln wie „Angelina" seinen internationalen Durchbruch. Welchen Musikstil macht er populär?

A Merengue
B Limbo
C Calypso

656. Amerika wird „Kaiserreich": Im April 1974 setzt Franz Beckenbauer seine Karriere bei Cosmos New York fort. Wie hoch ist die Ablösesumme?

A 1,75 Millionen DM
B 15 Millionen DM
C 25 Millionen DM

657. In den Hinterräumen einer Düsseldorfer Altstadtkneipe startet 1947 das „Kom(m)ödchen" und wird schnell zu einem der erfolgreichsten Kabaretts Deutschlands. Wer sind die Gründer?

A Jo Herbst / Wolfgang Gruner
B Lore und Kay Lorentz
C Sammy Drechsel / Dieter Hildebrandt

658. Beginn einer Weltkarriere: Die schwedische Popgruppe ABBA gewinnt 1974 den Grand Prix Eurovision de la Chanson in Brighton. Wie heißt ihr Siegertitel?

A Waterloo
B Dancing Queen
C Take A Chance On Me

659. Die Schmusestimme der 60er Jahre: „Ganz in Weiß" wird zur Hymne eines unvergessenen Schlagersängers. Dessen Name?

A Karel Gott
B Roy Black
C Peter Rubin

660. Unter welchem Begriff geht der brutale Aufstand Jugendlicher gegen den Parteiapparat und die Bevölkerung Chinas ab 1966 in die Geschichte ein?

A Kulturkrieg
B Kulturschock
C Kulturrevolution

Stichtag: 22. November 1963

Mord an Kennedy schockiert die Welt

Um 11.40 Uhr landeten John F. und Jacqueline Kennedy mit der Präsidentenmaschine in Dallas. Gegen 12 Uhr setzte sich die Wagenkolonne in Bewegung. Der Präsidentenwagen mit kugelsicheren Wänden und Fensterscheiben war extra aus Washington eingeflogen worden. Wegen des herrlichen Wetters war jedoch das kugelsichere Wagendach entfernt worden.

Um 12.28 Uhr fallen die tödlichen Schüsse. Neben Kennedy wird auch Gouverneur John B. Connally getroffen. Noch zwei weitere Schüsse fallen. Chauffeur Bill Greer durchbricht schließlich mit dem Präsidentenwagen die Konvoi-Ordnung und rast Richtung Krankenhaus. Die Ärzte unternehmen noch Rettungsversuche, Malcolm Perry setzt einen Luftröhrenschnitt zur künstlichen Beatmung und versucht eine Herzmassage – doch es ist zu spät. Um 13 Uhr wird John F. Kennedy für tot erklärt.

Unmittelbar nach dem Anschlag wird der ehemalige Angehörige des US-Marinekorps, Lee Harvey Oswald, als mutmaßlicher Attentäter Kennedys in einem Kino festgenommen. Oswald soll den US-Präsidenten mit einem 6,5 mm-Marcano-Gewehr aus dem fünften Stock eines Schulbuchlagers erschossen haben. Der 24-Jährige bestreitet die Tat. Zwei Tage später wird Oswald im Landgericht von Dallas von Jack Leon Rubinstein, genannt Jack Ruby, erschossen.

Am 25. November wird Kennedy beigesetzt. Da es kein Geständnis gibt und der Tathergang nur unzureichend geklärt werden kann, ranken sich schon kurz nach den Vorfällen in Dallas Theorien und Vermutungen um die Hintermänner des Mordes. Eine Regierungskommission legt 1964 einen Bericht vor, nach dem Lee Harvey Oswald der alleinige Mörder gewesen sei. Die Gerüchte verstummen trotzdem nicht.

661. **Welcher deutsche Bundeskanzler prägt in den 60er Jahren das Wort vom „Maß halten"?**

- **A** Kurt Georg Kiesinger
- **B** Konrad Adenauer
- **C** Ludwig Erhard

662. **Im Jahre 1964 erlangt der afrikanische Staat Sambia seine Unabhängigkeit. Aus welcher britischen Kolonie entsteht er?**

- **A** Goldküste
- **B** Nordrhodesien
- **C** Südrhodesien

663. **Eltern als Partner: Unter dem Stichwort „Antiautoritäre Erziehung" probieren Eltern in den 60ern neue Erziehungsformen aus. Welcher Begriff ist damit verbunden?**

- **A** Kinderladen
- **B** Kinderdorf
- **C** Kindergarten

664. **Zu seinen Lebzeiten war er stets umstritten: der Schriftsteller Ernst Jünger. Wie heißt sein utopischer Roman von 1949?**

- **A** Akropolis
- **B** Heliopolis
- **C** Metropolis

665. **Kultureller Höhepunkt nach dem Krieg: Am 21. November 1947 wird das Heimkehrer-Stück „Draußen vor der Tür" in Hamburg uraufgeführt. Wer ist der Autor?**

- **A** Thomas Mann
- **B** Wolfgang Borchert
- **C** Heinrich Böll

666. **Russland wird kommunistisch: Wie heißt der letzte russische Zar, der nach der Oktoberrevolution mit seiner Familie ermordet wird?**

- **A** Nikolaus I.
- **B** Nikolaus II.
- **C** Nikolaus III.

667. Mit Gold Meir kommt in Israel 1969 erstmals eine Frau an die Regierungsspitze. Welches Ereignis fällt in ihre Amtszeit?

- **A** Jom-Kippur-Krieg
- **B** Gründung des Staates Israel
- **C** Sadat-Besuch in Israel

668. Ein kleiner Lichtblick im kalten Krieg: Erstmals seit Bau der Mauer öffnen sich in Berlin die Grenzen dank eines Passierscheinabkommens. Wann ist das?

- **A** 17. Dezember 1961
- **B** 17. Dezember 1962
- **C** 17. Dezember 1963

669. Er ist der Champion: Als erster Eisschnellläufer gewinnt er bei den Olympischen Winterspielen 1980 Gold auf allen fünf Strecken. Sein Name?

- **A** Eric Heiden
- **B** Toni Sailer
- **C** Manfred Schnelldorfer

670. Abschied ohne lachendes Auge: Nach 154 Jahren britischer Herrschaft geht Hong Kong wieder an China. Wann wird die Kronkolonie übergeben?

- **A** 1995
- **B** 1996
- **C** 1997

671. Als bester ausländischer Film wird am 14. April 1980 „Die Blechtrommel“ von Volker Schlöndorff mit einem „Oscar“ ausgezeichnet. Von wem stammt die gleichnamige Buchvorlage?

- **A** Stefan Heym
- **B** Siegfried Lenz
- **C** Günter Grass

672. Die Organisation „Ärzte ohne Grenzen“ wird im Dezember 1971 in Paris gegründet. Wann bildet sich die deutsche Sektion mit Sitz in Bonn?

- **A** November 1973
- **B** November 1983
- **C** November 1993

673. Skandal! 1951 zeigt sich doch tatsächlich eine Schauspielerin im Film „Die Sünderin" für Sekundenbruchteile ganz nackt. Wer ist die Dame?

- **A** Hildegard Knef
- **B** Romy Schneider
- **C** Winnie Markus

674. Russisches Temperament oder peinlicher Skandal: Welcher sowjetische Politiker schlägt vor Wut am 14. Oktober 1960 vor der UNO mit seinem Schuh aufs Pult?

- **A** Wjatscheslaw Molotow
- **B** Nikita Chruschtschow
- **C** Josef Stalin

675. Das afrikanische Land Obervolta, vor 1919 noch Ouagadougou genannt, erlebt 1984 eine weitere Umbenennung. Unter welchem Namen kennen wir es heute?

- **A** Ghana
- **B** Burkina Faso
- **C** Burundi

676. Er ist der letzte Modetanz des 20. Jahrhunderts: Der Lambada. Woher kommt der Tanz, bevor er über Diskotheken in den USA zum Welthit wird?

- **A** Aus Venezuela
- **B** Aus Brasilien
- **C** Aus Mexiko

677. Ein Klassiker: 1942 verfilmt Walt Disney mit großem Erfolg die Geschichte des Rehs „Bambi". Wer ist Autor des Buches?

- **A** Johanna Spyri
- **B** Felix Salter
- **C** Antoine de Saint-Exupéry

678. Alle Clubs, die in der Bundesliga spielen, gehören zum Besten des deutschen Fußballs, doch nur ein Club ist seit Beginn 1963 dabei und nie abgestiegen. Welcher?

- **A** Borussia Dortmund
- **B** Hamburger SV
- **C** FC Bayern München

679. **Ein junger Politiker mit Kennedy-Aura: Bill Clinton wird 1992 zum US-Präsidenten gewählt. Welchen Bundesstaat hat er zuvor als Gouverneur geführt?**

A Texas
B Arkansas
C Alaska

---

680. **Die Augenklappe ist sein Markenzeichen: Im Sechstagekrieg Israels 1967 ist der Verteidigungsminister zugleich der große Stratege und wird zum Mythos. Sein Name?**

A Itzhak Rabin
B Moshe Dayan
C Menahem Begin

---

681. **1924 erschreckt Fritz Haarmann das Deutsche Reich. Wer verkörpert den Massenmörder 1995 großartig im Film „Der Totmacher“?**

A Mario Adorf
B Götz George
C Armin Müller-Stahl

---

682. **Mit Arbeiterprotesten fängt es an: Der Volksaufstand in der DDR wird schließlich von sowjetischen Truppen brutal niedergeschlagen. Wann?**

A 17. Juni 1952
B 17. Juni 1953
C 17. Juni 1954

---

683. **Kultfilm für Cineasten: Wem schaut Humphrey Bogart 1942 im Klassiker „Casablanca“ in die Augen?**

A Ingrid Bergman
B Lauren Bacall
C Bette Davis

---

684. **Im Jahre 1969 gelingt Liesel Westermann mit 63,96 Metern ein herausragender Weltrekord. In welchem Sport?**

A Diskuswerfen
B Speerwerfen
C Hammerwerfen

685. **Deutschland hat die Stars: Erstmals 1988 gewinnt unsere Tennismannschaft den Daviscup. Wer sind dabei die am Endspiel teilnehmenden Spieler?**

- **A** Becker, Westphal, Haas
- **B** Becker, Steeb, Stich
- **C** Becker, Jelen, Steeb

686. **Spitze Pfeile: Die Münchner Lach- und Schießgesellschaft wird die profilierteste Kabarettgruppe Deutschlands. Gründer sind 1955 Dieter Hildebrandt und ...**

- **A** ... Ursula Herking
- **B** ... Sammy Drechsel
- **C** ... Klaus Havenstein

687. **Am 4. März 1973 ist im deutschen Fernsehen Premiere eines Genres, das eines der erfolgreichsten der Geschichte werden soll: Dietmar Schönherr präsentiert die erste Talkshow. Wie ist ihr Titel?**

- **A** „Je später der Abend“
- **B** „NDR-Talk-Show“
- **C** „3 nach 9“

688. **Ein Eulenspiegel, der während der Nazi-Zeit latent in Gefahr ist: Werner Finck – keiner kann durch bloße Andeutungen so viel ausdrücken. Wie heißt das von ihm 1929 mitbegründete Kabarett?**

- **A** Katakombe
- **B** Katapult
- **C** Katastrophe

689. **Die Republik bebt: Nach der „Spiegel-Affäre“ 1962 muss Franz-Josef Strauß zurücktreten. Von welchem Amt?**

- **A** Finanzminister
- **B** Verteidigungsminister
- **C** Außenminister

690. **Country und Western-Musik aus deutschen Landen? Welche Gruppe schafft es, dieser Musik in den 70ern sogar in deutscher Sprache Gehör zu verschaffen?**

- **A** The Lords
- **B** Rudolf Rock und die Schocker
- **C** Truck Stop

Biografie: Martin Luther King

US-amerikanischer Bürgerrechtler, *15. 1. 1929 Atlanta, Georgia, †4. 4. 1968 Memphis, Tennessee.

Martin Luther King machte den passiven, gewaltlosen Widerstand zur Waffe gegen den Rassismus. Ab 1954 begann sein Kampf für die Rechte der Schwarzen. Unmittelbarer Auslöser war ein Gerichtsurteil, in dem eine Schwarze schuldig gesprochen worden war, weil sie einem Weißen ihren Sitzplatz im Bus nicht hatte abtreten wollen.

King rief die Montgomery Improvement Association ins Leben – eine Bürgerrechtsvereinigung, die zum Boykott der öffentlichen Verkehrsmittel aufforderte. Die Aktion schlug hohe Wellen: King erhielt mehrere Morddrohungen, Unbekannte verübten einen Sprengstoffanschlag auf sein Haus. Allen Schwierigkeiten zum Trotz hatte der Boykott Erfolg; ein Jahr später gehörte die Rassentrennung in den Bussen von Montgomery der Vergangenheit an.

1957 gründete er die Bürgerrechtsorganisation „Southern Christian Leadership Conference" (SCLC), die sich in kurzer Zeit als machtvolle Plattform der Bürgerrechtsbewegung (Civil Rights Movement) etablierte. Unermüdlich propagierte King als Anführer der Bewegung vor seinen begeisterten Anhängern den gewaltlosen Widerstand. Er organisierte Protestdemonstrationen und war mehrfach inhaftiert. Allein beim Marsch nach Washington 1963 lauschten 250000 Menschen Kings Rede „I have a Dream". Als erster Schwarzer erhielt Martin Luther King 1964 den Friedensnobelpreis. 1968 wurde er von einem Fanatiker erschossen.

691. Seit dem 1. Mai 1974 kann man im Kraftfahrt-Bundesamt „Punkte sammeln". Mit welcher Stadt wird die Verkehrssünder-Kartei verbunden?

- **A** Mit Flensburg
- **B** Mit Hamburg
- **C** Mit Ratzeburg

692. Nicht die große Liebe: Im Mai 1960 heiratet die britische Prinzessin Margaret den Hoffotografen Antony Armstrong-Jones. An wen hat sie wirklich ihr Herz verloren, ohne dass es zur Vermählung kommen darf?

- **A** Peter Townsend
- **B** Konstantin von Griechenland
- **C** Gunter Sachs

693. Im Mittelpunkt des im Oktober 1959 uraufgeführten Filmes „Die Brücke" steht der Missbrauch jugendlicher Kriegsbegeisterung durch die Nazis. Wer führt Regie?

- **A** Kurt Hoffmann
- **B** Bernhard Wicki
- **C** Wolfgang Staudte

694. 1921 wird sie eingeweiht, die Berliner Rennstrecke Avus, Prototyp der deutschen Autobahnen. Wofür steht die Abkürzung Avus?

- **A** Keine Bedeutung, nur Kunstwort
- **B** Allgemeine Verkehrsunternehmensstraße
- **C** Auto-Verkehrs- und Übungsstraße

695. Im November 1959 öffnet sich die SPD durch eine Abwendung vom Sozialismus breiteren Wählerschichten. Unter welchem Begriff geht dieser Schritt in die Geschichte ein?

- **A** Godesberger Wende
- **B** Godesberger Programm
- **C** Godesberger Entscheidung

696. Im Westen Londons liegt der Flughafen Heathrow, einer der größten Europas. Wann wird er eröffnet?

- **A** Am 1. Januar 1946
- **B** Am 18. Mai 1950
- **C** Am 25. September 1952

Stichtag: 25. August 1967

Das Fernsehen wird farbig

Um 10.57 Uhr drückt Außenminister Willy Brandt auf einen roten Knopf und schaltet zum Abschluss der 25. Funkausstellung in Berlin das deutsche Fernsehen auf Farbübertragung um. Schlagartig erstrahlen alle aufgestellten Bildschirme in bunten Farben, ein staunendes „Ah“ der Besucher schallt durch die Messehallen.

Das erste offizielle Fernsehbild, das die rund 1000 geladenen Gäste zum Abschluss der Jubiläumsfunkausstellung sehen, ist der Daumen Brandts auf dem roten Startknopf. Die nächste Einstellung zeigt die anwesende Prominenz, unter der sich auch der Erfinder des deutschen Farbfernsehsystems PAL, der Telefunken-Ingenieur Walter Bruch, befindet.

Als erste richtige Farbsendung strahlen ARD und ZDF am Nachmittag gemeinsam den Film „Cartouche, der Bandit“ aus. Als erste farbige Live-Sendung sendet das ZDF um 20 Uhr die 25. Folge der Unterhaltungsshow „Der goldene Schuss“. Sie wird erstmals von Vico Torriani präsentiert. Die ARD zieht einen Tag später nach und zeigt ab 20 Uhr den „Galaabend der Schallplatte“ mit Vivi Bach und Dietmar Schönherr.

Das Übertragungssystem PAL (Phase alternation line – zeilenweise Phasenveränderung) gewährleistet die Kompatibilität von Farb- und Schwarzweißfernsehen. Wer also noch keinen Farbfernseher hat, kann trotzdem noch Sendungen empfangen.

697. **Rudolf Augstein, seit 1946 Kopf des Nachrichtenmagazins „Der Spiegel“, wird 1999 mit einer besonderen Auszeichnung geehrt. Mit welcher?**

A Herausgeber des Jahres
B Journalist des Jahrhunderts
C Verleger des Jahrzehnts

698. **Schluss mit dem Gerede vom Erbfeind: Mit wem setzt Konrad Adenauer 1963 die deutsch-französische Freundschaft in Gang?**

A Francois Mitterand
B Valéry Giscard d'Estaing
C Charles de Gaulle

699. **Micky Maus kommt! Im April 1992 wird Euro-Disneyland eröffnet, Disneys erster Freizeitpark in Europa. Welche Millionenstadt liegt in der Nähe?**

A London
B Paris
C Rom

700. **Jetzt kommt Farbe ins Leben: Am 25. August 1967 startet in der Bundesrepublik das Zeitalter des Farbfernsehens. Erste Sendung: eine ZDF-Show. Welche?**

A „Dalli Dalli“
B „Vergissmeinnicht“
C „Der Goldene Schuss“

701. **Die Geschichte will das Magazin „Stern“ 1983 neu schreiben lassen: Was gibt das Blatt vor, gefunden zu haben?**

A Hitlers Tagebücher
B Beweis für außerirdisches Leben
C Eine Bibelübersetzung von Jesus

702. **Für seinen Roman „Doktor Schiwago“ soll er 1958 den Literaturnobelpreis erhalten, muss ihn aber auf Druck der Sowjetregierung ablehnen. Wer?**

A Boris Pasternak
B Maxim Gorki
C Lew Kopelew

Stichtag: 3. Dezember 1967

Erste Herzverpflanzung geglückt

Am Groote-Schuur-Krankenhaus transplantiert der südafrikanische Herzspezialist Christiaan Neethling Barnard erstmals ein Herz von Mensch zu Mensch. Es wurde einem 22-jährigen weiblichen Verkehrsunfallopfer entnommen und dem 54-jährigen Lebensmittelhändler Louis Washkansky eingesetzt. Die Operation glückt, Barnard wird über Nacht weltberühmt.

Bereits seit sieben Jahren hat sich der 44-jährige Chirurg mit der Entwicklung einer Herztransplantation beschäftigt. Der fünfstündige Eingriff verläuft ohne Komplikationen und der Patient erholt sich schnell.

Die Hoffnungen auf ein glückliches Ende des gewagten Eingriffs zerbrechen jedoch, als sich Washkansky eine Lungenentzündung zuzieht. Die Medikamente, mit denen die Abwehrreaktion des Körpers gegen das fremde Organ unterdrückt wurde, haben den Organismus zu stark geschwächt. Der Patient stirbt 18 Tage nach der Operation.

Mit 40 Jahren wurde Barnard Professor für Thoraxchirurgie am Groote-Schuur-Krankenhaus. Bei einem Aufenthalt in den USA lernte er den Transplantationschirurgen Richard Lower kennen, der bereits seit 1959 mit Norman E. Shumway an den Problemen der Herztransplantation arbeitete. 1967 sind die US-amerikanischen Forscherteams für die ersten Transplantationen vorbereitet, Barnard kommt den US-Amerikanern jedoch um Tage zuvor. 1968 kommt es weltweit zu einem Boom der Herzverpflanzungen.

Die Euphorie verfliegt jedoch rasch, es folgt die Ernüchterung wegen der immunologischen Abstoßungsreaktionen. Nur wenige Patienten überleben den Eingriff um mehr als ein Jahr. Hinzu kommen ethische Bedenken.

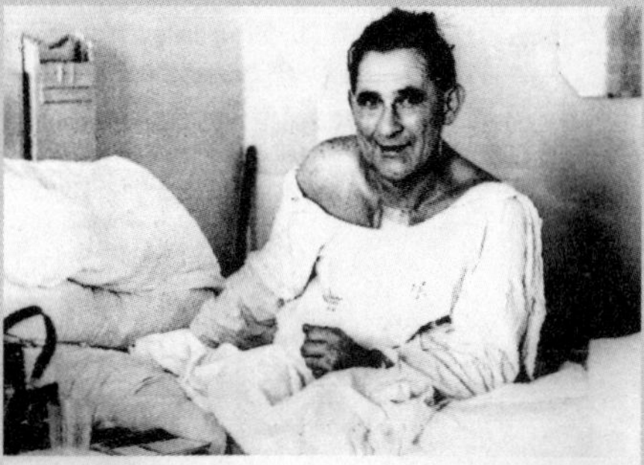

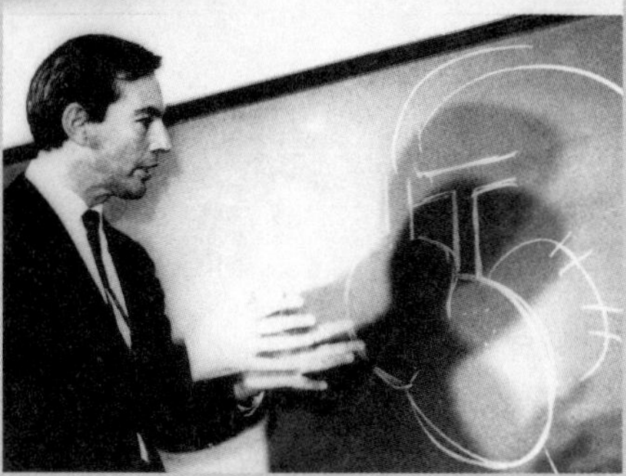

Stichtag: 21. Juli 1969

Der erste Mensch betritt den Mond

Die Landefähre „Eagle“ setzt auf dem Mond auf. Am 21. Juli um 3.56 Uhr betritt Astronaut Neil A. Armstrong als erster Mensch den Mond. Kurz danach steigt Edwin Aldrin aus der Kapsel.

Vom US-Raumfahrtzentrum Kap Kennedy startete am 16. Juli „Apollo 11“ an der Spitze einer Saturn-V-Rakete zu ihrem Flug zum Mond. Mehr als 1 Mio. Menschen waren in die nähere Umgebung des Abschussgeländes geströmt.

Die ersten Eindrücke vom Mond beschreibt Armstrong so: „Die Oberfläche ist lose und pulvrig. Ich kann sie mit der Stiefelspitze lose hochkicken. Es klebt eine feine Schicht wie pulverisierte Holzkohle an meinen Stiefeln. Ich sinke nur einen Bruchteil eines Zentimeters ein, vielleicht drei Millimeter, aber ich kann die Fußabdrücke meiner Stiefel und das Sohlenmuster in den feinen sandigen Partikeln sehen.“ Zusammen mit Aldrin enthüllt er eine 22,5 x 19 cm große Metallplakette mit der Inschrift: „Hier setzten Menschen vom Planeten Erde zum ersten Mal ihren Fuß auf den Mond – Juli 1969 A.D. Wir kamen in Frieden für die gesamte Menschheit.“ Auch ein Sternenbanner ziehen die Astronauten auf.

Während Armstrong und Aldrin Messungen auf der Mondoberfläche durchführen und Bodenproben entnehmen, steuert der dritte Astronaut Michael Collins die Kommandokapsel, die in einer Umlaufbahn um den Erdtrabanten kreist.

Auch den Rückflug überstehen die Astronauten unbeschadet. Am 24. Juli wassert die „Columbia“ rund 950 Seemeilen südwestlich von Hawaii im Pazifik. Die drei Passagiere können gesund geborgen werden. US-Präsident Nixon begrüßt die Heimkehrer an Bord des Flugzeugträgers „Homet“.

Die Nachricht von der sicheren Rückkehr von „Apollo 11“ löst die weltweite Spannung in Jubel auf. Grußbotschaften und Glückwunschtelegramme aus aller Welt treffen im Raumfahrtzentrum Houston (Texas) und in Washington ein.

703. Bevor er läuft und läuft: Wann und wo wird der Grundstein für das Volkswagenwerk gelegt?

A 1938 in Fallersleben
B 1946 in Wolfsburg
C 1950 in Braunschweig

704. Sie gilt nach wenigen Filmen in den 70ern als „neue Dietrich": Hanna Schygulla. Welcher Regisseur beeinflusst ihre Karriere maßgeblich?

A Volker Schlöndorff
B Hark Bohm
C Rainer W. Fassbinder

705. Fehlschlag: Der Kölner Profi-Boxer Peter Müller schlägt 1952 den Ringrichter k. o. – Skandal! Wie nennen seine Fans den Wutkopf?

A De Aap
B De Bep
C De Cep

706. Der Publizist Carl von Ossietzky wird 1931 für einen „Windiges aus der deutschen Luftfahrt" überschriebenen Artikel zu 18 Monaten Haft verurteilt. Wo ist der Text erschienen?

A In der „Weltbühne"
B In der „Berliner Morgenpost"
C Im „Simplicissimus"

707. Der letzte König von Italien vor Ausrufung der Republik regiert nur im Mai und Juni 1946. Wie heißt er?

A Umberto II.
B Giovanni III.
C Leonardo I.

708. Nur zwei Tage nach Ende der Franco-Ära wird Spanien wieder Monarchie. König Juan Carlos I. de Bourbon besteigt den Thron. Wann?

A 20. März 1972
B 15. Mai 1974
C 22. November 1975

709. Die Ruine als ewige Mahnung: Kurz vor Weihnachten 1961 wird die neue Kaiser-Wilhelm-Gedächtniskirche in Berlin eingeweiht. Wer ist der Architekt?

- **A** Le Corbusier
- **B** Egon Eiermann
- **C** Walter Gropius

710. Die letzte zerbrechliche Schallplatte wird 1958 produziert. Danach sind die LPs aus unzerbrechlichem Vinyl. Woraus bestehen sie bis dahin?

- **A** Aus Arallack
- **B** Aus Essolack
- **C** Aus Schellack

711. Die britische Verhaltensforscherin Jane Goodall entdeckt in den 60ern als Erste, dass Schimpansen Werkzeuge herstellen und benutzen. In welchem Land studiert sie die Tiere?

- **A** Angola
- **B** Mosambik
- **C** Tansania

712. Amerika trägt Schwarz: Welchen Satz verbindet man mit dem für Rassengleichheit kämpfenden, im April 1968 ermordeten Martin Luther King?

- **A** „Ich habe einen Traum..."
- **B** „Es wird geschehen..."
- **C** „Ich glaube daran..."

713. Kontrolle der Kontrolleure: 1956 wird der Deutsche Presserat gegründet. Er soll die Pressefreiheit schützen und überwacht die im Pressekodex erarbeiteten Richtlinien. Wo ist sein Sitz?

- **A** Bonn
- **B** Berlin (West)
- **C** Frankfurt / Main

714. Vor George W. Bush, der 2000 in sein Amt gewählt wird, gibt es bereits einen US-Präsidentensohn, der seinem Vater nachfolgt. Wer ist das?

- **A** Abraham Lincoln
- **B** Franklin D. Roosevelt
- **C** John Quincy Adams

Biografie: George Orwell

(eigentlich Eric Arthur Blair), englischer Schriftsteller, *25. 1. 1903 Motihari, Indien, †21. 1. 1950 London.

Nach einem bewegten Leben in Indien, Paris und London nahm Orwell 1936 auf republikanischer Seite am Spanischen Bürgerkrieg teil. Zunächst schloss er sich auch der trotzkistischen Arbeiterpartei an und hoffte auf eine gerechtere Gesellschaft durch den Kommunismus. Die Entwicklung unter Stalin machte Orwell dann allerdings zum entschiedenen Gegner dogmatischer und totalitaristischer Ideologien.

Schwer verwundet entkam Orwell mit seiner Frau schließlich nach Frankreich, wo er seine Kriegserfahrungen in dem Buch „Mein Katalonien" („Homage to Catalonia") schilderte. 1939 veröffentlichte er den Roman „Auftauchen, um Luft zu holen" („Coming up for Air"), dem 1940 Essays und Erzählungen unter dem Titel „Im Innern des Wals" („Inside the Whale") folgten.

Weltberühmt wurden die satirische Fabel „Farm der Tiere" (1945) sowie vor allem der Roman „1984" (1949), eine beklemmende Vision vom totalitären Staat, in dem der „Big Brother" jeden und alles ständig überwacht.

715. **Wer wird nach zwei Unentschieden in Endspielen per Federstrich zum Deutschen Fußballmeister 1922 ernannt, verzichtet jedoch auf den Titel?**

- **A** Hamburger SV
- **B** Schalke 04
- **C** 1. FC Nürnberg

716. **Zwischen Slapstick und Klamauk: Sechzehn Filme macht Dean Martin in den 50ern mit einem der größten Komiker des Jahrhunderts. Dessen Name?**

- **A** Jerry Lewis
- **B** Woody Allen
- **C** Steve Martin

717. **Sein Heimweh ist unstillbar: Mit „Die Gitarre und das Meer“ hat Freddy Quinn 1959 wieder einen Seemanns-Hit. Woher stammt der Sänger eigentlich?**

- **A** Aus Österreich
- **B** Aus Bayern
- **C** Aus Sachsen

718. **Die Europäische Union, entstanden aus den Sechs der EWG, umfasst heute 25 Staaten. Welche Länder treten im Jahre 1995 bei?**

- **A** Österreich, Finnland, Schweden
- **B** Norwegen, Schweiz, Österreich
- **C** Irland, Portugal, Spanien

719. **Ist es Liebe? Im Juli 1981 heiratet Prinz Charles Diana Spencer, später Lady Di genannt. Welchen Titel geben ihr die Menschen?**

- **A** Königin der Liebe
- **B** Königin der Herzen
- **C** Königin der Seele

720. **Eine Frau bricht in eine Männerdomäne ein: 1971 liest sie in der ZDF-Sendung „heute“ die Nachrichten. Wie heißt die Journalistin?**

- **A** Carolin Reiber
- **B** Wibke Bruhns
- **C** Dagmar Berghoff

721. Der britische Archäologe Howard Carter entdeckt 1922 das fast unversehrte Grab des ägyptischen Königs Tutanchamun. Wo?

- **A** Im Tal der Pharaonen
- **B** Im Tal der Scheichs
- **C** Im Tal der Könige

722. Am 17.12. 1903 gelingt Orville und Wilbur Wright mit dem Doppeldecker „Flyer 1" der erste gesteuerte Motorflug. Wie lange fliegen sie?

- **A** 12 Sekunden
- **B** 2 Minuten
- **C** 1 Stunde

723. Der deutsche Sport hat einen neuen Star: Wer gewinnt als erster Deutscher am 27. Juli 1997 die Tour de France?

- **A** Rolf Aldag
- **B** Jan Ullrich
- **C** Erik Zabel

724. Er ist einer der bedeutendsten deutschen Schriftsteller der Nachkriegszeit: Werke wie „Deutschstunde" und „Heimatmuseum" gelten als literarische Sternstunden. Von wem ist die Rede?

- **A** Siegfried Lenz
- **B** Günter Grass
- **C** Heinrich Böll

725. Seit 1915 ist Elisabeth Wellano Partnerin des Münchner Komikers Karl Valentin. Wie lautet ihr Künstlername?

- **A** Liesl Karlstadt
- **B** Brigitte Mira
- **C** Mady Rahl

726. Die „Praxis Bülowbogen" zählt 1987 auf Anhieb zu den beliebtesten TV-Serien, vor allem natürlich durch den sympathischen Günter Pfitzmann. Wie lautet sein Rollenname in der Serie?

- **A** Prof. Dr. Klaus Brinkmann
- **B** Dr. Peter Brockmann
- **C** Dr. Stefan Frank

Stichtag: 7. Februar 1971

Ja zum Frauenwahlrecht

Als eines der letzten europäischen Länder führt die Schweiz das Frauenstimmrecht ein.

Durch Volksabstimmung wird das aktive und passive Frauenwahlrecht auf Bundesebene eingeführt. Mit 621403 Ja- gegen 323596 Nein-Stimmen sprechen sich die stimmberechtigten Männer für die politische Gleichberechtigung der Frauen aus. Die Wahlbeteiligung liegt bei 57%. Bei den Nationalratswahlen am 31. Oktober 1971 können die Schweizerinnen erstmals von ihrem neuen Recht Gebrauch machen.

Durch die Beteiligung der Frauen verdoppelt sich die Zahl der Wahlberechtigten, doch ändert sich an den Mehrheitsverhältnissen wenig. Erstmals werden zehn weibliche Abgeordnete in den Nationalrat gewählt. Die Abgeordnete der Sozialdemokraten, Lilian Uchtenhagen, spricht als erste Frau im Parlament.

Ein erster Anlauf, in der Schweiz das Frauenstimmrecht auf Bundesebene einzuführen, scheiterte 1956. Damals sprachen sich zwei Drittel der Schweizer dagegen aus. In den Kantonen Waadt und Neuenburg wurde das Frauenwahlrecht aber auf kantonaler Ebene angenommen. Weitere Kantone folgten: Genf (1960), Basel (1966/68), Zürich, Tessin (beide 1969) und Wallis (1970). 1971 entschieden sich dann auch die Kantone Freiburg, Schaffhausen, Aargau, Bern und Glarus für das Frauenstimmrecht.

Stichtag: 5. September 1972

Überfall auf das olympische Dorf in München

Die Spiele in München vermitteln olympische Unbeschwertheit, bis ein Terroranschlag das Völkerfest überschattet.

Am Morgen des 5. September dringen acht palästinensische Terroristen, die sich als Angehörige der Gruppe „schwarzer September" bezeichnen, in das olympische Dorf ein. Im israelischen Quartier töten sie zwei Sportler und nehmen neun Israelis als Geiseln. Die Terroristen fordern die Freilassung von in Israel einsitzenden Gesinnungsgenossen und erpressen die Zusage, mit den Geiseln nach Ägypten ausfliegen zu dürfen. Mit Hubschraubern werden Terroristen und Geiseln zum Flughafen Fürstenfeldbruck gebracht. Dort endet ein Befreiungsversuch der Polizei in einem Blutbad, alle Israelis sterben durch die Hand der Palästinenser. Drei Attentäter überleben.

Der Überfall löst weltweit Empörung und Trauer aus. Kritik am Vorgehen der Polizei und an den Sicherheitsvorkehrungen wird laut. Viele fordern außerdem aus Respekt vor den Toten einen sofortigen Abbruch der Spiele. Auch auf der Trauerfeier am Morgen des 6. September, zu der 80000 Menschen ins Olympiastadion kommen, sind die Meinungen über die Fortführung der Spiele geteilt. Die meisten Olympioniken sind jedoch der Auffassung, dass die Wettkämpfe weitergehen müssen. Im Einvernehmen mit israelischen Stellen verkündet schließlich IOC-Präsident Avery Brundage, dass die Spiele fortgeführt werden. Es sei nicht hinnehmbar, dass man sich einer Hand voll Terroristen beuge.

727. Friedensreich Hundertwasser wird 1928 in Wien geboren. Was bezeichnet er 1953 erstmals als „Symbol für Leben und Tod“ in seinen Werken?

A Spiralen
B Stacheldraht
C Wasser

728. Erst tanzte Kevin Costner 1990 mit dem Wolf, dann folgte 1992 der Film „Bodyguard“, der im Popgeschäft spielt. Wer ist weibliche Hauptdarstellerin?

A Julia Roberts
B Meg Ryan
C Whitney Houston

729. Gary Cooper und Ingrid Bergman sind die Stars in „Wem die Stunde schlägt“ von 1943. Wessen Buch liegt dem Film zugrunde?

A Ernest Hemingway
B Eugene O'Neill
C Arthur Miller

730. Ein ganzes Land fragt sich: Wird das gut gehen? Am 3. September 1967 ab 5 Uhr morgens wird der Straßenverkehr von Links- auf Rechtsverkehr umgestellt. Wo?

A In Großbritannien
B In Irland
C In Schweden

731. Seine Tierfabel „Farm der Tiere“ gilt 1945 als Warnung vor dem Klassenkampf Stalins, aber sein bekanntestes Werk schreibt George Orwell erst drei Jahre später. Wie heißt es?

A Im Inneren des Wals
B Eine Pfarrerstochter
C 1984

732. Am 1. Januar 1968 tritt die Mehrwertsteuer in der Bundesrepublik an die Stelle der bisherigen Umsatzsteuer. Welches wird der erste Normalsteuersatz?

A 10 Prozent
B 11 Prozent
C 13 Prozent

733. Es gibt nichts, was es nicht gibt: „Rollende Bürgersteige" sind die Attraktion der 13. Weltausstellung, die am 14. April 1900 eröffnet wird. Wo?

A In Teheran
B In New York
C In Paris

734. Eine kleine Revolution: Auf US-Inlandrouten werden Fluggäste erstmals von Stewardessen betreut und erhalten einen Imbiss. Wann beginnt diese neue Zeit?

A Im Mai 1930
B Im Februar 1940
C Im April 1950

735. Eine Ära geht zu Ende: Im Juni 1977 entlässt Frankreich seine letzte Kolonie in Afrika, das ehemalige Französisch-Somaliland, in die Unabhängigkeit. Welcher Staat entsteht?

A Äthiopien
B Djibouti
C Somalia

736. Wessen – auch internationaler – Durchbruch als Komponist, Sänger und Entertainer beginnt 1966 mit dem Schlager „Merci, Cherie"?

A Udo Jürgens
B Freddy Quinn
C Udo Lindenberg

737. Der französische Maler Henri Matisse entwickelt Anfang des Jahrhunderts einen ganz persönlichen Kunststil in seinen Gemälden. Wie wird er benannt?

A Fauvismus
B Expressionismus
C Impressionismus

738. Geschüttelt, nicht gerührt: Sean Connery gilt als der populärste James Bond aller Zeiten. Wer gehört nicht zu seinen Nachfolgern in dieser Filmrolle?

A George Lazenby
B Pierce Brosnan
C Klaus Maria Brandauer

Biografie: Pablo Picasso

(Pablo Ruiz y Picasso), spanischer Maler, Grafiker und Bildhauer, *25. 10. 1881 Málaga, †8. 4. 1973 Mougins, Frankreich.

Pablo Picasso ist der wohl berühmteste bildende Künstler des 20. Jahrhunderts. Der Mitschöpfer des Kubismus steht symbolhaft für die moderne Kunst schlechthin. In seiner „Blauen Periode" (1901–1904) schuf er melancholische Figurenbilder in unterschiedlichen Blautönen, denen die Zirkus- und Gauklerbilder der „Rosa Periode" (1905–1907) folgten. Angeregt von afrikanischen Masken, stellte Picasso 1907 mit „Les Demoiselles d'Avignon" das erste Gemälde des analytischen Kubismus vor, ein Dokument der Formzersplitterung und Vielansichtigkeit.

Zu Beginn der 1920er Jahre erfolgte ein Stilwandel zum „Klassizistischen" mit zahlreichen Frauenbildnissen. Ab 1928 beschäftigten Picasso größere grafische und plastische Arbeiten, in denen gelegentlich surrealistische Einflüsse anklingen. Ab 1947 entstanden fantasievolle Keramiken, in den 1950er Jahren u. a. Variationenfolgen über Bilder von Delacroix und Velazquez.

Zu seinen Hauptwerken zählt das Monumentalgemälde „Guernica" (1937), das Picasso aufgrund der völligen Zerstörung der baskischen Stadt Guernica durch Luftangriffe der deutschen „Legion Condor" schuf. Das 3,5 mal 8 m große Bild ist eine vitale Anklage gegen Krieg und Unterdrückung. „Guernica" war Teil des spanischen Pavillons bei der Weltausstellung in Paris 1937. Zwei Jahre später übernahm Franco die Regierung. Picasso ging nach Paris und untersagt den Transport von „Guernica" nach Spanien. Erst, wenn Spanien eine Republik sei, dürfe sein Bild in Spanien gezeigt werden. So kam „Guernica" erst 1981 wieder zurück nach Madrid, zunächst in den Prado, dann in das 1992 eingeweihte Museum „Reina Sofía".

739. **Der Minirock der britischen Modeschöpferin Mary Quant verhilft einem spindeldürren Mannequin in den 60ern zum weltweiten Durchbruch. Der Name der Dame?**

- **A** Claudia Schiffer
- **B** Twiggy
- **C** Kate Moss

740. **In einem seit 1943 in Besitz der US-Regierung befindlichen Gebiet wird die Atombombe entwickelt, die am 16. Juli 1945 in New Mexico zur Explosion gebracht wird. Wo?**

- **A** In Los Alamos
- **B** In Los Angeles
- **C** In Los Avalon

741. **Mitten durchs Watt: Im Juni 1927 wird der nach ihm benannte Hindenburgdamm vom deutschen Reichspräsidenten eröffnet. Zu welcher Insel führt er?**

- **A** Amrum
- **B** Föhr
- **C** Sylt

742. **Wissenschaftlicher Fortschritt oder dem lieben Gott ins Handwerk gepfuscht? Im März 1996 gelingt es Wissenschaftlern in Edinburgh erstmals, zwei Bergschafe zu klonen. Unter welchem Namen geht das geklonte Schaf in die Geschichte ein?**

- **A** Dolly
- **B** Molly
- **C** Olly

743. **Mit der Person Michail Gorbatschows wandelt sich die Sowjetunion vollkommen. „Glasnost" (für Offenheit) wird ein Stichwort, „Perestroika" das andere. Wofür steht es?**

- **A** Für Wohlstand
- **B** Für Umgestaltung
- **C** Für Reichtum

744. **Als nach 1945 die Einflussgebiete neu aufgeteilt werden, trotzt ein kommunistischer jugoslawischer Marschall den Sowjets. Später wird er Wortführer der blockfreien Länder. Wer?**

- **A** Enver Hodscha
- **B** Josip Broz Tito
- **C** Georgi Schukow

Biografie: Elvis Presley

US-amerikanischer Rocksänger und Schauspieler, *8. 1. 1935 Tupelo, Mississippi, †16. 8. 1977 Memphis, Tennessee.

Der „King of Rock'n'Roll" ist neben Marlon Brando und James Dean das Idol der rebellischen Jugend in den fünfziger Jahren und einer der größten Stars des US-Showbusiness. Die effektvollen, aggressiv-aufbegehrenden Auftritte des jungen Elvis provozieren die Erwachsenen und drücken das Lebensgefühl der Jugendlichen aus. Bis zu seinem Tod verkauft er weltweit 500 Mio. LPs und Singles, mehr als jeder andere Showstar.

1956 dreht Presley mit „Love me tender" den ersten seiner 34 Kinofilme. Zwischen 1958 und 1960 leistet Elvis seinen Wehrdienst in Deutschland. Allmählich streift er das Rebellenimage ab und wendet sich gefühlsbetonteren Ausdrucksformen zu. Mit zunehmendem Alter zieht sich Presley, der an Depressionen und Tablettensucht leidet, mehr und mehr vom Showgeschäft zurück.

1969 gibt er in Las Vegas sein erstes Live-Konzert seit 1961 und landet mit „In the Ghetto" erneut einen Top-Ten-Hit. Seine Fernsehshow „Aloha from Hawaii", die 1973 per Satellit ausgestrahlt wird, verfolgen insgesamt 1 Mrd. Zuschauer. Presleys früher Tod löste weltweit Betroffenheit aus.

745. Wie heißt der Wunderheiler, der enormen Einfluss auf die russische Zarin Alexandra hat, weil er vorgibt, ihren Sohn von seiner Bluterkrankheit geheilt zu haben?

A Boris Gruschenko
B Iwan der Schreckliche
C Rasputin

746. Es lebe die Demokratie: Im Bundestag werden Zwischenfragen gestattet. Seit wann gibt es diese Regelung?

A Seit 1950
B Seit 1952
C Seit 1953

747. Ein schwarzer Hengst ist in den 50ern Held einer US-Kinderserie. Knapp 50 Folgen laufen ab Oktober 1958. Wie heißt das Pferd?

A „Wendy"
B „Fury"
C „Black Beauty"

748. Es ist das machtpolitische Ereignis der 50er: Am 4. Oktober 1957 startet die Sowjetunion den ersten künstlichen Erdsatelliten. Unter welchem Namen geht er in die Raumfahrt-Geschichte ein?

A Wostock 1
B Sputnik 1
C Telstar 1

749. Václav Havel wird 1989 nach der „sanften Revolution" Staatspräsident der Tschechoslowakischen Republik. Welchem Beruf geht er nach, bevor er in die Politik wechselt?

A Filmregisseur
B Zeitungsredakteur
C Dramatiker

750. Ein Stern geht auf: Michael Schumacher bringt Glanz in die Formel 1! Für welchen Rennstall fährt er 1992 seinen ersten Grand-Prix-Sieg ein?

A Mercedes
B Benetton-Ford
C Ferrari

Stichtag: 30. Oktober 1974

Rumble in the Jungle

Sieben Jahre nach der Aberkennung seines Titels holt sich Muhammad Ali die Boxkrone zurück. Beim „Rumble in the Jungle", dem als eines der größten Spektakel des Sports angekündigten Weltmeisterschaftskampf, schlägt der 32-jährige Muhammad Ali den Titelhalter George Foreman in der achten Runde durch k.o.

Dem Sieg Alis über den favorisierten 25-jährigen Foreman ging einer der sensationellsten Kämpfe der Boxgeschichte voraus. In den ersten Runden lässt Ali sich in die Seile drängen, sogar in der Ringecke festnageln und den physisch überlegenen Foreman auf sich eindreschen. Er kann nicht alle Schläge abblocken, aber er verkraftet Foremans Treffer. Foreman schlägt sich müde, bis er kaum noch die Arme heben kann. Dann, kurz vor dem Ende der achten Runde, landet Ali eine Links-Rechts-Links-Kombination zum Kinn Foremans, der zu Boden geht und von Ringrichter Zack Clayton ausgezählt wird.

Nach Floyd Patterson, der 1960 – ein Jahr nach dem Verlust der Weltmeisterschaft – den Weltmeistertitel zurückerobern konnte, ist Ali erst der zweite Boxer, dem dies gelingt. Einen Teil seiner 5 Mio.-Dollar-Börse will Ali der „Black-Muslim"-Sekte spenden, welcher er seit 1966 angehört. Als deren Mitglied legte er 1967 den „Sklavennamen" Cassius Clay ab.

Ob er seinen Titel verteidigt, lässt Ali offen: „Man hat mir schließlich einmal ... den Titel weggenommen, jetzt möchte ich ihn noch ein paar Monate behalten. Ich weiß nicht, wie es weitergeht, aber ich denke ernsthaft ans Aufhören."

751. **Ein Mann mit Mut und Charakter: Welcher ägyptische Präsident leitet den langwierigen Friedensprozess mit den Israelis ein?**

- **A** Muhammed Anwar as-Sadat
- **B** Mohammed Hosni Mubarak
- **C** Gamal Abd-el Nasser

752. **Im Nationaltheater in Weimar findet im März 1919 die Eröffnung des Kunstinstitutes „Bauhaus" statt. Wer gehört nicht zu den dortigen Lehrern?**

- **A** Walter Gropius
- **B** Ludwig Mies van der Rohe
- **C** Le Corbusier

753. **In 25 Rundfunkansprachen wendet sich ab Oktober 1940 ein großer Schriftsteller über die BBC aus dem Exil an „Deutsche Hörer" (so der Sendetitel). Wer?**

- **A** Kurt Tucholsky
- **B** Erich Kästner
- **C** Thomas Mann

754. **Nach einem Streit mit der Vereinsführung des MTV 1879 München spalten sich im Jahre 1900 elf Fußballspieler ab. Was gründen sie?**

- **A** TSV 1860
- **B** SpVgg Unterhaching
- **C** FC Bayern

755. **Spannung pur: Wer ist der Autor des TV-Straßenfegers „Das Halstuch" im Jahre 1962?**

- **A** Herbert Reinecker
- **B** Francis Durbridge
- **C** Edgar Wallace

756. **Mit der Titelrolle in dem rührenden Heimatfilm „Rosen-Resli" beginnt 1954 die Karriere der Christine Kaufmann. Welchen berühmten Kollegen heiratet sie 1963?**

- **A** James Garner
- **B** Tony Curtis
- **C** Roger Moore

757. „Let's twist again": Der erste Modetanz der 60er Jahre löst den Rock'n'Roll ab. Wer gilt als der Vater des Twists?

- **A** Harry Belafonte
- **B** Pat Boone
- **C** Chubby Checker

758. Ganz Holland feiert: Wen heiratet die niederländische Kronprinzessin Beatrix am 10. März 1966?

- **A** Claus von Amsberg
- **B** Claus von Amtswegen
- **C** Claus von Amsterdam

759. 1919 geht aus der deutschen Arbeiterbewegung der Spitzenverband der freien Wohlfahrtspflege hervor, der heute von Bonn aus auf allen Gebieten der Sozialarbeit tätig ist. Sein Name?

- **A** Deutsches Grünes Kreuz
- **B** Heilsarmee
- **C** Arbeiterwohlfahrt

760. Man kennt ihn als lauten und selbstverliebten, aber auch brillantesten Literaturkritiker Deutschlands: Marcel Reich-Ranicki. Zwölf Jahre ist er Mittelpunkt einer ZDF-Sendung. Deren Titel?

- **A** Das literarische Quartett
- **B** Das literarische Kabinett
- **C** Das literarische Kabarett

761. In Amerika Musical, bei uns Operette: Emmerich Kálmáns „Gräfin Mariza" hat 1924 in Wien Premiere. Wo buhlt der arme Graf Tassilo um die Dame?

- **A** Österreich
- **B** Ungarn
- **C** Slowakei

762. Abgehoben: Aus der Fusion mehrerer Gesellschaften, u.a. der Junkers Luftverkehrs AG und der Aero Lloyd-AG, entsteht am 6. Januar 1926 eine nationale Fluggesellschaft. Welche?

- **A** Germania
- **B** Hapag Lloyd
- **C** Lufthansa

763. **1979 übernimmt Margaret Thatcher in Großbritannien die Regierung. Wegen ihres rigiden Stils erhält sie bald einen Beinamen. Welchen?**

- **A** Bleierner Drache
- **B** Schwarzer Erzengel
- **C** Eiserne Lady

764. **Die Lage in der DDR spitzt sich zu: Der wievielte Flüchtling meldet sich im Jahre 1956 in einem West-Berliner Flüchtlingslager?**

- **A** Der 250000ste
- **B** Der 500000ste
- **C** Der 1000000ste

765. **Hans Albers als „Der Mann, der Sherlock Holmes war" – eine Sternstunde des deutschen Films. Wer spielt den Dr. Watson an seiner Seite?**

- **A** Hans Söhnker
- **B** Heinz Rühmann
- **C** Gustav Knuth

766. **Damals eine Sensation: Im Juni 1965 macht US-Astronaut Edward White – angeleint – einen Weltraumspaziergang. Mit welchem Raumschiff ist er unterwegs?**

- **A** Apollo 11
- **B** Gemini 4
- **C** Mercury 6

767. **„Das Ende der Welt ist nah!" Das glaubt die Weltbevölkerung 1910, weil sich der Halley'sche Komet der Erde nähert. Bei der zweiten Begegnung im 20. Jahrhundert sieht man es gelassener. Wann erscheint der Komet das nächste Mal?**

- **A** 2036
- **B** 2056
- **C** 2062

768. **Uns' Uwe: Uwe Seeler ist einer der brillantesten und fairsten Fußballer aller Zeiten. Er erreicht fast alles in seiner Karriere. Was jedoch wird er nie?**

- **A** Deutscher Meister
- **B** Fußballer des Jahres
- **C** Weltmeister

Stichtag: 18. Oktober 1977

„Deutscher Herbst“

Am 13. Oktober hatten zwei Männer und zwei Frauen die „Landshut“, die sich mit fünf Besatzungsmitgliedern und 82 Passagieren auf dem Flug von Mallorca nach Frankfurt am Main befand, in ihre Gewalt gebracht. Sie stellten ein Ultimatum, in dem die Freilassung von elf Häftlingen der terroristischen Rote Armee Fraktion (RAF) gefordert wurde. Für die Insassen der „Landshut“ begann damit ein mehr als 9000 km langer Irrflug, der in Mogadischu endete. Die Bundesregierung war nicht bereit, auf die Forderungen der Terroristen einzugehen. Die Bundesgrenzschutz-Sondereinheit GSG 9 kann schließlich die Maschine stürmen und die Geiseln befreien. Drei der vier Terroristen kommen um, eine wird verletzt.

Die RAF-Terroristen Andreas Baader, Gudrun Ensslin und Jan-Carl Raspe begehen am 18. Oktober wenige Stunden nach der Befreiung des entführten Flugzeugs in ihren Zellen in Stuttgart-Stammheim Selbstmord. Irmgard Möller bringt sich mit einem Messer vier Stiche in die Brust bei, die jedoch keine lebensgefährlichen Verletzungen verursachen. Baader und Raspe erschießen sich, Gudrun Ensslin erhängt sich. Untersuchungen ergeben, dass die Gefangenen trotz der strengen Kontaktsperre mittels Drähten ein Kommunikationssystem zwischen ihren Zellen eingerichtet hatten. Raspe hielt in seiner Zelle ein Transistorradio versteckt und gab die Nachricht über die Befreiung der Geiseln in Mogadischu an die drei anderen Terroristen weiter.

Am 19. Oktober wird Hanns Martin Schleyer tot aufgefunden.

769. **Mit neun Oscars ist „Der englische Patient“ nach dem Buch von Michael Ondaatje der große Gewinner der Verleihung 1997. Wer spielt die weibliche Hauptrolle?**

A Sophie Marceau
B Juliette Binoche
C Isabelle Adjani

770. **Am 10. September 1964 begrüßt die Bundesrepublik ihren einmillionsten Gastarbeiter, einen Portugiesen. Was erhält er damals als Willkommensgeschenk?**

A Ein Auto
B Ein Moped
C Ein Fahrrad

771. **Ein roter Ferrari braust über die Straßen Hawaiis – seit Juni 1984 ist klar: „Magnum“ ist im Einsatz. Wer spielt den Privatdetektiv?**

A James Garner
B Peter Falk
C Tom Selleck

772. **Am 13. Juli 1985 startet das „Live 1000Aid Concert“-Projekt zugunsten der Hungerhilfe in Afrika zeitversetzt in London und Philadelphia. Ein Künstler tritt dank „Concorde“-Flug in beiden Städten auf. Wer?**

A Elton John
B Eric Clapton
C Phil Collins

773. **Ein Riese entsteht: 1926 schließen sich in Stuttgart die Daimler-Motoren-Gesellschaft und die Benz & Cie. Rheinische Gasmotorenfabrik zusammen. Welches Unternehmen entsteht aus der Fusion?**

A Daimler-Motorenwagen AG
B Mercedes AG
C Daimler-Benz AG

774. **Raus aus der großen Depression: Wie nennt man Roosevelts Programm von 1933 gegen die US-Wirtschaftskrise?**

A New Deal
B New Heal
C New Reel

775. **Eine Uniform verschafft Respekt: Welchem Beruf ging Wilhelm Voigt nach, der 1906 als „Hauptmann von Köpenick“ auftritt?**

- **A** Schornsteinfeger
- **B** Schuster
- **C** Bäcker

776. **Eine Ministerin macht Revolution: 1968 unterstützt sie den Aufklärungsfilm „Helga“, 1969 kommt ein „Sexualkundeatlas“. Wer ist die mutige Frau?**

- **A** Elisabeth Schwarzkopf
- **B** Käte Strobel
- **C** Rita Süssmuth

777. **Ein Stück DDR verlöscht: Im Automobilwerk Eisenach rollt am 10. April 1991 der letzte Personenkraftwagen eines im Ostblock sehr bekannten Autos vom Band. Dessen Name?**

- **A** Waldburg
- **B** Warburg
- **C** Wartburg

778. **Wer hat schon vier Ohren? Eine neue Klangtechnik wird 1973 eingeführt, setzt sich aber nicht durch. Ihr Name?**

- **A** Quartettfonie
- **B** Quadratfonie
- **C** Quadrophonie

779. **Es ist der 9. November 1989, kurz vor 19 Uhr, als er in Ost-Berlin auf einer Pressekonferenz versehentlich die Öffnung der Mauer bekannt gibt. Sein Name?**

- **A** Günter Schabowski
- **B** Hans Modrow
- **C** Egon Krenz

780. **Zauberfußball: Eine Mannschaft begeistert ganz besonders bei der WM 1958 in Schweden durch ihre Leichtfüßigkeit und Brillanz – und gewinnt das Turnier! Welche?**

- **A** Brasilien
- **B** Argentinien
- **C** Chile

781. Sensationell: Im Ötztal wird am 19. September 1991 eine mumifizierte Leiche aus der Jungsteinzeit gefunden. Wie wird sie seitdem scherzhaft genannt?

- **A** Ötzi
- **B** Flötzi
- **C** Dötzi

782. Zukunft brasilianisch: Durch eine am Reißbrett konstruierte Stadt wird Rio de Janeiro am 21. April 1960 als brasilianische Hauptstadt abgelöst. Wie heißt die neue Kapitale?

- **A** Brasilia
- **B** Brasil City
- **C** Brasilio

783. Leitfigur der Studentenbewegung: Rhetorisch brillant, ist er unerbittlicher Gegner der Großen Koalition und wird 1968 bei einem Attentat schwer verletzt. Wer?

- **A** Rudi Dutschke
- **B** Daniel Cohn-Bendit
- **C** Fritz Teufel

784. Deutschrock zu Zeiten der Beatles: Wer behauptet „Marmor, Stein und Eisen bricht“ und wird Mitte der 60er damit zum Schlagerstar?

- **A** Gus Backus
- **B** Drafi Deutscher
- **C** Peter Kraus

785. In seinem Film „Der Stadtneurotiker“ von 1977 führt er den Typ des tragikomischen intellektuellen Helden ein und erhält dafür vier Oscars. Von wem ist die Rede?

- **A** Woody Allen
- **B** Jerry Lewis
- **C** Alfred Hitchcock

786. Längst überfällig: In der Bundesrepublik tritt ein Gesetz über die Gleichberechtigung von Mann und Frau in Kraft. Wann ist das?

- **A** 1. Januar 1957
- **B** 1. Juli 1958
- **C** 1. Januar 1959

Biografie: John Lennon

britischer Rock-(„Beat"-)Musiker, -komponist, Autor und Künstler, *9. 10. 1940 Liverpool, †8. 12. 1980 New York.

Zusammen mit Paul McCartney bildete Lennon den Kern der Beatles, die in den 1960er Jahren mit ihrer Musik zum Symbol für den Umbruch im Leben und Denken der Jugendlichen in der westlichen Welt wurden. Vor allem als Texter überzeugte der Liverpooler seine zahlreichen Fans. Seine engagierten Songs (u.a. „Give peace a chance", 1970) beeinflussten eine ganze Generation.

Lennon trat auch als Autor und Dramatiker hervor. Nach seiner Heirat mit der Aktionskünstlerin Yoko Ono und der Auflösung der Beatles (1970) engagierte sich Lennon in zahlreichen Aktionen und medienwirksamen Happenings für den Frieden und die Rechte von Minderheiten.

Auf dem kommerziellen Höhepunkt seiner musikalischen Solokarriere wurde er 1980 vor seiner Wohnung von einem psychopathischen Fan erschossen. Die Nachricht vom gewaltsamen Tod John Lennons löste in der ganzen Welt Entsetzen aus. Menschenmengen pilgerten zum Ort des Attentats, um ihrer Trauer über den Tod des Künstlers mit Blumen und Kerzen Ausdruck zu verleihen.

Für viele Fans starb mit John Lennon auch der Traum von der Wiedervereinigung der Beatles. Kurz vor dem Attentat hatte Lennon noch sein letztes Album „Double Fantasy" veröffentlicht.

Stichtag: 23. Februar 1981

Demokratie gerettet

Nach der Aufforderung des Königs, die Demokratie zu wahren, bricht ein Putsch in Spanien zusammen.

Etwa 200 Mitglieder der paramilitärischen Polizeiorganisation Guardia civil stürmen unter Führung von Oberstleutnant Antonio Tejero Molina das spanische Parlament und nehmen die Abgeordneten als Geiseln. Die Putschisten fordern die Bildung einer Militärregierung zur Bekämpfung des Terrorismus und die Auflösung des Parlaments.

In einer Fernsehansprache fordert König Juan Carlos die Spanier zur Verfassungstreue und Wahrung der Demokratie auf. Juan Carlos teilt der Bevölkerung mit, er habe den Streitkräften befohlen, die notwendigen Maßnahmen zur Wiederherstellung der verfassungsmäßigen Ordnung zu ergreifen. Große Teile des Militärs erklären daraufhin ihre Loyalität gegenüber dem König und der spanischen Verfassung. Um 2.30 Uhr dringen Armeeangehörige in den Innenhof des Parlaments ein.

Nach langwierigen Verhandlungen ergeben sich um 9.40 Uhr die ersten 31 Zivilgardisten der Polizei. Gegen Mittag geben die übrigen Putschisten auf, die Geiselnahme geht nach 18 Stunden unblutig zu Ende. Als Reaktion auf den Umsturzversuch kommt es am 28. Februar in ganz Spanien zu Demonstrationen für den Erhalt der Demokratie.

Stichtag: 2. April 1982

Briten kämpfen um Besitz im Südatlantik

Argentinien versucht mit militärischen Mitteln, den seit langem erhobenen Anspruch auf die zu Großbritannien gehörenden Falkland-Inseln im Südatlantik durchzusetzen.

5000 argentinische Soldaten landen auf den Falkland-Inseln und zwingen die dort stationierten 79 britischen Marinesoldaten nach kurzem Kampf zur Kapitulation. Am 5. April schickt die britische Regierung einen Flottenverband mit 36 Kriegsschiffen und 5000 Mann Besatzung zu ihrer 13 000 km entfernten Kronkolonie. Am 1. Mai beginnen die Briten mit ersten Luftangriffen auf die Inselhauptstadt. Innerhalb von sechs Wochen gelingt ihnen die Rückeroberung der Falklands.

Der Krieg um die Inseln kostet 712 argentinische und 256 britische Soldaten das Leben. Außerdem sterben bei den Luftangriffen drei Inselbewohnerinnen. Die Kosten für die Rückeroberung werden in Großbritannien auf rd. 7 Mrd. DM beziffert. Hinzu kommen die Ausgaben für die Wiederbeschaffung der versenkten Kriegsschiffe und der abgeschossenen Flugzeuge und Hubschrauber, insgesamt rd. 1,9 Mrd. DM. In Großbritannien löste der Konflikt starke patriotische Gefühle aus.

Die argentinischen Truppen kapitulieren am 14. Juni. Die militärische Niederlage läutet zugleich den Zusammenbruch des Militärregimes in Buenos Aires ein: Der Präsident und militärische Oberbefehlshaber, General Leopoldo Fortunato Galtieri, tritt am 17. Juni zurück.

787. Der österreichische Immunologe Karl Landsteiner, seit 1929 US-Staatsbürger, erhält 1930 für eine seiner Entdeckungen den Nobelpreis für Medizin. Welche?

A Allergene
B Menschliche Blutgruppen
C Wachstumshormone

788. Elf Oscars für „Titanic"! 1998 zieht der Film mit einem ebenso erfolgreichen gleich, der 38 Jahre davor ausgezeichnet wurde. Welcher?

A „West Side Story"
B „El Cid"
C „Ben Hur"

789. Damit auch der Osten nach dem Krieg auf die Beine kommt: Die Staaten des Ostblocks gründen am 25. Januar 1949 den Rat für gegenseitige Wirtschaftshilfe. Wie wird er im Westen genannt?

A Warschauer Pakt
B Comecon
C Europol

790. Am Ziel ist im März 1993 der Boxer Henry Maske. Er wird gegen Charles Williams Weltmeister. In welcher Gewichtsklasse?

A Halbschwergewicht
B Schwergewicht
C Fliegengewicht

791. Im Januar 1957 geht in den USA die Frisbee-Scheibe in Serie. Was hat Konstrukteur Fred Morrison auf die Produktidee gebracht?

A Hüte
B Langspielplatten
C Tortenbleche

792. Er gilt als Vater der Atombombe: US-Physiker Julius R. Oppenheimer. Unter welcher geheimnisvollen Bezeichnung laufen die Forschungsarbeiten zwischen 1943 und 1945 in Los Alamos

A „Miami-Projekt"
B „Los Angeles-Projekt"
C „Manhattan-Projekt"

Biografie: Nelson Mandela

südafrikanischer Staatspräsident (1994 bis 1999), Präsident des Afrikanischen Nationalkongresses ANC (1991–1999) und Friedensnobelpreisträger (1993), *18. 7. 1918 Muezo (Transkei).

Der gelernte Rechtsanwalt Nelson Mandela ist die Führungspersönlichkeit der schwarzen Bevölkerungsmehrheit Südafrikas und Symbolfigur für den Kampf gegen die Apartheid. Der Häuptlingssohn aus dem Stamm der Xhosa gehörte seit 1944 dem ANC an und wurde schnell zu einem Führer der Anti-Apartheidbewegung. 1960, nach dem Massaker von Sharpeville und dem Verbot des ANC erhielt Mandela von der Befreiungsbewegung den Auftrag, eine militärische Organisation aufzubauen.

Nach 17 Monaten im Untergrund wurde er 1962 verhaftet und wegen „Aufwiegelung zum Streit“ zu fünf Jahren Haft verurteilt. Als bald darauf noch belastende Dokumente entdeckt wurden, lautete 1964 der Schuldspruch für Mandela und sieben weitere Angeklagte wegen Hochverrats auf lebenslänglich.

Seine Freilassung 1990 markierte die politische Wende des Landes. Mandela wurde Präsident des ANC und beteiligte sich führend an der demokratischen Umgestaltung des Landes. Nach den ersten freien, nicht rassistisch beeinflussten Parlamentswahlen wurde er 1994 Staatspräsident. Ein Jahr nach Inkrafttreten der ersten demokratischen Verfassung trat Mandela Ende 1997 den Vorsitz des ANC an seinen designierten Nachfolger Thabo Mbeki ab, der 1999 auch das Präsidentenamt übernahm.

Stichtag: 7. Juli 1985

Sieg in Wimbledon

Der erst 17-jährige Boris Becker (*22.11.1967) gewinnt die 99. All-England-Tennismeisterschaften. Er schlägt den aus Südafrika stammenden US-Amerikaner Kevin Curren 6:3, 6:7, 7:6, 6:4 und holt als erster Deutscher, erster ungesetzter und bis dahin jüngster Spieler den Titel im Herreneinzel. Becker löst in Deutschland einen wahren Tennisboom aus.

Das Finale dauert drei Stunden und 18 Minuten und wird allein in der Bundesrepublik von 11 Millionen Fernsehzuschauern verfolgt. Bei seinem Weg ins Finale ist Becker vom Glück und Wetter begünstigt. Mehrfach kann er nach einer Regenunterbrechung einen Satzrückstand aufholen.

Becker gilt als kämpferischer Spieler mit hartem Aufschlag, was ihm vor allem auf Rasen- und Hallenplätzen Vorteile verschafft. In Wimbledon zeigt Becker seinen berühmt gewordenen Hechtsprung, mit dem er mit letztem Einsatz die Bälle returniert.

Beckers Karriere wurde kühl geplant: Sein Manager ist der frühere rumänische Weltklassespieler Ion Tiriac. Tiriac und Trainer Günther Bosch hatten Becker entdeckt und aufgebaut. Beckers erstem Wimbledonsieg folgen weitere 1986 und 1989, aber auch Niederlagen: 1988, 1990 und 1991 verliert er im Finale.

Aber Boris Becker gewinnt nicht nur in Wimbledon, sondern auch bei den Olympischen Spielen. In Barcelona 1992 holt er zusammen mit Michael Stich im Doppel die Goldmedaille.

Mehr als zehn Jahre zählt Boris Becker zu den Weltbesten seines Fachs. Er erobert sogar kurzfristig die Spitzenposition der Weltrangliste. 1999 gibt er seinen Rücktritt vom aktiven Sport bekannt.

793. **Queen of Rock: Am 10. Juni 1966 hat die legendäre Rocksängerin Janis Joplin im Avalon Ballroom in San Francisco ihren ersten Live-Auftritt. Mit welchem Titel schaffte sie ihren internationalen Durchbruch?**

- **A** „Me And Bobby McGee“
- **B** „Me And Mrs. Jones“
- **C** „Me And My Shadow“

794. **Der Baby-Boom der frühen 60er Jahre geht ab 1965 zu Ende. Was gilt als der Grund dafür?**

- **A** Anstieg von Infektionen
- **B** Steuererhöhungen
- **C** Pillenknick

795. **Yeah – yeah – yeah: Die Beatles starten Anfang der 60er Jahre ihre Karriere in Hamburg. Welches ist ihre Heimatstadt?**

- **A** Birmingham
- **B** London
- **C** Liverpool

796. **Ende der 70er-, Anfang der 80er-Jahre wird ein Kleidungsstück zum Markenzeichen alternativer Lebensweise. Welches?**

- **A** Gummistiefel
- **B** Latzhose
- **C** Strohhut

797. **Seit 1990 wird bei uns der Müll getrennt. Das Duale System Deutschland sorgt für Wiederverwertung von Wertstoffen. Unter welcher Bezeichnung?**

- **A** Das Grüne Komma
- **B** Der Grüne Punkt
- **C** Der Grüne Strich

798. **Einer der großen Maler des Jahrhunderts ist Marc Chagall. Als zweiter lebender Künstler wird er 1977 mit einer großen Retrospektive im Pariser Louvre gefeiert. Wer ist der erste gewesen?**

- **A** Oskar Kokoschka
- **B** Pablo Picasso
- **C** Max Ernst

Stichtag: 26. April 1986

Super-GAU in Tschernobyl

Ein Experiment gerät außer Kontrolle, eine Wasserstoffexplosion zerstört das Reaktorgehäuse, die Brennstäbe beginnen zu schmelzen und Strahlungen von 50 Mio. Curie werden frei. Das ist 30-40 mal mehr als beim Atombombenabwurf auf Hiroshima.

Auslöser des Unfalls ist eine Reihe von Bedienfehlern, die allerdings durch die labile Konstruktion des Reaktors und die fehlenden Sicherheitseinrichtungen erst möglich wurden.

Offiziell zugegeben wird das Unglück erst am Abend des 28. April. Bereits am Tag zuvor ist in Polen und am Vormittag des 28. April in Nordschweden eine erhöhte Radioaktivität gemessen worden. Die sowjetischen Behörden geben offiziell zu, dass es 32 Unfalltote in Tschernobyl gegeben hat. Etwa 580000 Sowjetbürgern wird bescheinigt, dass sie an den Folgen der Katastrophe leiden. Eine Fläche von 200000 qkm ist radioaktiv verseucht.

Weltweit wird mit mehreren tausend Krebstoten als Folge des Unfalls gerechnet. Im Juni beginnt der Bau eines „Sarkophags", eine Ummantelung des zerstörten Reaktors aus Beton und Metall.

799. **Mit Inkrafttreten des Friedensvertrags am 10. Januar 1920 wird der erste Weltkrieg offiziell beendet. Wo ist das Dokument zuvor unterzeichnet worden?**

A In Versailles
B In Marseille
C In Calais

800. **Dem italienischen Physiker Guglielmo Marconi gelingt es 1901, die erste transatlantische Funknachricht zu versenden. Über welche Entfernung?**

A 3600 km
B 4800 km
C 6000 km

801. **Am Schluss jeder Sendung der 1964 gestarteten Reihe „Einer wird gewinnen“, kurz „EWG“, geleitet ein Butler Hans-Joachim Kulenkampff mit einer spitzen Bemerkung in seinen Mantel. Wer spielt diese Rolle?**

A Martin Jente
B Otto Höpfner
C Peter Frankenfeld

802. **„Wenn ich einmal reich wär'...“ singt Shmul Rodensky in der Rolle des Milchmanns Tevje in einem sehr erfolgreichen Musical der 60er Jahre. Dessen Titel?**

A „The Sound Of Music“
B „Anatevka“
C „My Fair Lady“

803. **US-Schauspieler Tony Curtis, geboren im Juni 1925, hat in einem Film mit Marilyn Monroe einen seiner größten Erfolge. Wie lautet der Titel der Komödie von Billy Wilder?**

A „Spartacus“
B „Operation Pettycoat“
C „Manche mögen's heiß“

804. **Der Komiker Buster Keaton ist neben Chaplin einer der großen Slapstickstars der Stummfilmzeit. Was ist sein Markenzeichen?**

A Ein immer ernstes Gesicht
B Ein Tirolerhut
C Eine Zigarre

805. Im Jahre 1930 vergibt das Deutsche Reich an den schwedischen Industriellen Ivar Kreuger für den sensationellen Betrag von 500 Millionen Reichsmark das Zündholzmonopol. Bis wann gilt dieses Monopolrecht?

- **A** 1970
- **B** 1975
- **C** 1983

806. Im November 1957 startet die UdSSR „Sputnik 2" mit Laika, dem ersten Lebewesen, ins Weltall. Um was für ein Tier handelt es sich?

- **A** Kaninchen
- **B** Goldhamster
- **C** Polarhund

807. Ein Mythos entsteht: Der argentinische Arzt Ernesto Guevara wird an der Seite Fidel Castros zum südamerikanischen Revolutionär. Wie ist sein Kampfname?

- **A** Ho-Chi
- **B** Pedro
- **C** Che

808. Wieder ein Stück selbstständiges Afrika: 1963 wird die britische Kolonie Njassaland unabhängig. Wie ist der heutige Staatsname?

- **A** Sambia
- **B** Malawi
- **C** Simbabwe

809. Sein Markenzeichen sind das weiße Tuch und die Trompete: Louis Armstrong verkörpert den Jazz aus New Orleans wie kaum jemand anders. Wie lautet sein Kosename?

- **A** King of Swing
- **B** Satchmo
- **C** Golden Trumpet

810. 1972 wird die Insel Ceylon zur autonomen Republik. Wie lautet seitdem der Staatsname?

- **A** Surinam
- **B** Bangla Desh
- **C** Sri Lanka

Stichtag: 11. Oktober 1987

Der Fall Uwe Barschel

Ein mysteriöser Politskandal – wohl der folgenschwerste und tragischste in der Geschichte der Bundesrepublik – endet mit dem Tod der Hauptperson.

Eine Veröffentlichung des „Spiegel" brachte die Affäre ins Rollen. Am 7. September berichtete das Hamburger Nachrichtenmagazin, dass der SPD-Spitzenkandidat bei den bevorstehenden Landtagswahlen in Schleswig-Holstein, Björn Engholm, von Unbekannten beschattet worden sei. Hochrangige Beamten bestätigen, dass Engholm von Privatdetektiven überwacht worden sei.

Am 12. September, dem Vorabend der Landtagswahl, sickerte zudem durch, dass in der nächsten „Spiegel"-Ausgabe unter dem Titel „Barschels schmutzige Tricks" weitere Enthüllungen folgen würden, die den amtierenden Ministerpräsidenten schwer belasten müssten. Dessen ehemaliger Medienreferent Reiner Pfeiffer behauptete, die Beschattung Engholms auf Veranlassung Barschels in die Wege geleitet zu haben. Am 18. September wies Barschel mit einer eidesstattlichen Erklärung, die er mit seinem persönlichen Ehrenwort bekräftigte, alle Anschuldigungen zurück. Als jedoch weitere Beteiligte die gegen ihn erhobenen Vorwürfe bestätigten, rückte die FDP als möglicher Koalitionspartner von ihm ab. Daraufhin legte Barschel am 2. Oktober sein Amt als Ministerpräsident nieder. Zur Aufklärung der Affäre trägt er allerdings nicht mehr bei: Er wird am 11. Oktober tot in dem Genfer Hotel „Beau Rivage" in der Badewanne aufgefunden.

Die Genfer Behörden leiten eine umfassende Untersuchung ein. Sie veröffentlichen einen Bericht, nach dem Barschel Medikamente eingenommen hatte. Vermutlich – so die Behörden – hat Barschel sich selbst getötet. Gestützt wird diese Vermutung von der aktuellen Entwicklung in der sog. Pfeiffer-Affäre. Barschel musste offensichtlich seine Demontage fürchten.

Die Familie Barschels bezweifelt die Selbstmordtheorie. Nach ihrer Ansicht ist er Opfer eines Gewaltverbrechens, dessen Urheber unter Umständen in Geheimdienstkreisen oder sogar in den Reihen der ehemaligen Parteifreunde zu finden seien. Schwere Vorwürfe richtet die Familie an die CDU, die ihren Hoffnungsträger ohne ausreichende Gründe fallengelassen habe.

811. **Ein Physiker und Raketeningenieur deutscher Herkunft wird als leitender Mitarbeiter der NASA einer der Väter der US-Weltraumsatelliten. Wer?**

- **A** Werner Heisenberg
- **B** Manfred von Ardenne
- **C** Wernher von Braun

812. **Schönheit triumphiert: Die ersten „Miss-Wahlen" der Geschichte finden 1909 statt. Wo wird der Wettbewerb um die schönste Frau der Welt aus der Taufe gehoben?**

- **A** Hamburg
- **B** New York
- **C** Paris

813. **Gänsehaut pur: Am 7. Oktober 1960 läuft in bundesdeutschen Kinos Hitchcocks Thriller „Psycho" an. Wer spielt den Bösewicht?**

- **A** Anthony Hopkins
- **B** Anthony Perkins
- **C** Anthony Watkins

814. **Immer mehr Wissenschaftler warnen 1977 vor den Treibgasen, die in unseren Spraydosen stecken. Sie zerstören die für uns lebenswichtige Ozonschicht. Wie lautet die Kurzbezeichnung des Gases?**

- **A** H2O
- **B** DDT
- **C** FCKW

815. **Hosenkrieg an deutschen Schulen: Im Sommer 1959 setzen sich in den Klassen mehr und mehr Jeans durch. Wie werden sie damals genannt?**

- **A** Nietenhose
- **B** Blaumann
- **C** Halbstarke

816. **Wer Wehrdienst leisten muss, soll auch wählen dürfen: Mit 18 Jahren volljährig – wann verabschiedet der Bundestag das Gesetz dazu?**

- **A** 1972
- **B** 1973
- **C** 1974

Stichtag: 9. November 1989

Nach 28 Jahren fällt die Mauer

Der SED-Chef von Ost-Berlin, Günter Schabowski, verkündet in einer vom DDR-Fernsehen übertragenen Pressekonferenz um 18. 57 Uhr fast beiläufig den Beschluss des DDR-Ministerrates, wonach DDR-Bürger ohne besondere Voraussetzungen ins Ausland, also auch nach West-Berlin und in die Bundesrepublik, ausreisen dürfen.

Die Nachricht, die Reisefreiheit und letztlich den Fall der Mauer bedeutet, schlägt in aller Welt wie eine Bombe ein. Eine unüberschaubare Menge von DDR-Bürgern überschwemmt die Kontrollstellen.

Seit August 1989 haben Fluchtbewegungen über ausländische Botschaften ständig zugenommen. Die Situation in den bundesdeutschen Botschaften in Warschau und Prag hatte sich im September dramatisch zugespitzt. Zu Tausenden waren DDR-Bürger über den Zaun in den Garten der Prager Botschaft geflüchtet. Am 30. September überbrachte Bundesaußenminister Hans-Dietrich Genscher die bejubelte Nachricht von der Ausreiseerlaubnis.

Bei der größten Kundgebung in der Geschichte der DDR forderten am 4. November auf dem Ost-Berliner Alexanderplatz rd. 1 Mio. Menschen u.a. freie Wahlen, Meinungsfreiheit, die Abschaffung des Machtmonopols der Sozialistischen Einheitspartei Deutschlands (SED), den Rücktritt der Regierung und die Zulassung von Oppositionsgruppen. Die Veranstaltung zeigte, dass die DDR-Bürger das Klima der Angst vor politischer Verfolgung überwunden hatten und voller Entschlossenheit eine Reform des bestehenden Staatswesens verlangten.

Am 18. Oktober tritt Erich Honecker nach 18-jähriger Amtszeit „aus gesundheitlichen Gründen“ als SED-Generalsekretär zurück. Sein Nachfolger wird Politbüromitglied Egon Krenz. Am 8. November, dem Tag vor der Maueröffnung, tritt das Politbüro der SED geschlossen zurück.

Unter dem Ansturm der Menschen öffnen sich um 23.14 Uhr in Berlin die Schlagbäume. Tausende DDR-Bürger strömen in den Westen. Sie werden von West-Berlinern mit Sekt und Jubel empfangen. An den Sektorenübergängen spielen sich bewegende Szenen ab. Fremde fallen sich weinend um den Hals. Nach einer durchfeierten Nacht hält der Regierende Bürgermeister von Berlin eine Rede, in der er formuliert: „Gestern Nacht war das deutsche Volk das glücklichste Volk auf der Welt.“

817. Triumph der Wissenschaft: Auf einer Sitzung der physikalischen Gesellschaft in Berlin revolutioniert Max Planck am 14. Dezember 1900 die klassische Physik. Was begründet er?

- **A** Quantentheorie
- **B** Planetentheorie
- **C** Relativitätstheorie

818. Albert Einstein hält die Festrede, als im September 1926 der Berliner Funkturm in Betrieb genommen wird. Wie hoch ist das damals höchste Bauwerk Berlins mit Antenne?

- **A** Etwa 150 Meter
- **B** Gut 160 Meter
- **C** Fast 170 Meter

819. Die goldene Stimme aus Prag: Welcher erfolgreichen Kinderfigur setzt der Sänger Karel Gott in den 70ern ein musikalisches Denkmal?

- **A** Benjamin Blümchen
- **B** Biene Maja
- **C** Pumuckl

820. Atomkraft kommt: 1956 wird im britischen Cumberland der Reaktor Calder Hall durch Königin Elizabeth II. offiziell in Betrieb genommen. Wer hat ihn drei Jahre zuvor in Auftrag gegeben?

- **A** Arthur Neville Chamberlain
- **B** Harold Macmillan
- **C** Winston Churchill

821. Geldanlage besonderer Art: Im Oktober 1976 übernimmt der Iran, damals noch Kaiserreich, 25,01 Prozent der Friedrich Krupp GmbH, Essen. Was wird gerüchteweise bezahlt?

- **A** Genau 100 Millionen DM
- **B** Knapp 400 Millionen DM
- **C** Mehr als 500 Millionen DM

822. 1959 kommt „Das süße Leben“ in die Lichtspieltheater: Der Filmregisseur Federico Fellini gilt als Maestro des italienischen Nachkriegskinos. Welcher Film ist eines seiner Werke?

- **A** „Der Tod in Venedig“
- **B** „La Strada“
- **C** „Der Leopard“

823. **Eine seiner besten Rollen ist der Herzog von Mantua in Verdis „Rigoletto“. Die großen Opernhäuser der Welt sind seine Bühne. Wie heißt der legendäre, 1921 verstorbene Startenor?**

- **A** Enrico Caruso
- **B** Richard Tauber
- **C** Mario Lanza

824. **Am 28. September 1951 nimmt das Bundesverfassungsgericht seine Arbeit auf. Wo hat es seinen Sitz?**

- **A** In Leipzig
- **B** In Stuttgart
- **C** In Karlsruhe

825. **Stimmung! Welcher damals überaus populäre Schlagersänger will sich Anfang der 60er Jahre lieber einen Tirolerhut kaufen?**

- **A** Paul Anka
- **B** Billy Mo
- **C** Gus Backus

826. **Er beginnt 1952 als Tüftler und wird später der deutsche Vater dezentraler Datenverarbeitung. Wie heißt der erfolgreiche Selfmade-Unternehmer?**

- **A** Theo Albrecht
- **B** Heinz Nixdorf
- **C** Werner von Siemens

827. **Umbenennung im Juni 1989: Unter welchem Namen ist der asiatische Staat Myanmar zuvor bekannt?**

- **A** Nepal
- **B** Burma
- **C** Moldawien

828. **Eine Nordseeinsel wird nach Kriegsende von den Briten vollständig evakuiert und als Bombenziel genutzt. Dann, 1952, wird sie an Deutschland zurückgegeben. Welche?**

- **A** Helgoland
- **B** Sylt
- **C** Amrum

829. **Als er 1986 ein für Argentinien wichtiges WM-Tor regelwidrig erzielt, spricht man von der „Hand Gottes", weil der Schiedsrichter nichts sieht. Welcher argentinische Fußball-Superstar ist gemeint?**

- **A** Cesar Luis Menotti
- **B** Diego Maradona
- **C** Rudolfo Cardoso

830. **Die Zukunft des Films? 1952 sitzen plötzlich Filmfreunde mit einer 3D-Brille im Kino. Welche Wirkung hat die Brille?**

- **A** Alles wirkt plastisch
- **B** Das Bild wird schärfer
- **C** Schwarzweißfilme sind farbig

831. **Dem Nachwuchs zuliebe: Im November 1953 wird der „Deutsche Kinderschutzbund" gegründet. Wo hat er seinen Sitz?**

- **A** In Stuttgart
- **B** In Kassel
- **C** In Hannover

832. **Der Internationale Karlspreis, der an Persönlichkeiten verliehen wird, die sich besonders für ein geeintes Europa einsetzen, wird 2000 erstmals an einen US-Präsidenten verliehen. An wen?**

- **A** Jimmy Carter
- **B** Bill Clinton
- **C** Ronald Reagan

833. **Billy Wilder zählt zu den international populärsten und einflussreichsten Filmemachern der 60er und 70er Jahre. In welchem seiner Filme spielt Marlene Dietrich die zwielichtige Hauptrolle?**

- **A** „Das Apartment"
- **B** „Manche mögen's heiß"
- **C** „Zeugin der Anklage"

834. **Ihre Forschungen über Berggorillas sind bis heute Grundlage vieler Studien: Die US-Pionierin Dian Fossey wird 1985 in Ruanda ermordet. Ihr Buch wird auch als Film ein großer Erfolg. Wie ist der Titel?**

- **A** „Planet der Affen"
- **B** „Sanfte Riesen"
- **C** „Gorillas im Nebel"

Stichtag: 3. Oktober 1990

Die Deutschen haben sich wieder

Deutschland feiert ausgelassen seine Einheit. 41 Jahre nach der Staatsgründung tritt die DDR der Bundesrepublik Deutschland bei. Das vereinte Deutschland erhält seine volle Souveränität.

Rund um den Reichstag in Berlin herrscht den ganzen Tag Volksfeststimmung. Deutschlandfahnen werden geschwenkt, tausende Menschen feiern fröhlich und friedlich die deutsche Einheit.

Außer mit dem Volksfest wird der Tag der deutschen Einheit mit einem ökumenischen Gottesdienst in der Ostberliner Marienkirche und mit einem Staatsakt in der Philharmonie begangen.

Die Feierlichkeiten hatten bereits am Vortag begonnen. Lothar de Maizière (CDU), der letzte Ministerpräsident der DDR, hatte ins Schauspielhaus geladen. In seiner Regierungserklärung nannte er den Abschied seines Staates „einen Abschied ohne Tränen“. Er warnte davor, die Einheit als rein materielle Frage zu sehen: „Sie will nicht nur bezahlt, sondern auch gewollt sein.“

Bereits am 4. Oktober findet die erste gesamtdeutsche Sitzung des Bundestages statt. Mit den 144 Abgeordneten aus der DDR steigt die Zahl der Parlamentarier von 519 auf 663.

835. **Die Alte Welt wächst zusammen: Wie viele Staaten gehören der Europäischen Wirtschaftsgemeinschaft bei ihrer Gründung 1957 an?**

A Sechs
B Sieben
C Acht

836. **Fußball wird kontinental: 1956 wird erstmals der Europapokal unter den Landesmeistern ermittelt. Wer gewinnt?**

A Real Madrid
B FC Barcelona
C Inter Mailand

837. **Ihr Markenzeichen ist die Brille: Mit wem geht Nana Mouskouri in den 60er Jahren in den USA auf Tournee?**

A Mit Dean Martin
B Mit Harry Belafonte
C Mit Paul Anka

838. **Olympische Winterspiele in Asien, das gibt es im Februar 1972 zum ersten Mal. Wo?**

A Seoul / Korea
B Kathmandu / Nepal
C Sapporo / Japan

839. **Berlin im Tanzfieber: Ein temperamentvoller nach einer amerikanischen Stadt benannter Modetanz erobert ab 1926 die Berliner Tanzsäle. Sein Name?**

A Charleston
B Boston
C Phoenix

840. **Selbst die Amerikaner lieben sein „Glühwürmchen“: Wie heißt der Berliner Komponist dieses Titels aus dem Jahre 1902?**

A Eduard Künneke
B Ralph Benatzky
C Paul Lincke

841. **Sie wird vom argentinischen Volk wie eine Göttin verehrt: Eva Perón. Unter welchem Titel wird ihr Leben zu einem Musical und Film verarbeitet?**

A Eva
B Evita
C Die Göttliche

842. **Frauenpower regiert jetzt mit: Erst 1961 erhält die Bundesregierung ihre erste Ministerin, zuständig für die Gesundheit. Wie ist ihr Name?**

A Rita Süssmuth
B Elisabeth Schwarzhaupt
C Annemarie Renger

843. **Immer für einen Skandal gut: Madonna, US-Popsängerin und Schauspielerin, hat mit „Like A Virgin“ ihren ersten Nr.1-Hit. Wann ist das?**

A 1982
B 1984
C 1990

844. **Keiner ahnt es, aber es ist eine Sternstunde des Fernsehens: Im November 1970 wird der erste „Tatort“ gesendet. Sein Titel?**

A „D-Zug nach Leipzig“
B „Im Bus nach Leipzig“
C „Taxi nach Leipzig“

845. **Die Welt wächst zusammen: Wer ist zwischen 1946 und 1952 erster Generalsekretär der UNO?**

A Dag Hammarskjöld
B Sithu U Thant
C Trygve Halvdan Lie

846. **Auf ins All: Am 29. Juli 1958 wird in den USA die Luft- und Raumfahrtbehörde gegründet. Unter welchem Kurznamen?**

A DASA
B NASA
C WASA

Stichtag: 19. September 1991

Der Gletschermann taut auf

Ein Sensationsfund in den Ötztaler Alpen erlaubt Archäologen wertvolle Einblicke in die Bronzezeit.

In einem Schmelzwassersee des Similaun-Gletschers in Österreich entdecken Bergsteiger in 3200 m Höhe eine mumifizierte männliche Leiche aus der Jungsteinzeit (5000–1500 v. Chr.). Haut, Muskeln und innere Organe sind gut erhalten. Der 1,60 m große, kräftig gebaute „Ötzi", wie er von den Medien getauft wurde, wird ins Gerichtsmedizinische Institut der Universität Innsbruck gebracht, um ihn vor dem bereits einsetzenden Pilzbefall zu schützen. Die Analysen der Wissenschaftler ergeben, dass es sich bei dem Toten um einen 25–40-jährigen Mann handelt, der vor rd. 5300 Jahren vermutlich bei einem Jagdausflug gestorben sein muss.

Der verunglückte Jäger war an einigen Körperteilen tätowiert und trug mit Heu gefüllte Lederkleidung sowie einen Bogen aus Eibenholz und 14 Pfeile. Bei der Leiche finden sich außerdem Nähzeug, ein Messer mit Steinklingen, Schmuck, Feuersteine und ein Bronzebeil. Aus der Analyse seines Mageninhalts erhalten die Archäologen Hinweise auf das Alltagsleben der Bronzezeit.

Nach einigem Gezerre zwischen Österreich und Italien um den genauen Fundort, ruht „Ötzi" mittlerweile in einer temperierten Kühlkammer des Archäologiemuseums in Bozen, Südtirol.

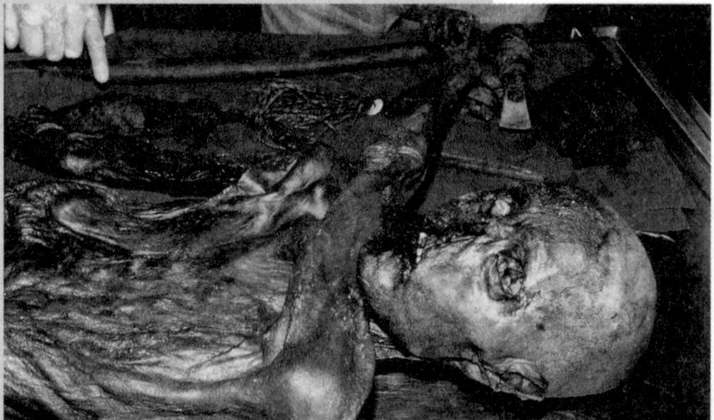

847. **Knisternde Spannung: In Hitchcocks Film „Der Mann, der zu viel wusste“ von 1956 spielt das Lied „Qué Sera – Whatever Will Be“ eine wichtige Rolle. Wer singt es?**

- **A** Doris Day
- **B** Marlene Dietrich
- **C** Judy Garland

848. **Die Kultserie! Im Oktober 1985 öffnet „Die Schwarzwald-Klinik“ ihre Pforten im ZDF. Wer spielt darin den „Halbgott in Weiß“?**

- **A** Rainer Hunold
- **B** Klausjürgen Wussow
- **C** Sigmar Solbach

849. **Wen machen Erfindungen wie die erste wasserfeste Wimperntusche im Jahre 1939 zu einer der großen Kosmetik-Pionierinnen?**

- **A** Coco Chanel
- **B** Elizabeth Arden
- **C** Helena Rubinstein

850. **Am 20. Juni 1948 beginnt die Nachkriegszeit: Die Ausgabe der DM füllt von einem Tag auf den anderen die Schaufenster mit Waren. Wie viel Geld erhält jeder Bürger?**

- **A** DM 40
- **B** DM 50
- **C** DM 90

851. **Jüngste Olympiasiegerin aller Zeiten: Die Amerikanerin Majorie Gestring gewinnt bei den Olympischen Spielen 1936 in Berlin die Goldmedaille im Turmspringen. Wie alt ist sie damals?**

- **A** 13 Jahre
- **B** 14 Jahre
- **C** 15 Jahre

852. **Endlich ein eigenes Land: Am 14. Mai 1948 wird der jüdische Staat Israel gegründet. Wer verliest die Proklamation?**

- **A** Chaim Herzog
- **B** David Ben Gurion
- **C** Theodor Herzl

853. **Franz Lehár gilt als einer der größten Operettenkomponisten des 20. Jahrhunderts. Welches Werk stammt nicht von ihm?**

A „Das Land des Lächelns“
B „Die lustige Witwe“
C „Die Fledermaus“

854. **Welche Fernsehlotterie wirbt ab 1960 mit dem Slogan „Mit fünf Mark sind Sie dabei!“?**

A „Ein Platz an der Sonne“
B „Glücksspirale“
C „Aktion Sorgenkind“

855. **Die Raumsonde Pathfinder landet am 4. Juli 1997 auf dem Mars. Spektakuläre Bilder liefert das mitgeführte Roboterfahrzeug. Dessen Name?**

A Sojourner
B Explorer
C Marsmobil

856. **Mit „Goodbye England's Rose“ produziert der britische Pianist und Sänger Elton John 1997 die bestverkaufte Singleplatte aller Zeiten. Wem zu Ehren erschien das Werk?**

A Lady Diana
B Königin Elisabeth II.
C Prinzessin Anne

857. **Am 27. März 1995 wird „Forrest Gump“ mit sechs Oscars ausgezeichnet. Der Film zeigt, wie man alles erreichen kann, ohne selbst etwas dafür zu tun. Wer ist Hauptdarsteller?**

A Tom Hanks
B Antonio Banderas
C Bruce Willis

858. **Ende einer Feudalherrschaft: Der äthiopische Kaiser Haile Selassie I. wird am 12. September 1974 vom Militär abgesetzt. Wie lange hat seine Herrschaft bis dahin gedauert?**

A 32 Jahre
B 38 Jahre
C 44 Jahre

Stichtag: 3. November 1992

Bill Clinton wird Präsident

Erstmals seit 12 Jahren zieht wieder ein demokratischer Politiker ins Weiße Haus ein. Bill Clinton, der – mit 46 Jahren nach Theodore Roosevelt und John F. Kennedy – drittjüngste Präsident der US-Geschichte, setzt sich gegen den 68-jährigen republikanischen Amtsinhaber George Bush sowie den unabhängigen texanischen Milliardär Ross Perot durch.

Mit der Wahl Clintons wird ein Generationenwechsel vollzogen. Der künftige Präsident wurde ebenso wie sein 44-jähriger Vizepräsident Al Gore nach dem Zweiten Weltkrieg geboren. Er gilt im Gegensatz zu Bush als Verkörperung des modernen Amerika, das neue Konzepte für die Zeit nach dem Ende des Kalten Kriegs entwickeln will.

Zu den vorrangigen Zielen, die Clinton bewältigen will, gehört die Bekämpfung der sozialen und wirtschaftlichen Krisensymptome. Armut und Rassenunruhen sind nicht nur für Clinton ein Zeichen für einen Wandel in Politik und Gesellschaft.

Clinton, dessen Amtszeit am 20. Januar 1993 beginnt, verspricht den Bürgern ein neues Amerika. Sein Sieg ist eindrucksvoll. Der langjährige Gouverneur von Arkansas siegt in allen Regionen der USA und bei allen Wählergruppen. Selbst in den traditionell republikanisch wählenden Südstaaten wie Georgia und Louisiana erreicht er einen deutlichen Vorsprung.

1994 macht der Verlust der Mehrheit in beiden Häusern des Kongresses Clinton in vielen Belangen handlungsunfähig. 1999 scheitert ein Amtsenthebungsverfahren, das wegen einer Sexaffäre gegen ihn eingeleitet wird.

859. **Am 18. September 1981 läuft in den bundesdeutschen Kinos der Film „Das Boot“ von Wolfgang Petersen an. Von wem stammt der Buch-Bestseller dazu?**

A Johannes-Mario Simmel
B Lothar-Günther Buchheim
C Martin Walser

860. **Keine Staus, fast immer pünktlich: 1902 beginnt auch in Deutschland das Zeitalter der U-Bahn. Wo fährt die erste?**

A In Hamburg
B In Dresden
C In Berlin

861. **Heute würde man Filmhit dazu sagen: „Ein Freund, ein guter Freund“ singt halb Deutschland um 1930. Welchem Film entstammt der Titel?**

A „Der dritte Mann“
B „Drei sind einer zu viel“
C „Die Drei von der Tankstelle“

862. **Er ist der Held des Autorennsports in den 30er Jahren: Rudolf Caracciola. Für welches Land startet er?**

A Deutschland
B Italien
C Argentinien

863. **Pulverfass Nahost: Am 13. September 1993 führt US-Präsident Clinton Palästinenserführer Arafat mit Israels Premier zum Handschlag für den Frieden zusammen. Wer ist der Israeli?**

A Yitzhak Rabin
B Ariel Sharon
C Benjamin Netanjahu

864. **Im Jahre 1906 macht die Germania-Werft in Kiel Schlagzeilen im kaiserlichen Deutschland. Was wird fertig gestellt?**

A Der erste Flugzeugträger
B Das erste U-Boot
C Das erste Flugboot

865. **Der russische Präsident Boris Jelzin tritt am 31.12.1999 sechs Monate vor Ablauf seiner Amtszeit zurück. Wer folgt ihm?**

A Jewgenij Primakow
B Alexander Lebed
C Wladimir Putin

866. **Der chinesische Parteiführer Mao Tse-tung ist einer der wichtigsten politischen Führer des Jahrhunderts. Wie heißt sein Vermächtnis, das „Rote Buch", im Volksmund?**

A Mao-Fibel
B Mao-Bibel
C Mao-Testimonial

867. **Die Außerirdischen kommen! Am 9. Dezember 1982 wird der Film „E.T." bei uns gestartet. Was will der kleine Kerl darin so gerne?**

A Nach Hause telefonieren
B Ein Baseballspiel ansehen
C Kaugummi kauen

868. **Wie heißt das Schwesterschiff der in Travemünde liegenden „Passat", das 1957 in einem Hurrikan nahe der Azoren untergeht?**

A Pamir
B Pastor
C Palast

869. **Eine gewisse Frau Bentz erhält 1908 das Patent für Filtertüten. Als Marke, unter der diese später zum Welterfolg werden, nutzt sie einfach ihren eigenen Vornamen. Wie heißt sie?**

A Melitta
B Labella
C Camilla

870. **Der US-Schriftsteller Leon Uris schreibt 1958 seinen populärsten Roman, der die Entstehung des Staates Israel schildert. Wie lautet der Titel?**

A „Exodus"
B „Kibbuzim"
C „Palästina Traum"

871. Agatha Christie hat ihr die Rolle auf den Leib geschrieben, denn niemand verkörpert ihre Amateur-Detektivin besser als Margret Rutherford. Wie heißt die alte Dame mit Spürsinn in den Filmen?

- **A** Miss Mary
- **B** Miss Marple
- **C** Miss Miller

872. Besuch in schwerer Zeit: Am 26. Juni 1963 kommt John F. Kennedy nach Berlin. Was sind dort die historischen Worte des US-Präsidenten?

- **A** „Öffnen Sie diese Mauer!"
- **B** „Berlin bleibt doch Berlin!"
- **C** „Ich bin ein Berliner!"

873. Ganz hoch im Norden: Am 3. Januar 1959 wird Alaska Bundesstaat der USA. Der wievielte?

- **A** Der 48.
- **B** Der 49.
- **C** Der 50.

874. Am 22. Dezember 1938 gelingt dem deutschen Chemiker Otto Hahn der Nachweis der Kernspaltung. Wer ist dabei sein Partner?

- **A** Fritz Straßmann
- **B** Albert Einstein
- **C** Max Planck

875. Der Berliner Westsektor in Not: Wer organisiert die Berliner Luftbrücke während der Blockade zwischen 1947 und 1949 und wird dadurch zum Idol der Berliner Bürger?

- **A** John Foster Dulles
- **B** Lucius D. Clay
- **C** John F. Kennedy

876. Überfall auf den Postzug Glasgow–London: 15 Gangster erbeuten am 8. August 1963 rd. 30 Mio. DM. Unter welchem Titel wird der Coup 1966 verfilmt?

- **A** „Die Gentlemen machen Kasse"
- **B** „Die Gentlemen bitten zur Kasse"
- **C** „Die Gentlemen-Gangster"

877. **Die beiden Finger zum V gespreizt – das war Winston Churchills Markenzeichen. Wofür steht das V?**

A Victory (Sieg)
B Vanity (Eitelkeit)
C Variety (Vielfalt)

878. **Sie ist eine der ersten Zeitschriften, die das Genre der Illustrierten popularisiert: 1936 erscheint „Life". Was kostet die erste Ausgabe?**

A 10 Cents
B 65 Cents
C 90 Cents

879. **Als Erster bezwingt er alle Achttausender im Himalaya ohne Atemgeräte. Der Südtiroler macht damit Geschichte. Sein Name?**

A Reinhold Messner
B Sir Edmund Hillary
C Herman Buhl

880. **Im Jahre 1907 gründet ein Hamburger Tierhändler einen nach ihm benannten Tierpark, der noch heute zu den Attraktionen seiner Heimatstadt gehört. Wer ist das?**

A Carl Hagenbeck
B Bernhard Grzimek
C Alfred Brehm

881. **Sie gewinnen einfach alles: Der FC Bayern München ist der Rekordhalter bei Deutschen Fußballmeisterschaften. Wann gewinnt die Elf den Titel zum ersten Mal?**

A 1932
B 1967
C 1969

882. **Im Februar 1986 startet die Serie „Liebling Kreuzberg" mit Manfred Krug. Wer ist geistiger Vater der Anwaltsfigur?**

A Wolf Biermann
B Jurek Becker
C Stefan Heym

883. Sie sind ein Musterbeispiel deutschen Fleißes nach finsteren Jahren: Tausende von Frauen helfen nach 1945 mit bloßen Händen, Deutschland wieder aufzubauen. Wie werden sie im Volksmund genannt?

A Fleißige Feen
B Trümmerfrauen
C Aufbauengel

884. In den 50ern erobern deutsche Zwillinge das Publikum des Pariser Lido und werden so zu international anerkannten Revuestars. Ihr Name?

A Alice und Ellen Kessler
B Die Tiller-Girls
C Renate und Werner Leismann

885. Ein süßlicher Klarinetten-Instrumental-Hit erobert 1959 die Hitparaden: „Petite Fleur". Wer spielt denn da?

A Papa Bues Viking Jazzband
B Chris Barbers Jazzband
C Mr. Acker Bilk

886. Am 18. Juli 1955 öffnet in Anaheim bei Los Angeles der damals größte Vergnügungspark der Welt seine Pforten. Nach wem ist er benannt?

A Nach Micky Maus
B Nach Schneewittchen
C Nach Walt Disney

887. Ein Gentleman und eine Karatefrau – sie machten in den 60ern eine Krimiserie weltweit zum Kult. Welche?

A „Mit Schirm, Charme und Melone"
B „77 Sunset Strip"
C „Tennisschläger und Kanonen"

888. Gruseln pur: „Der weiße Hai" schwimmt im Dezember 1975 in unsere Kinos. Wer führt Regie?

A Steven Spielberg
B Wolfgang Petersen
C Alfred Hitchcock

Stichtag: 6. Mai 1994

Landweg nach London eröffnet

Der Eurotunnel unter dem Ärmelkanal gehört zu den kühnsten Bauprojekten des 20. Jahrhunderts.

Die britische Königin Elisabeth II und Frankreichs Staatspräsident François Mitterand eröffnen den 50,5 km langen Eurotunnel unter dem Ärmelkanal zwischen Calais und Folkestone.

Ein 1977 gebauter königlicher Rolls Royce Phantom IV ist offiziell das erste Fahrzeug, das mit der Queen und Mitterand an Bord des „Le Shuttle“ genannten Autotransporters unter dem Meer von der französischen Kanalküste nach Großbritannien gebracht wird. Die historische Dimension des Augenblicks lässt die zahlreichen finanziellen Engpässe, zeitlichen Verzögerungen und politischen Bedenken diesseits und jenseits des Kanals vergessen, die beim Bau des Tunnels zu überwinden waren.

1751 wurde erstmals der Bau eines Kanaltunnels erwogen. Ernsthafte Pläne gab es jedoch erst zu Beginn des 20. Jahrhunderts. 1986 vereinbarten Großbritannien und Frankreich schließlich das Projekt. Angesichts der enorm hohen Kosten hoffen die Kapitalanleger der von der Eurotunnelgesellschaft ausgegebenen Aktien, dass tatsächlich bis zum Jahr 2000 rund 30 Millionen Reisende den Tunnel nutzen werden.

Stichtag: 23. Juni 1995

Christo verhüllt den Reichstag in Berlin

Mehr als 5 Mio. Menschen bestaunen den von Christo in ein Kunstwerk verwandelten Reichstag.

Der bulgarisch-US-amerikanische Künstler (eigtl. Christo Javacheff) und seine Frau Jeanne-Claude haben ein lange geplantes Projekt verwirklicht und das Reichstagsgebäude unter einer silbrig glänzenden Hülle verborgen. Der Verpackungskünstler Christo, der während der Verhüllungsarbeiten am 13. Juni seinen 60. Geburtstag feiert, hat mit „The Wrapped Reichstag" den Berlinern ein Werk beschert, dem Kunstkritiker eine überwältigende Ausstrahlung bescheinigen und das auch Laien zu Begeisterung hinreißt.

Die seiner gesamten künstlerischen Arbeit zu Grunde liegende Idee, Formen und Inhalte durch ihre Verhüllung erlebbar zu machen und mit vergänglichen Kunstwerken beim Betrachter ein Gefühl für die eigene Endlichkeit zu wecken, teilt sich auch Skeptikern im Angesicht des wilhelminischen Parlamentsgebäudes überzeugend mit.

Die Kosten für das Projekt, zu dem der Bundestag 1994 seine Zustimmung gab, belaufen sich auf 15 Mio. DM, 3,5 Mio. DM mehr als ursprünglich geplant. Die Hülle besteht aus 100 000 m^2 silbrig glänzendem Polypropylengewebe, dessen Stoffbahnen mit 1300 km Garn zusammengenäht worden sind. Der mit 4 kg Aluminium metallisierte Stoff ist schwer entflammbar und recyclefähig. Zur Befestigung dienen 15 600 m blaues Polypropylenseil von 32 mm Durchmesser.

Die Verhüllung des Reichstags ist das bisher größte Objekt des bulgarischen Verpackungskünstlers. Zugleich hat es die längste Vorbereitungszeit gekostet. Schon 1971 hatte Christo den Reichstag verhüllen wollen, doch erst nach jahrelanger Überzeugungsarbeit erhielt er grünes Licht. Der Erlaubnis gab der Bundestag am 25. Februar 1994 mit 292 gegen 223 Stimmen für das Projekt. Der Künstler selbst hatte die angeregte Debatte von der Besuchertribüne aus verfolgt.

Christos Konzept ist es seit Jahren, durch Verhüllung von Objekten deren Formen und Inhalte erlebbar zu machen. So will er bewusst Vergängliches produzieren, um beim Betrachter ein Gefühl für die Endlichkeit des Daseins zu wecken. Nach dem Ende der Verhüllung beginnt der Umbau des Reichstags zum Plenarbereich des Bundestags.

889. „Dick und Doof" haben die Lacher seit Ende der 20er Jahre auf ihrer Seite. Unter welchem Namen kennt die Welt dieses Komiker-Paar?

A Pat und Patachon
B Laurel und Hardy
C James and Harry

890. Obwohl konservativ und strikt antikommunistisch, hilft Franz-Josef Strauß 1983 einem sozialistischen Regime überraschend mit einem Milliardenkredit. Wer erhält das Geld?

A Die Sowjetunion
B Rumänien
C Die DDR

891. Weißer geht's nicht: Im ersten Werbespot des deutschen Fernsehens, ausgestrahlt in Bayern, preisen die Kabarettisten Liesl Karlstadt und Beppo Brem ihre Ware an. Wann?

A 1957
B 1958
C 1959

892. Immer mehr wird die Zweistaatlichkeit vertieft: Wann werden die ersten DDR-Autokennzeichen eingeführt?

A 1949
B 1950
C 1953

893. Clark Gable verkörpert den schneidigen Herzensbrecher. Spätestens seit „Vom Winde verweht" gilt er als Weltstar. Welches ist 1960 sein letzter Film?

A „Meuterei auf der Bounty"
B „Nicht gesellschaftsfähig"
C „Drei Rivalen"

894. Ihr Engagement gegen jede Rassendiskriminierung drückt die Südafrikanerin Miriam Makeba in ihrem Gesang aus. Wie heißt ihr bekanntestes Lied?

A „Pata Pata"
B „Hakuta Matata"
C „Alma Mater"

Stichtag: 18. November 1996

Börsenboom mit T-Aktie

Die Deutsche Telekom geht an die Börse – und viele gehen mit. Die Aktie erlebt an der Frankfurter Börse einen glanzvollen Start. Der Preis bei der Börseneinführung von 28,50 DM – niedriger, als viele aufgrund der hohen Nachfrage erwartet hatten – schnellt rasch auf 33,90 DM hoch. Auch an den Börsen in New York und in Tokio wird die T-Aktie gehandelt.

Die umfangreiche Werbung der Telekom – u.a. mit Schauspieler Manfred Krug – löste in Deutschland sogar ein regelrechtes Börsenfieber aus. Insgesamt wurden 713 Mio. Aktien ausgegeben, die 20,18 Mrd. DM in die Kassen der Telekom spülten. 67% der Aktien blieben im Inland. Privatanlegern versprach die Telekom eine attraktive Verzinsung: Für 1996 wollte das Unternehmen den Aktionären eine Dividende von 60 Pfennig je Anteilsschein zahlen.

Mit der T-Aktie wurde zum ersten Mal ein nennenswerter Teil der bisher eher aktienscheuen deutschen Privatanleger für die Börse begeistert. Nur 5,4% der Bevölkerung waren vor dem Börsengang der Telekom Aktionäre.

Der Kursverlauf der T-Aktie zeichnet sich im ersten Jahr durch starke Schwankungen aus. Bis Juli 1997 steigt das Papier auf einen Höchstwert von 44,55 DM, fällt dann – stärker als der Deutsche Aktienindex (DAX) – auf 29,90 DM und erholt sich bis Mitte November wieder auf 34,95 DM.

Viele Aktionäre, die zum Start Aktien erworben haben, bleiben dem Papier treu – nicht zuletzt wegen des Versprechens der Telekom, ihnen im September 1999 für je zehn Stück eine Bonus-Aktie zu übereignen. Vor allem durch die T-Aktie steigt der Aktienanteil am privaten Geldvermögen von 5,5% im Jahr 1995 auf knapp 6%.

Letztendlich bestätigt die Geschichte der T-Aktie die Vorsicht der Bundesbürger bei Aktiengeschäften. Im März 2000 erreicht die Aktie ihren höchsten Wert von 103,50 Euro. Danach sackt die Aktie unaufhörlich ab. 2001 stürzt der Kurs auf 24,8 Euro, im Juni 2002 sogar auf unter 10 Euro. Die „Aktionsgemeinschaft geschädigter T-Aktionäre“ stellt eine Strafanzeige gegen die Verantwortlichen der Deutschen Telekom.

895. **Im Oktober 1955 ist es so weit: Der letzte Gefangene des 2. Weltkriegs kehrt heim. Wie heißt das legendäre Durchgangslager bei Göttingen?**

A Friedensreich
B Friedland
C Friedenseiche

896. **Was geschah zuerst?**

A Schwarzer Freitag an der Wall Street
B Flucht Wilhelms II. nach Holland
C Thomas Mann schreibt „Der Tod in Venedig"

897. **Der Komponist Richard Strauss erhält schon früh große Anerkennung für seine Werke. Für welchen Film wird seine Tondichtung „Also sprach Zarathustra" zum Leitmotiv?**

A „El Cid"
B „2001 – Odyssee im Weltraum"
C „Ben Hur"

898. **Horror pur: Im Film „Rosemaries Baby" von 1967 empfängt Mia Farrow ein Kind vom Satan. Wer führte Regie?**

A Alfred Hitchcock
B Roman Polanski
C William Friedkin

899. **„Männer" gilt als eine der Hymnen von Sänger und Komponist Herbert Grönemeyer aus den 80ern. Seinen Durchbruch feiert er aber schon 1981 in einem Film. Dessen Titel?**

A „Das Boot"
B „Theo gegen den Rest der Welt"
C „Der bewegte Mann"

900. **Ein Hoffnungsträger stirbt am 22. November 1963: Der Mord am jungen US-Präsidenten Kennedy erschüttert die ganze Welt. Wo geschieht das Verbrechen?**

A In Dallas
B In Kansas
C In Austin

Stichtag: 31. August 1997

Tragischer Tod von Prinzessin Diana

Prinzessin Diana stirbt an den Folgen eins Autounfalls in Paris. Ihr Tod löst weltweit Trauer und Entsetzen aus. Das britische Königshaus verliert mit Lady Di seinen größten Sympathieträger.

Vermutlich beim Versuch, motorisierten Sensationsfotografen zu entkommen, verunglückt der Wagen Prinzessin Dianas aufgrund überhöhter Geschwindigkeit in einer Unterführung. Die geschiedene Frau des britischen Thronfolgers Charles wird schwer verletzt und stirbt noch in der Nacht im Hospital.

Dianas Verlobter, Dodi al-Fayed, sowie der alkoholisierte Fahrer des Wagens sterben in den Trümmern, ein Leibwächter überlebt den Unfall. Die Umstände des Unfalls führen zu schweren Vorwürfen gegen die Auswüchse der Sensationspresse. Doch auch die Königsfamilie gerät in die Kritik. Ihr wird vorgehalten, erst unter dem Druck der Öffentlichkeit vom steifen Protokoll abgewichen zu sein, und ihre Trauer mit dem Volk geteilt zu haben. Die Beisetzung der vom Volk verehrten Diana am 6. September wird zur millionenfachen Bekundung von Trauer und Respekt. Diana hinterlässt zwei Söhne, Prinz William (15) und Prinz Harry (12).

901. Ein toller Spaß: Dustin Hoffmann in „Tootsie"! 1983 erhält seine Partnerin den Oscar für die beste Nebenrolle. Wer?

- **A** Jessica Lange
- **B** Vanessa Redgrave
- **C** Michelle Pfeiffer

902. Hilfe für Frauen in Not: Wann wird in West-Berlin das erste Frauenhaus eröffnet?

- **A** Am 7. Juli 1976
- **B** Am 5. Mai 1981
- **C** Am 16. Dezember 1982

903. Wann spielte der begnadete italienische Jahrhundert-Dirigent Arturo Toscanini seine legendäre Schallplattenproduktion von Verdis Oper „Falstaff" ein?

- **A** 1940
- **B** 1950
- **C** 1954

904. Rudolf Nurejew ist einer der größten Tänzer des letzten Jahrhunderts. Am 16. Juni 1961 nutzt er einen Aufenthalt im Westen, um sich vom Leningrader Kirow-Ballett abzusetzen. Wo?

- **A** In Berlin
- **B** In London
- **C** In Paris

905. Über zwanzig Bergwerksunternehmen verbünden sich im November 1968 zu einer Gemeinschaft, die fast die ganze Steinkohleförderung an der Ruhr abdeckt. Deren Name?

- **A** Ruhrkohle AG
- **B** Braunkohle AG
- **C** Steinkohle AG

906. Sie ist ein gefeierter UFA-Star: Marika Rökk, Tänzerin, Schauspielerin und Sängerin wird am 3.11. 1913 in Kairo geboren. Welches ist ihr Heimatland?

- **A** Ungarn
- **B** Tschechien
- **C** Rumänien

907. Nur Fliegen ist schöner: Im Jahre 1970 springt Heide Rosendahl weiter als jede Frau vor ihr. Mit welcher Weite erspringt sie sich ihren Weltrekord?

A Mit 6,54 m
B Mit 6,84 m
C Mit 6,94 m

908. Erstmals wird im September 1971 ein Deutscher zum Vorsitzenden der Schriftsteller-Vereinigung PEN-Club gewählt. Wer?

A Walter Kempowski
B Golo Mann
C Heinrich Böll

909. Eine Stunde länger Sonnenschein: Wann wird in Deutschland die Sommerzeit wieder eingeführt?

A 1975
B 1980
C 1983

910. Er geht in die Geschichte ein: Was erfindet der deutsche Ingenieur Konrad Zuse im Jahre 1941?

A Den ersten programmgesteuerten Digitalrechner
B Den elektrischen Dosenöffner
C Den Fallschirm

911. Die Jugend der Welt zu Gast bei uns: In welchen beiden Jahren finden die Olympischen Spiele in Deutschland statt?

A 1936 und 1972
B 1936 und 1974
C 1938 und 1974

912. Jetzt werden die Verbrechen virtuell: Wie heißt der Computervirus, der im Mai 2000 weltweit Millionenschäden anrichtet?

A Wonderful
B I Love You
C Hello

913. **Rote Zöpfe erobern die Welt: 1945 erscheint ein Kinderbuch von Astrid Lindgren, das ein Welterfolg wird. Welches?**

- **A** „Pippi Langstrumpf“
- **B** „Heidi“
- **C** „Hanni und Nanni“

914. **Erstickte Freiheit: In Peking wird Anfang Juni 1989 auf dem „Platz des Himmlischen Friedens“ eine Studenten-Demonstration mit äußerster Brutalität aufgelöst. Wer zieht dabei im Hintergrund maßgeblich die Fäden?**

- **A** Tschu En Lai
- **B** Hu Jintao
- **C** Deng Xiaoping

915. **Welche Glanzrolle verbindet man mit dem genialen Schauspieler und Regisseur Gustaf Gründgens?**

- **A** Sokrates
- **B** Mephisto
- **C** Dr. Faust

916. **Irving Berlins „White Christmas“ ist das erfolgreichste Weihnachtslied aller Zeiten. Weit über hundert Versionen gibt es weltweit. Mit wem verbindet man das Original aus den 40er Jahren?**

- **A** Frank Sinatra
- **B** Bing Crosby
- **C** Perry Como

917. **Auf Kufen unschlagbar: Die Norwegerin wird Goldmedaillengewinnerin im Eiskunstlauf 1928, 1932 und 1936 und gründet 1937 die erste Eisrevue der Welt. Ihr Name?**

- **A** Marika Kilius
- **B** Katarina Witt
- **C** Sonja Henie

918. **Praktisch und dazu noch preiswert ist die Revolution auf dem Buchmarkt: Welcher Verlag bringt 1950 die ersten deutschen Taschenbücher heraus?**

- **A** S. Fischer
- **B** Rowohlt
- **C** Suhrkamp

Biografie: Bill Gates

(eigentlich William Henry Gates), US-amerikanischer Unternehmer, *28. 10. 1955 Seattle, Washington.

Im Sommer 1975 gründete Gates zusammen mit Paul Allen die Firma Microsoft und hängte dafür sein Jurastudium an den Nagel. Bald hatte Microsoft fünf Programmierspachen im Angebot. Die Software wurde häufig im Bündel mit Computerbausätzen verkauft. 1980 entwickelte Microsoft schließlich das Betriebssystem MS-DOS, das mit dem IBM-PC weltweit vertrieben und ein durchschlagender Erfolg wurde. Die grafische Benutzeroberfläche Windows sowie zahlreiche Anwendungsprogramme verschafften Gates in den 1990er Jahren einen enormen Vorsprung vor seinen Konkurrenten.

Ende der 1990er Jahre kam es zu juristischen Auseinandersetzungen, weil Microsoft angeblich seine marktbeherrschende Position ausnutze.

Im Januar 2000 gab der Selfmade- und Multimilliardär seinen Vorstandsvorsitz an Steve Ballmer ab und ist seitdem Aufsichtsratsvorsitzender und Chefentwickler der Firma.

Neben Microsoft konnte Gates mit seiner Firma Corbis eines der größten Foto- und Filmarchive der Welt aufbauen.

Die Bill & Melinda Gates-Foundation zählt zu den weltweit vermögendsten Hilfsorganisationen und kümmert sich hauptsächlich um die medizinische Versorgung von Kindern in Afrika und die Entwicklung neuer Impfstoffe.

919. **Alarmstufe III – das bedeutet richtig dicke Luft. Am 18. Januar 1985 gilt in Teilen des Ruhrgebietes Fahrverbot. Was ist die Ursache?**

- **A** Smog
- **B** Schnee
- **C** Feuer

920. **Thomas Gottschalks unerreichte Popularität hat einen Geburtshelfer: Wer konzipiert 1981 als geistiger Vater mit „Wetten dass...?“ das bis heute erfolgreichste deutsche TV-Format?**

- **A** Frank Elstner
- **B** Peter Frankenfeld
- **C** Wim Thoelke

921. **Für welchen großen französischen Philosophen ist Simone de Beauvoir langjährige Lebensgefährtin?**

- **A** Jean-Paul Sartre
- **B** Jacques Monod
- **C** Maurice Blondel

922. **Ab 1. Juli 1993 ersetzen fünfstellige Postleitzahlen den alten Leitcode. Aus wie vielen Stellen hat der bestanden?**

- **A** Drei
- **B** Vier
- **C** Sechs

923. **Sein spitzes Lästermaul zur Gitarre verbreitet schwer Erträgliches für die DDR-Oberen: Bei einer West-Tournee 1976 wird er deshalb einfach „ausgebürgert“. Wer?**

- **A** Wolf Biermann
- **B** Manfred Krug
- **C** Ulrich Roski

924. **Auf zu neuen Ufern: Im Juli 1900 unternimmt das lenkbare Starrluftschiff LZ 1 seine erste Probefahrt. Wer ist dessen Konstrukteur?**

- **A** August von Parseval
- **B** Charles Renard
- **C** Ferdinand Graf von Zeppelin

925. **Der erste abendfüllende Zeichentricktonfilm der Welt wird 1937 uraufgeführt. Welches Märchen wird darin farbenprächtig dargestellt?**

- **A** Alice im Wunderland
- **B** Schneewittchen
- **C** Dornröschen

926. **Am 7. Januar 1937 heiratet die niederländische Thronfolgerin, Prinzessin Juliana, Prinz Bernhard. Aus welchem Land stammt der Prinz?**

- **A** Österreich
- **B** Belgien
- **C** Deutschland

927. **Im Bürgersaal des „Roten Rathauses“ von Berlin wird die erste Volkshochschule des Deutschen Reiches gegründet. Wann?**

- **A** 13. Januar 1902
- **B** 19. Mai 1922
- **C** 3. September 1951

928. **Heute ist sie die größte der Welt: Mit 205 Ausstellerverlagen eröffnet die erste Frankfurter Buchmesse. Wann?**

- **A** 14. September 1948
- **B** 18. September 1949
- **C** 20. September 1950

929. **Ein Sportler als Popstar: Mit sieben Goldmedaillen ist der Schwimmer Mark Spitz der erfolgreichste Teilnehmer der Olympischen Spiele 1972. Wo finden diese statt?**

- **A** In Tokio
- **B** In Rom
- **C** In München

930. **Begeisterung auf beiden Seiten des Atlantiks: Wer gilt als einer der größten Stars des deutschen Stummfilms und ist bei der Verleihung der ersten Oscars 1929 sogar als Preisträger dabei?**

- **A** Pola Negri
- **B** Marlene Dietrich
- **C** Emil Jannings

931. **Guten Abend: Es ist Weihnachten, als die Ansagerin Irene Koss das Zeitalter regelmäßiger Fernsehausstrahlungen einläutet. In welchem Jahr?**

A 1950
B 1951
C 1952

932. **„Zur Sache, Schätzchen" von May Spils wird in den 60ern zum Kultfilm. Wer spielt das Schätzchen an der Seite des „schlaffen" Werner Enke?**

A Sabine von Maydell
B Uschi Glas
C Gila von Weitershausen

933. **Zeitgeschichte als Kunstwerk: Welches Gemälde widmet Pablo Picasso 1937 den Leiden des spanischen Volkes im Bürgerkrieg?**

A „Guernica"
B „Friedenstaube"
C „Die Violine"

934. **O la la: Es ist eine Tänzerin namens Micheline Bernardi, die in Paris den ersten, von Louis Reard entworfenen Bikini vorführt. Wann?**

A 8. Mai 1944
B 9. Juni 1945
C 6. Juli 1946

935. **Nach Vorlage eines Science-Fictions Romans von H.G. Wells produzierte Orson Welles 1938 eine fiktive Reportage, die die Ostküste der USA in eine Massenpanik versetzte. Wie hieß das Hörspiel?**

A „Krieg der Zeiten"
B „Krieg der Welten"
C „Krieg der Sterne"

936. **Wie war die inoffizielle Bezeichnung der deutschen Grand-Prix-Rennwagen von Mercedes-Benz und Auto-Union in den Jahren 1934–39 und 1954/55?**

A Goldpfeil
B Silberpfeil
C Superpfeil

Biografie: Günter Grass

Schriftsteller, Grafiker und Bildhauer, *16. 10. 1927 Danzig.

Das erzählerische Werk des wohl bedeutendsten deutschen Gegenwartsautors zeichnet sich durch einen gesellschaftskritischen Fokus und immense Sprachfantasie aus.

Grass wurde durch seinen ersten Roman, „Die Blechtrommel“ (1959) quasi über Nacht berühmt. Er bildet mit „Katz und Maus“ (1961) und „Hundejahre“ (1963) eine Trilogie über Grass' Heimatstadt Danzig, in welcher der Autor mit den Mitteln der Satire und Groteske an individuellen Schicksalen die enge Verzahnung von Kleinbürgertum und Nationalsozialismus vorführt.

Der moderne Schelmenroman „Die Blechtrommel“ ist aus der Perspektive seines Außenseiter-Helden Oskar Matzerath erzählt, der aus Protest gegen die Erwachsenenwelt das Wachstum einstellt. Mit der Trommel unterwegs, wird er zum hellsichtigen Beobachter kleinbürgerlicher Verhaltensweisen. „Die Blechtrommel“ wurde von Volker

Schlöndorff 1979 verfilmt und erhielt einen Oscar für den besten fremdsprachigen Film und die Goldene Palme in Cannes.

„Katz und Maus“ räumt mit dem nationalsozialistischen Heldenideal auf, während „Hundejahre“ von Tätern und von aus rassischen Gründen Verfolgten, von Verrat und makabrer Versöhnung berichtet.

1995 veröffentlichte Grass den Roman „Ein weites Feld“, der in Berlin zwischen Mauerbau und Wiedervereinigung spielt und die deutsche Geschichte seit 1848 kritisch aufarbeitet. 1999 erhielt Grass den Literatur-Nobelpreis.

937. Die Sowjetunion entsteht offiziell durch Unionsvertrag 1922. Wie heißt der einzige Staatspräsident in der Geschichte des Landes bis Ende 1991?

- **A** Jossif Stalin
- **B** Wladimir Iljitsch Lenin
- **C** Michail Gorbatschow

938. Das lässt selbst Gorbatschow erzittern: Im Mai 1987 landet ein Hamburger Hobby-Pilot mitten auf dem Roten Platz in Moskau. Sein Name?

- **A** Markus Rost
- **B** Manfred Brust
- **C** Mathias Rust

939. Am Ende siegt immer das Gute: Mit etwa 100 Millionen verkauften Büchern wird Karl May zu einem der meistgelesenen deutschen Schriftsteller aller Zeiten. Welche Figur stammt von ihm?

- **A** Old Schwurhand
- **B** Winnetou
- **C** Lederstrumpf

940. Sie gilt als Verkörperung der volkstümlichen Berliner Volkssängerin: Claire Waldoff ist in den 20ern als Diseuse an verschiedenen Berliner Kabaretts. Aus welcher Stadt stammt sie?

- **A** Frankfurt / Oder
- **B** Dresden
- **C** Gelsenkirchen

941. Fahrlässigkeit auf Kosten der Natur: Nahe Cornwall läuft die „Torrey Canyon" auf ein Riff und verursacht die erste große europäische Ölkatastrophe. Wann passiert die Havarie?

- **A** Am 27. Februar 1960
- **B** Am 8. Mai 1965
- **C** Am 26. März 1967

942. Als Richter noch kein TV-Beruf war: „Das Fernsehgericht tagt" erstmals – und das gleich an drei Abenden. Wann ist der Start?

- **A** 26. März 1961
- **B** 15. Mai 1962
- **C** 30. April 1965

943. Der US-Musicalfilm „Du sollst mein Glücksstern sein“ von und mit Gene Kelly hat im März 1952 Premiere. Welches Lied wird daraus erst zum Welthit und danach zum Klassiker?

A „Summertime“
B „I Got Rhythm“
C „Singin‘ in the Rain“

944. Von Sissi nach Äthiopien: Karlheinz Böhm gründet 1981 ein besonders erfolgreiches Hilfswerk für die Dritte Welt. Dessen Name?

A „Caritas“
B „Menschen für Menschen“
C „Cap Anamur“

945. US-Präsidenten haben nur zwei Amtszeiten. Wer schafft es als Einziger dennoch, sogar dreimal wieder gewählt zu werden?

A Dwight D. Eisenhower
B Theodore Roosevelt
C Franklin Delano Roosevelt

946. Vor der Kuba-Krise unterstützt die CIA im April 1961 eine Invasion der Zuckerinsel durch Exilkubaner, die jedoch scheitert. Wo findet sie statt?

A In der Hühnerbucht
B In der Schweinebucht
C In der Rinderbucht

947. Als die Bundesrepublik noch jung ist: Wer wird am 12. September 1949 zum ersten deutschen Bundespräsidenten gewählt?

A Heinrich Lübke
B Gustav Heinemann
C Theodor Heuss

948. Hans Werner Richter ist einer der Initiatoren der am 6. September 1947 gegründeten „Gruppe 47“, die lange Zeit die westdeutsche Literaturszene prägt. Wann löst sie sich auf?

A 1957
B 1967
C 1977

949. **Mehr Verbraucherschutz: Im September 1964 wird die „Stiftung Warentest" gegründet. Wer ist Gründungs-Initiator?**

- **A** Die Bundesregierung
- **B** Die Zeitschrift „Test"
- **C** Die Gewerkschaften

950. **Unbesiegt! Als er 1952 „Meister aller Klassen" wird, rechnet niemand damit, dass der legendäre Boxer im Frühjahr 1956 zurücktreten wird, ohne den Titel je wieder verloren zu haben. Von wem ist die Rede?**

- **A** Rocky Marciano
- **B** Archie Moore
- **C** Floyd Patterson

951. **Mit Turnschuhen fängt alles an: Wo wird Joschka Fischer 1985 erster Minister der Grünen?**

- **A** In Baden-Württemberg
- **B** In Hessen
- **C** Im Saarland

952. **Im Oktober 1917 wird die sagenumwobene Spionin Mata Hari von den Franzosen hingerichtet. Doch ihr Mythos lebt fort, u. a. in einem Film von 1932. Dessen Hauptdarstellerin?**

- **A** Marlene Dietrich
- **B** Greta Garbo
- **C** Marianne Hoppe

953. **Expressionismus im Kino: Wer spielt 1919 die weibliche Hauptrolle im Stummfilmklassiker „Das Cabinet des Dr. Caligari"?**

- **A** Henny Porten
- **B** Elisabeth Bergner
- **C** Lil Dagover

954. **Am 1. 7. 1968 unterzeichnen die USA, Großbritannien und die UdSSR eine Vereinbarung, die 1995 unbefristet verlängert wird und die Welt sicherer macht. Deren Name?**

- **A** Atomwaffensperrvertrag
- **B** Nord-Süd-Vertrag
- **C** Maastricht-Vertrag

Stichtag: 27. September 1998

Deutsche wählen den Wechsel

SPD und Grüne gewinnen die Bundestagswahl. Bundeskanzler Helmut Kohl (CDU) muss nach 16 Jahren den Platz im Kanzleramt räumen.

Die Sozialdemokraten mit ihrem Kanzlerkandidaten Gerhard Schröder werden – erst zum zweiten Mal nach 1972 – zur stärksten Kraft im Parlament. Sie erringen 40,9% der Stimmen. Zusammen mit Bündnis 90/Die Grünen, verfügt Rot-Grün mit einem Vorsprung von 21 Mandaten über die Mehrheit im Bundestag. Binnen zweier Wochen einigen sich SPD und Bündnis 90/Die Grünen auf einen Koalitionsvertrag.

Am 27. Oktober wählt der Bundestag Gerhard Schröder zum siebten Bundeskanzler seit 1949. 351 von 666 anwesenden Abgeordneten stimmen für und 287 gegen Schröder. Damit haben sich mindestens sieben Oppositionsparlamentarier für Schröder ausgesprochen. Während bei den Grünen schon relativ früh entschieden wurde, den bisherigen Fraktionssprecher Joschka Fischer (als Außenminister), Vorstandssprecher Jürgen Trittin (Umwelt) und Andrea Fischer (Gesundheit) ins Kabinett zu schicken, blieb bei der SPD die Ministerkür bis zuletzt spannend. Nur auf Drängen von Parteichef Oskar Lafontaine ließ sich Fraktionschef Rudolf Scharping zum Verteidigungsminister ernennen. Zum Wirtschaftsminister berief Schröder den ebenfalls parteilosen früheren Veba-Manager Werner Müller.

955. **Eine Boeing B-50 der US-Luftwaffe schafft am 2. März 1949 den ersten Nonstopflug um die Erde. Wie lange dauert der 37742 km lange Flug damals?**

A 68 Stunden
B 89 Stunden
C 94 Stunden

---

956. **Im März 1945 gründen Ägypten, Saudi-Arabien, Syrien, Jordanien, Irak, Libanon und Nord-Jemen eine Organisation zur Einheit der arabischen Welt. Welche?**

A Arabische Liga
B Arabische Föderation
C Arabische Union

---

957. **Besuch in ewiger Kälte: Gut einen Monat vor dem Briten Scott erreicht Roald Amundsen am 14. Dezember 1911 als erster Mensch den Südpol. Aus welchem Land stammt er?**

A Schweden
B Norwegen
C Dänemark

---

958. **Er ist ein Urgestein des ZDF: Wie heißt Wim Thoelkes erste Sendung für die Aktion Sorgenkind im Jahre 1970?**

A „3 x 9“
B „Der große Preis“
C „Die Pyramide“

---

959. **Ein Synonym für den kalten Krieg: „Checkpoint Charlie“ heißt einer der Berliner Grenzübergänge bis zum Ende der Mauer. An welcher Straße liegt er?**

A Invalidenstraße
B Bornholmer Straße
C Friedrichstraße

---

960. **Erstmals 1959 erscheint der Film-Hund „Lassie“ in der gleichnamigen US-Fernsehserie auf deutschen Bildschirmen. Zu welcher Hunderasse gehört das Tier?**

A Collie
B Terrier
C Setter

---

961. **Am 21. Juli 1969 betritt mit Neil Armstrong der erste Mensch den Mond. Mit welchem Raumschiff gelangen er und sein Team dorthin?**

- **A** Apollo 11
- **B** Apollo 12
- **C** Apollo 13

962. **„Unternehmen Stardust“: So lautet der Titel der ersten Romanfolge der Science-Fiction-Serie „Perry Rhodan“ von 1961. Wie viele Folgen sind zwischenzeitlich erschienen?**

- **A** Über 2200
- **B** Fast 3700
- **C** Rund 5000

963. **Die Arbeit des deutschen Müttergenesungswerkes ist eine der großen sozialen Leistungen in unserem Lande. Wann wird die Institution gegründet?**

- **A** 1933
- **B** 1945
- **C** 1950

964. **Verfassungswidrig: Am 17. August 1956 verbietet das Bundesverfassungsgericht eine politische Partei, die KPD. Wer hat die Klage eingereicht?**

- **A** Der Bundesrat
- **B** Die CDU
- **C** Die Bundesregierung

965. **Szenen einer Partnerschaft: Die Karriere der Schauspielerin Liv Ullmann wird maßgeblich von einem Landsmann mitbestimmt, der Regisseur vieler ihrer Filme ist. Sein Name?**

- **A** Ingmar Bergman
- **B** Lars von Trier
- **C** Woody Allen

966. **Kaiserlich: Mit welcher Fußballelf wird Franz Beckenbauer als Aktiver nur einmal Deutscher Fußballmeister?**

- **A** Hamburger SV
- **B** 1. FC Nürnberg
- **C** Borussia Mönchengladbach

967. Was geschah zuerst?

- **A** Helmut Schön wird Bundestrainer
- **B** Helmut Schmidt wird Kanzler
- **C** Mondlandung Neil Armstrongs

968. Paris am 1. Juli 1903: Ein Etappen-Radrennen beginnt – und das fast ohne Publikumsinteresse! Welches Großereignis ist inzwischen daraus geworden?

- **A** Tour de France
- **B** Sechs-Tage-Rennen
- **C** Giro d'Italia

969. Was entscheidet der deutsche Bundestag mit 338 zu 320 Stimmen am 20. Juni 1991 als Folge der Wiedervereinigung?

- **A** Vereinigung von Berlin und Brandenburg
- **B** Verbot der PDS
- **C** Berlin wird Regierungssitz

970. In München wird 1911 die erste Ausstellung einer von Wassily Kandinsky und Franz Marc initiierten Künstlervereinigung eröffnet. Wie ist deren Name?

- **A** „Der Blaue Reiter"
- **B** „Der Rote Korsar"
- **C** „Der Grüne Jäger"

971. Gamal Abd el-Nasser, ägyptischer Politiker und Militär, ist zusammen mit Tito und Nehru Sprecher der blockfreien Staaten. Was löst er mit der Sperrung des Golfes von Akaba für israelische Schiffe 1967 aus?

- **A** Sechstagekrieg
- **B** Suezkrise
- **C** Erste Intifada

972. Am 24. Januar 1952 wird bei uns ein Gesetz beschlossen, das mehr Sicherheit für schwangere Frauen bringt. Wie heißt es?

- **A** Müttergenesungsgesetz
- **B** Gleichberechtigungsgesetz
- **C** Mutterschutzgesetz

973. **Die Sopranistin Maria Callas wird 1923 als Tochter griechischer Einwanderer in New York geboren. Mit wem hat sie später eine schwierige Liaison?**

A Mit John F. Kennedy
B Mit Aga Khan
C Mit Aristoteles Onassis

974. **Er ist der erste Rundfunk-Disc-Jockey in Deutschland und ein Musik-Clown dazu. Sein Hit: „Das hab ich in Paris gelernt". Sein Name?**

A Chris Howland
B Bill Ramsey
C Ted Herold

975. **Dass Zweiräder auch schön sein können, beweist 1946 der italienische Fahrzeughersteller Enrico Piaggio. Sein Motorroller erfreut sich bald großer Beliebtheit. Wie heißt das Gefährt?**

A Vespucci
B Vespa
C Vesper

976. **Eine großer Tag des europäischen Films: 1937 wird „Cinecittà", ein Komplex von Filmstudios, bei Rom gegründet. Welcher der nachfolgenden Filme wird hier gedreht?**

A „Die Brücke am Kwai"
B „Die Vögel"
C „Ben Hur"

977. **Erfolglos ist er wahrlich nicht, aber Kritik kann Giovanni Trapattoni als FC-Bayern-Trainer in den 90ern schwerlich ertragen. Welcher Satz von ihm wird zum geflügelten Wort?**

A „Ich habe satt!"
B „Ich habe Hunger!"
C „Ich habe fertig!"

978. **Die Roman-Trilogie „08/15" von 1954 ist eines der bekanntesten Bücher, das sich mit den Leiden der deutschen Soldaten im 2. Weltkrieg beschäftigt. Wer ist der Autor?**

A Lothar-Günther Buchheim
B Hans Hellmut Kirst
C Johannes Mario Simmel

Stichtag: 1. Januar 1999

Der Euro hält Einzug

Als vorläufiger Höhepunkt des europäischen Einigungswerks wird der Euro eingeführt: In elf Ländern der EU (Belgien, Deutschland, Finnland, Frankreich, Irland, Italien, Luxemburg, Niederlande, Österreich, Portugal und Spanien) ist der Euro ab 1999 das gemeinsame Zahlungsmittel.

Der von vielen Deutschen als schmerzlich empfundene Abschied von der DM vollzieht sich in Raten. Die nationalen Währungen bleiben noch bis zum Jahre 2002 im Umlauf. Erst dann werden auch die neuen Münzen und Scheine ausgegeben. Der Euro-Umrechnungskurs wurde am Vortag für alle beteiligten Länder festgelegt. Nach diesem Fixing sind die Wechselkurse gegenüber dem Euro unveränderbar, genauso wie die Verhältnisse der beteiligten Währungen untereinander. Ein Euro ist künftig 1,95583 DM wert. Umgekehrt entspricht 1 DM 0,5113 Euro.

Der Euro fordert als neue Weltwährung den amerikanischen Dollar heraus. Die EU stellt mit ihren 370 Mio. Einwohner und einer Wirtschaftskraft von 14 Billionen DM noch vor den USA den größten Binnenmarkt der Welt.

979. **Urgestein des deutschen Fernsehens: Wie lange läuft Robert Lembkes „Was bin ich?“ über unsere Bildschirme?**

A Von 1955 bis 1989
B Von 1961 bis 1978
C Von 1963 bis 1990

980. **Wo zuvor auf die Besatzungszone hingewiesen wurde, geht es nun um die Namen der Städte und Kreise: Wann werden die neuen Kfz-Kennzeichen in der Bundesrepublik eingeführt?**

A 1955
B 1956
C 1959

981. **Gegen die Bevölkerung wird am 1. Januar 1977 bei der Gebietsreform in Hessen aus Gießen und Wetzlar und weiteren Gemeinden eine neue gemeinsame Stadt, die am 1. August 1979 wieder aufgelöst wird. Ihr Name?**

A Dill
B Gießlar
C Lahn

982. **Im Oktober 1967 wird die erste Folge von „Aktenzeichen XY ungelöst...“ ausgestrahlt, in der unaufgeklärte Kriminalfälle gezeigt und die Zuschauer um Mithilfe gebeten werden. Wer präsentiert?**

A Eduard Zimmermann
B Wim Thoelke
C Jürgen Roland

983. **Ein Denkmal setzt der Film „Gandhi“ 1982 dem Führer der indischen Unabhängigkeitsbewegung. Wer spielt die Titelrolle?**

A Ben Kingsley
B Martin Sheen
C Trevor Howard

984. **Zu der Zeit stark umstritten: 1956 wird die Bundeswehr gegründet. Doch sie soll keine neue Wehrmacht sein. Wie lautet die Umschreibung der neuen Soldaten?**

A Helfer in Uniform
B Bürger in Uniform
C Kämpfer in Uniform

985. **Grenzenloses Europa: Im Dezember 1991 werden die Verträge zur Schaffung einer Europäischen Union unterschrieben. Wo?**

- **A** In Brüssel
- **B** In Maastricht
- **C** In Straßburg

986. **Eigentlich heißt er Robert Zimmermann: Wie ist der Künstlername des weltbekannten Folk- und Protestsängers der 60er, dessen Karriere mit „Blowin' In The Wind“ beginnt?**

- **A** Pete Seeger
- **B** Bob Dylan
- **C** Arlo Guthrie

987. **Am 16. Oktober 1998 läuft die letzte Folge der ZDF-Krimi-Serie „Derrick“ mit Horst Tappert. Die wievielte Folge ist es?**

- **A** Die 121. Folge
- **B** Die 256. Folge
- **C** Die 281. Folge

988. **15 000 qkm ölverseucht! Alkohol am Ruder führt im März 1989 vor Alaska zu einem der größten Tanker-Unfälle! Welches Schiff steht im Mittelpunkt?**

- **A** „Baltic Carrier“
- **B** „Exxon Valdez“
- **C** „Prestige“

989. **Man schreibt das Jahr 1938, als bei dem Versuch, einen neuen Geschwindigkeits-Weltrekord aufzustellen, ein deutscher Autorennfahrer ums Leben kommt. Sein Name?**

- **A** Graf Berghe von Trips
- **B** Hermann Lang
- **C** Bernd Rosemeyer

990. **Karrieresprung: 1996 unterschreiben die Klitschko-Brüder aus der Ukraine bei einem Hamburger Boxstall. Wie lauten die Vornamen der beiden Ausnahmesportler?**

- **A** Iwan und Andrej
- **B** Sergej und Nikolaj
- **C** Vitali und Wladimir

991. Nachrichten per Satellit: 1962 wird „Telstar-1" gestartet, der erste amerikanische Nachrichtensatellit. Welchen Durchmesser hat der kugelförmige künstliche Erdtrabant?

- **A** 88 cm
- **B** 1, 79 m
- **C** 12,80 m

992. Das Gaunerpärchen Parker und Barrow unternimmt Anfang der 30er Jahre spektakuläre Raubüberfälle in mehreren US-Südstaaten und wird 1934 von der Polizei erschossen. Unter welchem Namen werden sie populär?

- **A** Sonny und Cher
- **B** Bonnie und Clyde
- **C** Laurel und Hardy

993. Ein Weltbestseller bis heute: Die Anziehpuppe Barbie kommt am 9. März 1959 in den USA auf den Markt. Wie viel kostete sie damals?

- **A** 1 Dollar
- **B** 2 Dollar
- **C** 3 Dollar

994. Große Namen wie Robert Graf und Hansjörg Felmy prägen den 1958 gedrehten Film, der die Nachkriegszeit kritisch unter die Lupe nimmt. Sein Titel?

- **A** „Rosen für den Staatsanwalt"
- **B** „Wir Wunderkinder"
- **C** „Das Mädchen Rosemarie"

995. Am 15. Oktober 1963 wird die Berliner Philharmonie mit einem Konzert unter der Leitung Herbert von Karajans eingeweiht. Nach wessen Plänen ist der Bau gestaltet worden?

- **A** Hans Scharoun
- **B** Egon Eiermann
- **C** Walter Gropius

996. Aus Protest gegen einen Krieg verbrennt der norwegische Forscher Thor Heyerdahl im April 1978 sein Schilfboot „Tigris" vor Dschibuti. Wer sind die Kriegsgegner?

- **A** Irak und Iran
- **B** Ägypten und Israel
- **C** Äthiopien und Somalia

997. **1937 werden zahlreiche moderne Künstler vom deutschen NS-Regime als „entartet" eingestuft und verunglimpft. Welcher dieser Künstler gehört nicht dazu?**

A Carl Spitzweg
B Paul Klee
C Marc Chagall

998. **Humphrey Bogart war mehrmals für den „Oscar" nominiert, erhielt ihn aber nur einmal. Für welchen Film?**

A „Casablanca"
B „African Queen"
C „Die Caine war ihr Schicksal"

999. **Unter der Leitung von Robert Oppenheimer ließ die US-Regierung bereits seit 1941 an einer Atombombe bauen. Wie hieß das streng geheime Projekt?**

A Massachusetts-Projekt
B Los Alamos-Projekt
C Manhattan-Projekt

1000. **Beim Europapokalfinale 1985 zwischen dem 1. FC Liverpool und Juventus Turin sterben bei Ausschreitungen 38 Menschen, 400 werden verletzt. Wo war das?**

A im Brüsseler Heysel-Stadion
B im Pariser Stadion St. Germain
C im Madrider Bernabeu-Stadion

1 **A** 1. FC Nürnberg

2 **C** Flick

3 **A** In San Francisco

4 **B** Robert Lembke

5 **B** Mary Quant

6 **B** Walter Wallmann

7 **C** Puppenmutter

8 **C** „Die Reise zum Mond“

9 **A** Schüttelhuber

10 **C** Heinrich Böll

11 **B** In mehr als 145

12 **B** Nelkenrevotuion

13 **C** November 1976

14 **C** 17. Bundesland

15 **C** Comedian Harmonists

16 **A** Danziger Trilogie

17 **C** Am 1. August 1984

18 **C** Jack The Ripper

19 **C** Moskauer Staatszirkus

20 **C** Thomas Dehler

21 **C** Reichsduma

22 **A** Expeditionen ins Tierreich

23 **C** Staatspräsident

24 **A** Gerhard Wendland

25 **B** Udo Jürgens

26 **A** Leonid Breshnew

27 **B** Großbritannien

28 **A** Südtirol

29 **C** Elvis Presley

30 **C** Tenzing Norgay

31 **C** Dagobert

32 **A** DM 6,00

33 **C** Gustav Heinemann

34 **C** Im Mai 1994

35 **C** Rinderwahnsinn

36 **B** Tornado

37 **B** Etwa 81 km

38 **C** 15. April 1912

39 **B** Winston Churchill

40 **A** Philadelphia

41 **C** Salzburger Festspiele

42 **A** Westfalenhallen

43 **A** Orion

44 **C** George Gershwin

45 **A** Persil

46 **B** Chrysler

47 **A** 1947

48 **C** Lale Andersen

49 **B** Vier

50 **B** Umberto Eco

51 **B** Jacqueline Kennedy

52 C Golden Slam
53 B Greenpeace
54 B Der Frau
55 A Dezember 1985
56 B Golf
57 C Mick Jagger
58 A Quelle
59 C ... Oskar
60 B 3. Juni 1935
61 A Zwei Jahre
62 B Kookie
63 B „Es gibt kein Bier auf Hawaii“
64 C Goldene Palme
65 C Richard Tauber
66 C Vermögensbildung
67 C Juni 1959
68 B Otto Waalkes
69 A Aus Argentinien
70 C Rudolf Abel
71 A AIDS
72 B Mit einem Löwen
73 C Lolita
74 A Hans-Dietrich Genscher
75 B Tagesthemen
76 B Helmut Rahn
77 B Marius Müller-Westernhagen
78 C 3800
79 C In Silverstone
80 C Berg-Karabach
81 C 1952
82 A Bobby Fischer
83 C Weiße Rose
84 A Willy Fritsch
85 B Zehn
86 C Presseverlage und Rundfunkanstalten
87 B Rhodesien
88 A „Pünktchen und Anton“
89 B „Nautilus“
90 A Werner Otto
91 A ... Katholik
92 C Es gibt einen Baby-Boom
93 A 1965
94 C Helga
95 A „Jakob der Lügner“
96 B 7 Jahre
97 B Metropolis
98 B Buddhismus
99 A Frieden
100 B „Der Berg ruft“
101 B Abgeordnete des Europaparlaments

102 B BMW

103 A Drei Streifen

104 B „Das Kapital" von Karl Marx

105 A Elizabeth Taylor

106 A 28. Januar 1887 in Lodz

107 C Katalysator

108 B New Look

109 A 1960

110 A Kohlepfennig

111 C Bank deutscher Länder

112 A Eintracht Braunschweig

113 B 25. November 1973

114 B Peter Falk

115 C New York World

116 B Embryo im Mutterleib

117 A Hans-Jürgen Wischnewski

118 B „Der Freischütz"

119 C Easy Rider

120 C Telefonkarten

121 A Als Sozialdemokratin

122 C Marshall-Plan

123 A Abu Simbel

124 C Dustin Hoffmann

125 C Apollo 13

126 B Juri W. Andropow

127 B Evita

128 B Armin Hary

129 A März 1934

130 A Drei

131 A Herbert Reinecker

132 C Erich Honecker

133 C Günter Guillaume

134 C 1973

135 A Ingmar Bergman

136 B Wolfgang Müller

137 A Amnesty International

138 A Western

139 B Ephraim Kishon

140 C Hindenburg

141 C Minister für gesamtdeutsche Fragen

142 C 2285

143 B Heidi Brühl

144 C Joseph Offenbach

145 A Berlins Regierender Bürgermeister

146 B Psychoanalyse

147 C Japanischer Angriff auf Pearl Harbor

148 C Los Angeles

149 A Als Fotografin und Bildhauerin

150 C Idlewild

151 A Lesotho

152 B Soraya

153 B Brigitte Mira

154 B Hippies

155 A In New York

156 C Im April 1909

157 C 5. Dezember 1933

158 C 14

159 A Katarina Witt

160 B Hanomag

161 B Jimi Hendrix

162 C Calypso

163 C Runder Tisch

164 B Kurt Schumacher

165 B Saudi-Arabien

166 C David Ben Gurion

167 A „Dein ist mein ganzes Herz“

168 C 2 Millionen Dollar

169 C Lolly

170 C über 62 Jahre

171 C Vor dem Skagerrak

172 C „Sonnenaufgang“

173 B Edith Piaf

174 B Ewing

175 B Marilyn Monroe

176 B Am 24. August 1963

177 B 33 Tage

178 B „...Steamboat Willie“

179 A Kölnischwasser

180 C Farah Diba

181 A Peter Alexander

182 A 1. Januar 1998

183 C „Serengeti darf nicht sterben“

184 A James Last

185 C Ria Baran / Paul Falk

186 A Japan

187 C „Die Waffen nieder“

188 B „Der Arzt von Stalingrad“

189 B World Trade Center

190 C „Mit 17 fängt das Leben erst an“

191 B Ernst Huberty

192 A Russland-Feldzug

193 A Siw Malmkvist

194 A 1911

195 C Genua

196 C Clemens Wilmenrod

197 A Rudolph Valentino

198 B Berliner Ensemble

199 A Walter Ulbricht

200 A Er ist komplett am Computer entstanden

201 A Berliner Zeitung

202 B Aspirin

203 A Paavo Nurmi

204 C Charlie Rivel

205 C Julie Andrews

206 C Am 18. November 1996

207 C Tagesthemen

208 A Hans Apel

209 B Über fünf Millionen

210 A Rhein

211 C 14 Stunden und 31 Minuten

212 A Kommune 1

213 A Lilian Harvey

214 B „Keine Panik auf der Titanic"

215 A „Vertigo"

216 B Aschaffenburg

217 B Frankreich, Großbritannien und Belgien

218 C ...Wienerwald

219 C Theodor Heuss

220 A Georg Büchner

221 A Schwarz – Rot – Gold

222 C Vier

223 C Stahlnetz

224 B 13. August 1999

225 C Vitamin C

226 B Jil Sander

227 A 1973

228 C 1953

229 C Winston Churchill

230 A Lord N. R. Foster

231 C Giacomo Puccini

232 A 400 Gramm

233 C Jelena Bonner

234 C Green Card

235 B Miss Piggy

236 A 1906

237 B Alexandra

238 B Kevin Costner

239 B Nelly Sachs

240 A Ernest Hemingway

241 B „Emma"

242 C Italien

243 A ...„Mensch – Natur –Technik"

244 C Herzog von Windsor

245 C Willy Brandt wird Kanzler

246 A Erich Ollenhauer

247 C William McKinley

248 B Verteidigungsministerium

249 B Waldorfschulen

250 A Alfred Tetzlaff

251 C Axel Springer

252 A Wencke Myhre

253 A Dr. Richard Kimble

254 B Charlie Chaplin

255 A „Die verlorene Ehre der Katharina Blum“

256 B Graffiti-Art

257 B Karl Lagerfeld

258 A Benazir Bhutto

259 B „Hoch auf dem gelben Wagen“

260 C September 1956

261 C Vom Numerus clausus

262 B Maurice Ravel

263 B Don Camillo

264 A „Ein Lied geht um die Welt“

265 C 1973

266 C Cole Porter

267 A Nürburgring

268 C Daphne du Maurier

269 B 7. Februar 1984

270 C 60 Prozent

271 C 2,02 m

272 C „Der rasende Reporter“

273 B Kevin Curren

274 C Obelix

275 B 1. November 1996

276 C Etwa 196000

277 A Sepp Herberger

278 C Ein Schriftsteller

279 B Dalai-Lama

280 C „Pippi Langstrumpf“

281 A Doris Dörrie

282 C Brasilien

283 B „Der Blaue Bock“

284 C Die erste Anti-Baby-Pille

285 C Trabi

286 C Pelé

287 C In Bahrain und Rio de Janeiro

288 C Werner Baecker

289 B Rund 13 Jahre

290 A Barbara Rütting

291 A DM 670,–

292 C Hergé

293 A Südafrika

294 B Polaroid

295 C Mina

296 B 17. Juni

297 C Nofretete

298 C Oswald Kolle

299 A Albatross

300 B Von Peanuts

301 C Newark (USA)

302 C Gesamtschule

303 C Pop-Art

304 C James Dean

305 A Juliana

306 C Leukoplastbomber

307 A „Der kleine Prinz"

308 A Seit 1950

309 C 1962

310 B Tarzan-Darsteller

311 B Lech Walesa

312 B Halla

313 A 1989

314 A Versöhnungsfest

315 A Mau-Mau

316 B Tempo

317 B Literatur-Nobelpreis

318 C 1961

319 A „Schnaps, das war sein letztes Wort"

320 C Gulaschkommunismus

321 A Neue Vahr

322 C Hercule Poirot

323 C Josephine Baker

324 C 1980

325 B Tamagotchi

326 B Rund 9300 km

327 B Conny Froboess

328 C Oskar Schindler

329 B Mercedes A-Klasse

330 B Karlchen

331 B Baby Schimmerlos

332 A „Neckermann machts möglich"

333 A Windsor – London

334 C Bosman-Urteil

335 C Noch niemals

336 A Sturmflut

337 B Zum sechsmillardsten

338 C Kirchen

339 C In Großbritannien

340 C 1950

341 B Aerobic

342 C In New York

343 B Kollateralschaden

344 B Clarence

345 B Gus Backus

346 A Walk Of Fame

347 C Denver-Clan

348 B 1909

349 A 1 DM

350 B Albrecht Dürer

351 A Henry Kissinger

352 C Cornelia Froboess

353 C 1986

354 A Watergate

355 B Heinrich Spoerl

356 C Frank Lloyd Wright

357 A 1955

358 C 350 DM

359 B Hula-Hoop

360 A „Das war Spitze!“

361 B Hinduismus

362 C Michelangelo Antonioni

363 C Chris Howland

364 B Palästinakrieg 1948/49

365 C Klaus Kinski

366 A Frankreich

367 A 1901

368 B „Alice's Restaurant“

369 A 1947

370 C Tom & Jerry

371 A James Chadwick

372 C 1999

373 A Computer und Software

374 A Marilyn Monroe

375 B Hugo von Hofmannsthal

376 C 25. Oktober 1929

377 C 1. April 1963

378 B Miss Piggy

379 C Seit 1924

380 B 1923

381 C „My Fair Lady“

382 B 16 Jahre

383 B Nissenhütten

384 B 48 Stunden

385 B „Belle de jour – Schöne des Tages“

386 A Boxeraufstand

387 A Steuerhinterziehung

388 B Mit dem Welthandel

389 C Basel

390 A „Die satanischen Verse“

391 A Ereignisse des 17. Juni 1953

392 C „Und dennoch leben sie"

393 A Sergej S. Prokofjew

394 B Apartheid

395 A In Hannover

396 B 1956

397 A Einen Tag

398 A In Dresden

399 A Ike

400 A Am 8. Dezember 1980

401 C Prager Frühling

402 A R2-D2

403 A Pluto

404 C Atomkraftwerk

405 A 1981–89

406 A Aristide Briand

407 B Er wurde mit Musik unterlegt

408 A Emil

409 A In Lyon

410 A 10,0 sek

411 B Der eiserne Gustav

412 A Heinz Maegerlein

413 C Ernst Reuter

414 C Jerome Kern

415 A Wunnebar

416 A Grace Kelly

417 A Marlon Brando

418 B Ende 1997

419 C Inkas

420 C Volkswagen

421 A Heribert Fassbender

422 A Dezember 1903

423 C Deutsche Bundesbahn

424 B Ein Schach-Computer

425 B Ohnsorg-Theater

426 B Loriot

427 B In Seenot Geratenen

428 C „Jawoll, meine Herren"

429 B Ralph Siegel

430 A Am 1. Januar 1900

431 A 76 RM

432 A Lipsi

433 B „Das Doppelte Lottchen"

434 C Patrick Süskind

435 A Lys Assia

436 A Suez-Krise

437 A Martin Lauer

438 C Pelzkollektion

439 C Ente

440 A Patrice Lumumba

441 B Saarland

442 C Karl Schiller

443 B X-Strahlen

444 B Australien

445 B Bokassa I.

446 B Norwegen und Großbritannien

447 B Wolgograd

448 B Aus Israel

449 B Mutter Teresa

450 A Richard Chamberlain

451 A Persien

452 B Helmut Schmidt

453 B Am 10. April 1970

454 B Willy Millowitsch

455 C „Fieseler-Storch“

456 A 1835

457 B Wahrheit

458 A 1909

459 A Günter Wallraff

460 A Im Juli 1970

461 C Das Sams

462 A Tiger Woods

463 B Modern Talking

464 B „Love Me Tender“

465 A Elberfeld

466 A Frank Sinatra

467 C Alle Rausch verursachenden Getränke

468 C „Mensch ärgere dich nicht“

469 B Am 11. August 1999

470 A Andrew Lloyd Webber

471 B 2. November 1920

472 B Erik Ode

473 A Chanel

474 C „Vom Winde verweht“

475 C Walter Ulbricht

476 B Otto Normalverbraucher

477 A 1594

478 A Helmut Kohl

479 C Graham Greene

480 C Curd Jürgens

481 B 1951

482 A Peter von Zahn

483 C Von München nach Hamburg

484 B In Warschau

485 B „Der Arzt von Stalingrad“

486 A Golf

487 A Seine Glatze

488 C Spatz von Paris

489 B Letkiss

490 B Günther Jauch

491 A In Erfurt

492 C Hermann Buhl

493 B Insulin

494 C 1963

495 A „Unternehmen Xarifa“

496 B Contergan

497 B Yves Montand

498 B Fred Bertelmann

499 A Hans Rosenthal

500 A Januar 1957

501 C Familie Schölermann

502 A 1901

503 A Nikita S. Chruschtschow

504 A Nylon

505 A Uganda

506 B Radar

507 B 6 Meter

508 C Selma Lagerlöf

509 B Fort Knox

510 A Im Oktober 1968

511 A In 30 Prozent

512 A 1985

513 B Fußballweltmeisterschaft

514 A David Hasselhoff

515 A Konrad Adenauer

516 C Petticoat

517 B Kemal Atatürk

518 C In Lausanne

519 C Sergej M. Eisenstein

520 B Heidi Brühl

521 C OPEC

522 B Radio Luxemburg

523 A Max Brauer

524 A Wolfgang Amadeus Mozart

525 A „Der Blaue Engel“

526 C Seit Weihnachten 1956

527 C Arnold Schwarzenegger

528 C 16. Oktober

529 A Leo Baeck

530 A Ernst Albrecht

531 C Karin Baal

532 C 2. Juni 1953

533 A „Was bin ich wieder für ein Schelm“

534 A Richard Burton

535 B 1956

536 A Generalfeldmarschall

537 B „Saturday Night Fever“

538 C Hermann Gmeiner

539 A „Buena Vista Social Club“

540 B Wilhelm II.

541 B Trude Herr

542 A Randolph Hearst

543 A Orca-Wale

544 A Dieter „Thomas“ Heck

545 B Johannes Paul II.

546 C Audrey Hepburn

547 C Ayatollah

548 B „Buddenbrooks – Verfall einer Familie“

549 B „New Beetle“

550 A Herbert von Karajan

551 B Twist

552 A Boutros Boutros Ghali

553 B $E = mc^2$

554 B Gitte

555 B Altstadt Freiburg / Breisgau

556 C Fünf

557 C 1. Oktober 1972

558 B Joe Louis

559 A Messerschmitt

560 B Erik Ode

561 A „Coca Cola“

562 A „So weit die Füße tragen“

563 C Köln – Bonn

564 B „Spirit of St. Louis“

565 C Rocco Granata

566 A 1900

567 B Bundeslandwirtschaftsminister

568 B Götz George

569 C Krone

570 B Bernhard Vogel

571 C Georg-Büchner-Preis

572 B Pandit Javaharlal Nehru

573 A Tin Lizzy

574 B Terrakotta-Armee

575 C Ka

576 A 1904

577 C Grace Kelly

578 A MTV

579 A ...Wunder von Lengede

580 C England

581 A In New York

582 A In Hannover

583 B „Bonanza“

584 B Steffi Graf

585 B Rosa Luxemburg

586 A 250 000 Exemplare

587 C Eine Schmalzlocke

588 A Starfighter

589 B 1995

590 C 400000

591 A 99 Tage

592 C „Spiel mir das Lied vom Tod“

593 A 1900 Leipzig

594 B Glenn Miller

595 C Oliver Bierhoff

596 B In Tschechien

597 C Ivo Robic

598 A Nadja Tiller

599 A „Für eine Handvoll Dollar“

600 A Goldener Bär

601 B Mark Philips

602 A Dixieland

603 A In Karlsruhe

604 C Pop-Art

605 B Glykol

606 B Alfred Döblin

607 C Elektrische Schreibmaschine

608 B Seit 1971

609 C „Whisky-A-Gogo“

610 C Drei

611 C Markus Wasmeier

612 B 1997 Paris

613 B Pinatubo

614 A Heinrich Böll

615 C Monsieur Hulot

616 A Torwandschießen

617 A König Juan Carlos I.

618 A Thomas Mann

619 A „Haare (Hair)“

620 C „Ben Hur“

621 B „Pardon“

622 C Karl-Heinz Köpke

623 B „Schneewittchen“

624 B Wegen Wehrdienstverweigerung

625 B Woodstock

626 C Oskar Lafontaine

627 B 24. Juni 1944

628 B Schwarze Gazelle

629 C Spanien

630 C San Francisco Bay

631 C Hanns Seidel

632 C Januar 1980

633 C Gerhard Löwenthal

634 A Peter Frankenfeld

635 B Robin

636 B Prinzessin Anne-Marie von Dänemark

637 A Bert Brecht / Kurt Weill

638 A Marilyn Monroe

639 C Personenkontrollen an gemeinsamen Grenzen

640 A Helmut Schmidt

641 C Surrealismus

642 C Bubi

643 C John F. Kennedy

644 A 1900

645 B Datsun

646 A Werner Höfer

647 B Christine Keeler

648 A André Heller

649 B Mehr als 260000

650 A Chilenische Nachtigall

651 B Uruguay

652 A Bremen

653 B Sexuelle Freizügigkeit

654 A In Poona

655 C Calypso

656 A 1,75 Millionen DM

657 B Lore und Kay Lorentz

658 A Waterloo

659 B Roy Black

660 C Kulturrevolution

661 C Ludwig Erhard

662 B Nordrhodesien

663 A Kinderladen

664 B Heliopolis

665 B Wolfgang Borchert

666 B Nikolaus II.

667 A Jom-Kippur-Krieg

668 C 17. Dezember 1963

669 A Eric Heiden

670 C 1997

671 C Günter Grass

672 C November 1993

673 A Hildegard Knef

674 B Nikita Chruschtschow

675 B Burkina Faso

676 B Aus Brasilien

677 B Felix Salter

678 B Hamburger SV

679 B Arkansas

680 B Moshe Dayan

681 B Götz George

682 B 17. Juni 1953

683 A Ingrid Bergman

684 A Diskuswerfen

685 C Becker, Jelen, Steeb

686 B ... Sammy Drechsel

687 A Je später der Abend

688 A Katakombe

689 B Verteidigungsminister

690 C Truck Stop

691 A Mit Flensburg

692 A Peter Townsend

693 B Bernhard Wicki

694 C Auto-Verkehrs- und Übungsstraße

695 B Godesberger Programm

696 A Am 1. Januar 1946

697 B Journalist des Jahrhunderts

698 C Charles de Gaulle

699 B Paris

700 C Der Goldene Schuss

701 A Hitlers Tagebücher

702 A Boris Pasternak

703 A 1938 in Fallersleben

704 C Rainer W. Fassbinder

705 A De Aap

706 A In der „Weltbühne“

707 A Umberto II.

708 C 22. November 1975

709 B Egon Eiermann

710 C Aus Schellack

711 C Tansania

712 A Ich habe einen Traum...

713 A Bonn

714 C John Quincy Adams

715 A Hamburger SV

716 A Jerry Lewis

717 A Aus Österreich

718 A Österreich, Finnland, Schweden

719 B Königin der Herzen

720 B Wibke Bruhns

721 C Im Tal der Könige

722 A 12 Sekunden

723 B Jan Ullrich

724 A Siegfried Lenz

725 A Liesl Karlstadt

726 B Dr. Peter Brockmann

727 A Spiralen

728 C Whitney Houston

729 A Ernest Hemingway

730 C In Schweden

731 C 1984

732 A 10 Prozent

733 C In Paris

734 A Im Mai 1930

735 B Djibouti

736 A Udo Jürgens

737 A Fauvismus

738 C Klaus Maria Brandauer

739 B Twiggy

740 A In Los Alamos

741 C Sylt

742 A Dolly

743 B Für Umgestaltung

744 B Josip Broz Tito

745 C Rasputin

746 C Seit 1953

747 B „Fury"

748 B Sputnik 1

749 C Dramatiker

750 B Benetton-Ford

751 A Muhammed Anwar as-Sadat

752 C Le Corbusier

753 C Thomas Mann

754 C FC Bayern

755 B Francis Durbridge

756 B Tony Curtis

757 C Chubby Checker

758 A Claus von Amsberg

759 C Arbeiterwohlfahrt

760 A Das literarische Quartett

761 B Ungarn

762 C Lufthansa

763 C Eiserne Lady

764 C Der 1000000ste

765 B Heinz Rühmann

766 B Gemini 4

767 C 2062

768 C Weltmeister

769 B Juliette Binoche

770 B Ein Moped

771 C Tom Selleck

772 C Phil Collins

773 C Daimler-Benz AG

774 A New Deal

775 B Schuster

776 B Käte Strobel

777 C Wartburg

778 C Quadrophonie

779 A Günter Schabowski

780 A Brasilien

781 A Ötzi

782 A Brasilia

783 A Rudi Dutschke

784 B Drafi Deutscher

785 A Woody Allen

786 B 1. Juli 1958

787 B Menschliche Blutgruppen

788 C „Ben Hur“

789 B Comecon

790 A Halbschwergewicht

791 C Tortenbleche

792 C „Manhattan-Projekt“

793 A „Me And Bobby McGee“

794 C Pillenknick

795 C Liverpool

796 B Latzhose

797 B Der Grüne Punkt

798 B Pablo Picasso

799 A In Versailles

800 A 3600 km

801 A Martin Jente

802 B „Anatevka“

803 C „Manche mögen's heiß“

804 A Ein immer ernstes Gesicht

805 C 1983

806 C Polarhund

807 C Che

808 B Malawi

809 B Satchmo

810 C Sri Lanka

811 C Wernher von Braun

812 A Hamburg

813 B Anthony Perkins

814 C FCKW

815 A Nietenhose

816 C 1974

817 A Quantentheorie

818 A Etwa 150 Meter

819 B Biene Maja

820 C Winston Churchill

821 C Mehr als 500 Millionen DM

822 B „La Strada“

823 A Enrico Caruso

824 C In Karlsruhe

825 B Billy Mo

826 B Heinz Nixdorf

827 B Burma

828 A Helgoland

829 B Diego Maradona

830 A Alles wirkt plastisch

831 C In Hannover

832 B Bill Clinton

833 C „Zeugin der Anklage“

834 C „Gorillas im Nebel“

835 A Sechs

836 A Real Madrid

837 B Mit Harry Belafonte

838 C Sapporo / Japan

839 A Charleston

840 C Paul Lincke

841 B Evita

842 B Elisabeth Schwarzhaupt

843 B 1984

844 C „Taxi nach Leipzig“

845 C Trygve Halvdan Lie

846 B NASA

847 A Doris Day

848 B Klausjürgen Wussow

849 C Helena Rubinstein

850 A DM 40

851 A 13 Jahre

852 B David Ben Gurion

853 C „Die Fledermaus“

854 A „Ein Platz an der Sonne“

855 A Sojourner

856 A Lady Diana

857 A Tom Hanks

858 C 44 Jahre

859 B Lothar-Günther Buchheim

860 C In Berlin

861 C „Die Drei von der Tankstelle“

862 A Deutschland

863 A Yitzhak Rabin

864 B Das erste U-Boot

865 C Wladimir Putin

866 B Mao-Bibel

867 A Nach Hause telefonieren

868 A Pamir

869 A Melitta

870 A „Exodus“

871 B Miss Marple

872 C „Ich bin ein Berliner!“

873 B Der 49.

874 A Fritz Straßmann

875 B Lucius D. Clay

876 B „Die Gentlemen bitten zur Kasse“

877 A Victory (Sieg)

878 A 10 Cents

879 A Reinhold Messner

880 A Carl Hagenbeck

881 A 1932

882 B Jurek Becker

883 B Trümmerfrauen

884 A Alice und Ellen Kessler

885 B Chris Barbers Jazzband

886 C Nach Walt Disney

887 A „Mit Schirm, Charme und Melone“

888 A Steven Spielberg

889 B Laurel und Hardy

890 C Die DDR

891 A 1957

892 C 1953

893 B Nicht gesellschaftsfähig

894 A „Pata Pata“

895 B Friedland

896 C Thomas Mann schreibt „Der Tod in Venedig“

897 B „2001 – Odyssee im Weltraum“

898 B Roman Polanski

899 A „Das Boot“

900 A In Dallas

901 A Jessica Lange

902 A Am 7. Juli 1976

903 B 1950

904 C In Paris

905 A Ruhrkohle AG

906 A Ungarn

907 B Mit 6,84 m

908 C Heinrich Böll

909 B 1980

910 A Den ersten programmgesteuerten Digitalrechner

911 A 1936 und 1972

912 B I Love You

913 A „Pippi Langstrumpf“

914 C Deng Xiaoping

915 B Mephisto

916 B Bing Crosby

917 C Sonja Henie

918 B Rowohlt

919 A Smog

920 A Frank Elstner

921 A Jean-Paul Sartre

922 B Vier

923 A Wolf Biermann

924 C Ferdinand Graf von Zeppelin

925 B Schneewittchen

926 C Deutschland

927 A 13. Januar 1902

928 B 18. September 1949

929 C In München

930 C Emil Jannings

931 C 1952

932 B Uschi Glas

933 A „Guernica"

934 C 6. Juli 1946

935 B „Krieg der Welten"

936 B Silberpfeil

937 C Michail Gorbatschow

938 C Mathias Rust

939 B Winnetou

940 C Gelsenkirchen

941 C Am 26. März 1967

942 A 26. März 1961

943 C „Singin' in the Rain"

944 B „Menschen für Menschen"

945 C Franklin Delano Roosevelt

946 B In der Schweinebucht

947 C Theodor Heuss

948 C 1977

949 A Die Bundesregierung

950 A Rocky Marciano

951 B In Hessen

952 B Greta Garbo

953 C Lil Dagover

954 A Atomwaffensperrvertrag

955 C 94 Stunden

956 A Arabische Liga

957 B Norwegen

958 A 3 x 9

959 C Friedrichstraße

960 A Collie

961 A Apollo 11

962 A Über 2200

963 C 1950

964 C Die Bundesregierung

965 A Ingmar Bergman

966 A Hamburger SV

967 A Helmut Schön wird Bundestrainer

968 A Tour de France

969 C Berlin wird Regierungssitz

970 A „Der Blaue Reiter"

971 A Sechstagekrieg

972 C Mutterschutzgesetz

973 C Mit Aristoteles Onassis

974 A Chris Howland

975 B Vespa

976 C „Ben Hur“

977 C „Ich habe fertig!“

978 B Hans Hellmut Kirst

979 A Von 1955 bis 1989

980 B 1956

981 C Lahn

982 A Eduard Zimmermann

983 A Ben Kingsley

984 B Bürger in Uniform

985 B In Maastricht

986 B Bob Dylan

987 C Die 281. Folge

988 B „Exxon Valdez“

989 C Bernd Rosemeyer

990 C Vitali und Wladimir

991 A 88 cm

992 B Bonnie und Clyde

993 C 3 Dollar

994 B „Wir Wunderkinder“

995 A Hans Scharoun

996 C Äthiopien und Somalia

997 A Carl Spitzweg

998 B „African Queen“

999 C Manhattan-Projekt

1000A im Brüsseler Heysel-Stadion

Informationen zu den Abbildungen

S. 6: Im Jahr 1900 wurde das erste Teilstück der Pariser Metro eröffnet; hier der im Jugendstil gestaltete Eingang zur Station Porte Dauphine.

S. 7: Die Preisträger der ersten Nobelpreise; oben von links: Dunant, Passy; Mitte: Röntgen; unten von links: van't Hoff, von Behring, Sully Prudhomme

S. 11: Wilbur Wright dokumentiert die ersten Flugversuche mit einem steuerbaren, motorisierten Fluggerät. Am Steuer sitzt sein Bruder Orville.

S. 14: Das Titelfoto der Sportzeitung „La vie au grand air" zeigt den Toursieger Garin mit Sohn und Masseur.

S. 21: Polizeifotos von Wilhelm Friedrich Voigt, der als „Hauptmann von Köpenick" bekannt wurde

S. 25: Peary mit seiner Mannschaft am Nordpol

S. 36: Franz Ferdinand und seine Frau Sophie von Hohenberg kurz vor dem Attentat

S. 44: Philipp Scheidemann

S. 48: Der belgische Außenminister Paul Hymans wird erster Präsident des Völkerbunds.

S. 57: Der Kanadier Frederic Grant Banting (Mitte) mit Prof. J. G. Fitzgerald (links) und Göran Liljestrand (rechts)

S. 81: Emil Jannings erhält einen „Oscar" als bester Darsteller.

S. 87: Franklin D. Roosevelt, 1928 bis 1932 Gouverneur von New York, bei der Einweihung des Empire State Buildings.

S. 95: Papst Pius XI.

S. 121: Der britische Staatssekretär für auswärtige Angelegenheiten, Ernest Devin, unterzeichnet den NATO-Vertrag.

S. 128: Tenzing Norgay (links) und Edmund P. Hillary

S. 130: Fritz Walter mit dem WM-Pokal 1954

S. 141: Bundeskanzler Willy Brandt kniet am Denkmal für die Opfer des Warschauer Ghettos nieder – eine symbolträchtige Geste, die weltweit Aufmerksamkeit erringt.

S. 173: Präsident John F. Kennedy, seine Frau Jacqueline und der Gouverneur von Texas, J. Connally, wenige Augenblicke vor dem Attentat

S. 183: Patient Washkansky (oben) und Christiaan Barnard

S. 184: Edwin Aldrin beim Verlassen der Raumkapsel

S. 188: Szene aus dem Film „1984"

S. 191: In der Schweiz protestieren Frauen für ihr Wahlrecht.

S. 203: Befreite Mogadischu-Geiseln verlassen in Frankfurt das Flugzeug.

S. 207: John Lennon und seine Frau Yoko Ono bei einer Friedensveranstaltung in Montreal 1969.

S. 209: Die englische Premierministerin Margareth Thatcher im Turm eines Panzers

S. 211: Nelson Mandela mit Ehefrau Winnie kurz nach der Freilassung.

S. 237: Frankreichs Staatspräsident Mitterrand und die britische Königin Elisabeth II. eröffnen den Eurotunnel.

S. 243: Diana, Prinzessin von Wales, vor dem Krankenhaus der Neurochirurgie in London 1969

Abbildungsnachweis

Archiv für Kunst und Geschichte, Berlin – Lessing (1); Associated Press GmbH, Frankfurt – Euler (1); Cinetext Bild– und Textarchiv GmbH, Frankfurt (2); Corbis–Bettmann, New York (14) – AFP (1) – Reuters (6) – UPI (28); mev, Augsburg (1); Sipa Press, Paris – Adenis (1) – Chesnot (1) – Duval/Dalmas (1) – EFE (1) – Lehr (1) – Melde Press (1) – Selders (1) – Trioli (1); TopFoto, Kent (4) – PAL (1) – PAL/Millard (1) – RV (1) – RV/Boyer (1) – RV/Lipnitzki (2) – The Image Works/Sweet (1); Volkswagen Stiftung AutoMuseum, Wolfsburg (1); Wissen Media Verlag GmbH, Gütersloh (10).